進化する企業城下町

進化経済地理学からのアプローチ

外枦保大介 著

古今書院

Evolutionary Process of Company Town
: From the Perspective of Evolutionary Economic Geography

by Daisuke SOTOHEBO

ISBN978-4-7722-4206-6

Copyright © 2018 by Daisuke SOTOHEBO

Kokon Shoin Publishers Ltd., Tokyo, 2018

目　次

序　論 ……………………………………………………………………1

第1章　企業城下町研究の成果と新たな分析視角 ……………7

　第1節　本章の目的　7
　第2節　企業城下町の用語に関する議論　7
　第3節　企業城下町の研究史　12
　　1．研究の萌芽　12
　　2．産業再編と企業城下町の危機　14
　　3．「新たな企業城下町」の形成　15
　第4節　企業城下町に関する既存研究の主要論点　16
　　1．中核企業の企業経営と企業城下町との関係　16
　　2．中核企業と中小企業・他産業との関係　18
　　3．労働者・雇用に関する研究　18
　　4．都市構造と建造環境　19
　　5．地域社会・政治との関係　20
　第5節　企業城下町に関する新たな研究視角　23
　　1．システムとしての企業城下町　23
　　2．企業城下町型産業集積の諸特徴　24
　　3．企業城下町の産業政策　28
　　4．本書の着目点　29

第 2 章　進化経済地理学の研究動向と特徴　………………37

第 1 節　本章の目的　37
第 2 節　社会科学における進化論と進化経済学 ――進化経済地理学の背景　38
第 3 節　進化経済地理学の特徴　40
　1．産業集積論の展開と進化経済地理学の位置　40
　2．歴史重視のアプローチと進化経済地理学　41
　3．進化経済地理学の主要アプローチ　46
第 4 節　経路依存性アプローチ　47
　1．経路依存性　47
　2．ロックイン　48
　3．経路依存性アプローチの政策的含意　51
　4．新たな経路依存性モデルへの展開　53
第 5 節　一般ダーウィニズムアプローチ　58
　1．進化生物学・生態学と進化経済地理学　58
　2．関連多様性　59
　3．レジリエンス　61
　4．一般ダーウィニズムアプローチの課題　63
第 6 節　本章の小括　63
第 7 節　本書における分析枠組　67

第 3 章　日本の企業城下町の変化に関する統計分析　………73

第 1 節　本章の目的　73
第 2 節　企業城下町の抽出と考察　74
　1．既存方法の問題点と本章での抽出方法　74
　2．3 時点における企業城下町の変化　77
　3．企業城下町の形成時期との関係性　87

第 3 節　新旧・業種別に見た企業城下町の変化　90

第 4 章　立地戦略・企業文化・地方政治と企業城下町
　　　　　──旭化成と宮崎県延岡市 ……………………………………101

第 1 節　本章の目的　101

第 2 節　旭化成の立地戦略と地域経済の変化　103
　1．企業城下町形成期：近世城下町から企業城下町へ　103
　2．旭化成の立地戦略と地域経済に与えた影響　106
　3．地域経済における旭化成の影響力の低下　112

第 3 節　旭化成の再投資と企業文化　113
　1．再投資の要因
　　　──工場敷地，水資源・発電設備，技術蓄積，物流コスト低下　113
　2．再投資の要因 ──企業文化　114

第 4 節　地方政治と自治体の政策転換　121
　1．第 1 期：政治活動隆盛期の政策展開 ──1950～1960 年代　121
　2．第 2 期：構造不況の影響と延岡市の対応 ──1970～1980 年代　125
　3．第 3 期：政治的影響力の低下と旭化成に対する再評価
　　　──1990～2000 年代　128

第 5 節　東九州メディカルバレーと延岡市　130
　1．東九州地域の医療機器産業と東九州メディカルバレー構想　131
　2．東九州メディカルバレー構想における産学官の取り組み　131

第 6 節　本章の結び　134

第 5 章　産学官連携の進展と企業城下町
　　　　　──宇部興産と山口県宇部市 ……………………………………143

第 1 節　本章の目的　143

第 2 節　産業構造の転換と従来の主体間関係　146
　1．産業構造の転換と中核企業の変化　146
　2．主体間関係の形成と展開　150

第 3 節　産学官連携による主体間関係の変容　155
　　1．産学官連携支援システムの整備　155
　　2．知的クラスター創成事業　159
　　3．企業規模による産学官連携の差異　163
　　4．産学官連携の進展と産業集積の質的変化　167
　第 4 節　本章の結び　169

第 6 章　製品転換による生産拠点・研究開発拠点の再編と企業城下町
　　　　　——富士フイルムと神奈川県南足柄市　…………………177

　第 1 節　本章の目的　177
　第 2 節　富士フイルムの事業展開と企業内地域間分業の変容　180
　　1．企業城下町形成期から 1990 年代までの立地展開　180
　　2．市場変化に伴う組織再編　183
　　3．足柄地域における事業再構築　186
　第 3 節　富士フイルムの事業再構築による自治体・下請企業の対応　190
　　1．自治体に対する影響と政策展開　190
　　2．下請企業に対する影響とその対応　194
　第 4 節　本章の結び　198

結　論　……………………………………………………………205

　1．総括議論　205
　2．政策的含意　209
　3．研究上の意義と課題　211

あとがき　213
参考文献　219
索　引　249

序　論

　本書は，グローバル時代における「大企業」と「地域」との関係を読み解く手がかりとして「企業城下町」に着目し，進化経済地理学を導入して方法論的刷新を図りながら，企業城下町の進化過程を考察することを目的としたものである。

　グローバル化の進展が続く近年において，重要な経済主体の1つは，大企業である。大企業は，その持続的な成長を図るために様々な国・地域の地域性を分析しながら立地戦略を練り上げ，グローバルな生産供給体制を構築している。ある地域では生産拠点や研究開発拠点の新設や増設を行い，ある地域では拠点の縮小や閉鎖を行うというように，立地調整を絶え間なく実行している。そこでは，生産・流通コストだけではなく，市場の有望性や，当地における知識創造・イノベーションの可能性などが考慮されて立地決定が行われていく。

　その一方で，大企業の立地調整は，地域に様々な影響を及ぼす。生産拠点の新設や増設が行われると，雇用が生まれ，人口が増加する一方で，公害や交通渋滞・住宅不足などの問題を引き起こす。他方，より深刻なのは生産拠点の縮小や閉鎖の場合で，失業者の増加や人口流失など地域経済に打撃を与えることになる。近代工業化から長期間が経過している日本や欧米の先進工業国では，現在多くの産業地域が，このような数度にわたる立地調整を経て成熟化している状況にある。それらにおいて，グローバルな生産供給体制の中核に位置付けられる拠点がある一方で，炭鉱地域やラストベルト rust belt のように老朽化した生産拠点が相次いで縮小・廃止の対象とされるところもある。

　本書では，成熟した産業地域の1つである企業城下町に着目した。企業城下町は，立地する大企業が圧倒的な影響を及ぼす地域であり，大企業の意思決定は地域の浮沈に直結する問題になる。そのため，大企業と地域の関係を捉える

上で格好の研究対象である。

　大企業が立地して長い年月が経過している成熟した企業城下町には，地層のように社会経済的関係が蓄積し，その浮沈の歴史が年輪として刻み込まれている。長年にわたる大企業と地域の関係の中で，企業城下町は近年どのように変貌を遂げてきたのだろうか。そのためには，大企業側および地域側の両面からの分析が必要となる。

　大企業側からの分析として，まず当該企業の生産拠点・研究開発拠点の変化を歴史的に追跡し，立地戦略を解明していく必要がある。そのうえで，大企業が企業城下町に主要な拠点を置いている場合，その立地戦略の中でそこで生産を継続することが，企業にとってどのような意味をもちうるのか，長年にわたる地域との関係を踏まえて検討することにした。

　地域側からの分析として，大企業を中心に形成されてきた下請企業との産業集積構造の特徴を解明するとともに，地方自治体（以下，自治体）や地域の多様な主体（中小企業，大学・高専，労働組合など）の動向を検討した。これら地域内の様々な主体の取り組みや自治体の産業政策が，大企業の立地戦略との絡み合いの中でどのように展開してきたのか考察したい。

　本書の最大の特色は，進化経済地理学という経済地理学の新たな理論を導入して方法論的刷新を図ったことにある。経済地理学は，経済学との比較の中で，空間を重視することを主張する（松原 2006）。企業に代表される経済主体は，確かに空間なき世界には存在していないが，時間なき世界にもまた存在していない。時間には不可逆的な性質があり，小さなアクシデントがその後の状況に重大な影響を及ぼしうる。これを進化経済学では「経路依存性」path dependency とよぶ。成熟した企業城下町では，歴史的に構築されてきた諸事象が現在の状況に大きな影響力を有しており，その地域の発展経路を踏まえた分析なくしては地域の実態を正確に把握できない。

　そこで，本書では地域の単なる歴史的な変化を記述することに留めるのではなく，進化経済学の概念を経済地理学に導入し，その進化過程を考察することを試みた。具体的には，長期的な時間軸の中での企業城下町の再編を位置づけ，企業城下町がどのような経路を経て進化を遂げてきたのか考察することに

した。時間軸として，企業城下町形成期から現在までの長期間を射程にしているが，とりわけグローバル化が進展し，大きな変動局面に入った1990年代以降に着目した。

以下，本書は次のように構成される（図序-1）。

第1章では，これまでの企業城下町研究を振り返り，研究史や既存研究の主要な論点を整理する。それを踏まえて，企業城下町を捉える新たな研究視角を提示する。

第2章では，社会科学における進化論の展開，進化経済学の動向を踏まえ，本書において重要な理論の基盤となる進化経済地理学について，その研究動向と特徴を検討し，本書の分析枠組を提示する。

第3章は，日本の企業城下町の変化に関する統計分析である。まず，企業城下町を日本全国の市区町村の中から定量的に抽出する方法を検討し，その方法により3時点（1960年，1981年，2001年）における企業城下町を抽出する。3時点における変化を見た後に，企業城下町の形成時期による特徴を考察する。次に，本書において事例研究として検討する3地域の特徴を明確にするために，新旧・業種別に代表的な企業城下町と比較する。

第4章～第6章の事例研究では，宮崎県延岡市，山口県宇部市，神奈川県南足柄市という，3つの地域を取り上げる。①いずれも戦前（明治～昭和初期）

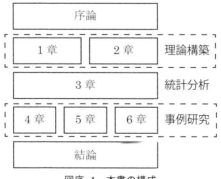

図序-1　本書の構成

に中核企業の工場が操業を開始した古くからの工業都市であること，②中核企業の業種が化学であること，③いずれの都市も中核企業にとって創業の地であること，という点で共通する。①成熟した工業都市であるため中長期的な時間軸で議論が可能であり，②化学工業は，研究者数や研究費が他の工業と比較すると高い水準にあり（表序-1），研究開発の持つ意味が大きいという特徴があり，③創業地であるため，企業におけるその地域の位置付けに特色があると考えられる。これらの事例研究では，1990年代以降，地域に最も大きな影響を及ぼした変化に注目し，その進化過程を考察する。

表序-1 国内の製造業業種別研究者・研究費の状況（2016年）

	研究者数（人）	従業者1万人当たりの研究者数（人）	社内使用研究費総額(百万円)
食料品製造業	12,129	410	219,528
繊維工業	4,843	721	133,986
パルプ・紙・紙加工品製造業	1,464	292	27,797
印刷・同関連業	1,621	508	22,524
医薬品製造業	21,723	1,147	1,457,724
化学工業	**33,663**	**1,174**	**816,578**
石油製品・石炭製品製造業	1,748	684	44,259
プラスチック製品製造業	8,290	588	184,543
ゴム製品製造業	7,058	878	160,316
窯業・土石製品製造業	5,803	413	140,981
鉄鋼業	4,247	367	155,211
非鉄金属製造業	5,667	655	150,758
金属製品製造業	5,874	381	69,381
はん用機械器具製造業	14,227	820	307,016
生産用機械器具製造業	22,832	909	464,952
業務用機械器具製造業	47,452	1,961	1,128,476
電子部品・デバイス・電子回路製造業	28,788	1,261	609,260
電気機械器具製造業	38,767	1,045	1,156,903
情報通信機械器具製造業	78,146	2,426	1,547,620
輸送用機械器具製造業	77,503	1,149	2,952,870
その他の製造業	6,858	688	113,412
製造業合計	428,702	1,065	11,864,097

出所：総務省「科学技術研究調査」。

第4章では，旭化成株式会社（以下，旭化成）の企業城下町である宮崎県延岡市を事例として，企業の立地戦略や企業文化，地方政治に注目し，長期間にわたる中核企業と地域との関係の変化を検証する。具体的には，旭化成の事業展開に伴う立地戦略と地域経済の変化や，産業政策をめぐる地方政治の変化，旭化成の企業文化と再投資との関係などについて検討する。

　第5章では，宇部興産株式会社（以下，宇部興産）の企業城下町である山口県宇部市を事例として，主体間関係を変容させている産学官連携の進展について考察する。企業間関係および大学と企業・自治体との関係を中心に，従来の主体間関係を検討した上で，1990年代以降の産学官連携による主体間関係の変容について考察する。

　第6章では，富士フイルム株式会社（以下，富士フイルム）の企業城下町である神奈川県南足柄市を事例として，企業の生産拠点・研究開発拠点の再編に注目し，製品転換にともなう中核企業の事業再構築とその地域的影響を考察する。2000年代の市場変化と富士フイルムの組織再編や，富士フイルムの下請企業と自治体における再編の影響やその対応について検討する。

　最後に，以上の議論をまとめ結論とし，今後の課題を述べる。

第1章　企業城下町研究の成果と新たな分析視角

第1節　本章の目的

　そもそも「企業城下町」とは，いわば「城主」の存在である大企業の影響力が圧倒的な地域を，近世城下町になぞらえた比喩表現である。企業城下町は，良くも悪くも企業と地域とが「運命共同体」であり，大企業の意思決定や業績により地域の浮沈が左右される地域である。

　企業城下町に関して，経済地理学にとどまらず，地域社会学や地方財政学，都市計画学・建築学，経済史，経営史などにおいて，これまで多くの研究が蓄積されてきた。本章では，(1) 企業城下町は，そもそもどのように定義されるものなのか，また，(2) 企業城下町について時代とともにどのような研究が蓄積されてきたのか，(3) 企業城下町の特徴とはどのようなものであり，どのように論じられてきたのか，これら既存研究の成果を踏まえて，新たな研究視角を導きたい。

第2節　企業城下町の用語に関する議論

　まず，既存研究における，企業城下町あるいは企業都市という用語に関する議論を整理しておこう。管見の限り，企業城下町という用語の初出について，大宅壮一説[1]（板倉 1988）と宮本憲一説[2]（宮本 1983）の少なくとも2説が存在しているが，いずれにしても1950年代〜1960年代に作られた言葉であるのは間違いないであろう。また，ほぼ同時期に「企業都市」という言葉も生まれ

ており，1960年代まで，企業城下町よりは企業都市という用語を使用している論文や雑誌記事[3]が多かったようである。

ところが，1970年代に，高度経済成長が終焉を迎え，重厚長大型産業を抱えていた企業城下町が危機的状態に陥ると，このような地域は，より広く社会的に認知されるようになった。1978年5月には各社新聞記事において，通商産業省が景気の落ち込みが深刻な地域を救済するために「不況地域法案」の策定に着手したと報じ，同年8月には自治省が「特定不況地域振興対策」をまとめ，その要項を発表したと伝えた。その後，通商産業省案と自治省案とで議論が対立するものの決着を見せ，同年10月には，特定不況地域中小企業対策臨時措置法[4]（通称・企業城下町法）が制定された。この間，これらの動向を報道した新聞も企業城下町の失業救済を急ぐように主張した。もちろん，1978年以前にも「企業城下町」が新聞紙上で何度か取り上げられたことはあるが，新聞記事で一般的に使用されるようになったのは同時期以降[5]のことであった。この後，「企業城下町」という用語は市民権を得て，学術上においても一般的に使用されるようになった（帯刀 1993a: 11-13; 相沢 1995: 108-112）。この後も，バブル経済崩壊や世界金融危機など経済の大きな変動局面では，企業城下町の動向について，マスメディアで取り上げられる頻度が高まる傾向にある。

さて，これまで「企業城下町」あるいは「企業都市」という用語をめぐって以下のような議論がなされてきた。企業都市という用語について，和田（1966）は「地域における独占的大企業によって，経済的，社会的に支配されている地方都市」，中瀬（1974）は「特定の大企業を中心として，その系列，下請工場が存在し，このような特定グループの企業集団が地域社会に支配的影響を与えている都市」と定義し，企業都市と企業城下町についてはほぼ同義だとされてきた。

遠藤（1987）は，「企業都市」と「企業城下町」は概念的に区別されるべきではないかと問題を提起した。概念区別が必要な理由は，革新自治体時代の川崎市（神奈川県）のように，都市内の従業者の多くが大企業あるいはその関連企業に勤務していても，大企業による政治への関与が行われていない事例も少数ながら存在するためである。そこで遠藤は「『企業都市』とは公権力によっ

てその地域に集積された社会資本や公共サービス，その管理のもとにおかれている土地・水などの地域資源を特定の大企業が利用独占することによって『地域独占利潤[6]』を取得しているような都市としてとらえ，さらに『企業城下町』とは，このような物質的・経済的条件の上にたって，政治・社会・文化・イデオロギーなどの上部構造面まで含めて地域社会を大企業が掌握（いわゆる「地域支配」）しているような都市」ととらえようとした。要約すれば，「企業都市」とは「地域独占」が行われている都市であり，「企業城下町」とは「地域独占」かつ「地域支配」が行われている都市のことである。

　だが，宮入（1991）はこうした考えに対して疑問を呈す。「地域支配」の確立は「地域独占（利潤）」を保証するものであり，大企業の「地域支配」から全く解放された「地域独占」のみの都市「企業都市」はありえないと述べている。そこでは，企業都市を「単なる産業都市や工業都市にとどまらず，独占資本の立地戦略に基づいて進出している単一または少数の独占的大企業が，系列や下請企業群を編成しつつ地域経済の根幹を掌握し，公権力体により供給される社会資本や公共サービス，またその管理下にある地域稀少資源や財政を利用独占（「地域独占」）して「地域独占利潤」を取得しながら，自然的・社会的環境に大きな影響を及ぼし，かつ地域の社会的，文化的，意識的側面から，上部構造である自治体行財政の政治的側面に至るまで，地域社会と住民の全面にわたって重大な支配力を行使（「地域支配」）しているような産業（工業）都市」（宮入 1991: 38）と定義している。一方で，「企業城下町」とは，「近世の城下町が領主一族とその家臣団を中心に支配構成されていた」ように，「単一の大企業とその系列の少数関連企業グループや下請企業群を中心に編成されているもの」であり，「企業城下町」とは「単一型企業都市」の比喩的別称である（宮入 1991: 39）という。本書では，このような議論には立ち入らないで，概ね異論なく合意が得られやすい範囲の意味で，企業城下町を捉えたい。

　本書では，まず，「特定の大企業（中核企業[7]）およびその系列企業が立地し，住民が主たる雇用機会を与えられるなど，経済的，社会的，政治的に，圧倒的な影響力を及ぼしている地域」という意味で企業城下町という用語を用いる。また，産業集積の特徴に着目すると，企業城下町は「中核企業と直接的・間接

的に長期継続的な取引関係を構築している下請企業が地域内に多数立地する産業集積地域」でもある。前者の意味でいう「企業城下町」の中で, 産業集積を形成しない場合もありうるが[8], 多くの場合, 産業集積を形成している状況にある。

　ここで, 企業城下町の中核企業の産業特性について言及しておきたい。これまで企業城下町に関する論考は, 鉱工業企業の企業城下町[9]を取り扱ってきたものが多かった。これらにおいては, 大規模な生産設備を有する工場・鉱山や, 中核企業の事務所, 社宅群, 中核企業の生産体系に適合した輸送施設などが視覚的にも捉えやすく, 中核企業に関係する地名[10]が付けられている地域もある。また, 地域特化の経済を形成しているため, 鉱工業の特定業種が (極めて) 高い特化係数を示しやすいという定量的にも確認できる特徴も有している。工業と鉱業の企業城下町は, 社会経済的特徴が似通っていて多くの共通点がみられるが, 鉱業の場合は鉱物資源の枯渇という固有の問題がある点で異なる。鉱業の企業城下町において, 鉱物資源が枯渇した場合や, 域外で産出された鉱物資源を利用した方がコスト安になった場合には, 精錬・加工部門だけが残存して事業を継続する事例もみられる。

　また, 鉄道町も, 多くの場合, 企業城下町の一形態であったとみることができる。鉄道町は, 19世紀から20世紀前半にかけて鉄道交通の結節点や鉄道工場の近隣に形成され, 運輸事務所, 保線事務所などを含めた鉄道関連の雇用が当該都市の中で圧倒的シェアを占める都市もあった。しかし, これらの都市も20世紀後半以降, 鉄道業界では大幅に人員が削減された影響で, 今日では鉱山町・炭鉱町同様, 名残をとどめるのみとなっている。私鉄ならともかく国鉄の場合は民間企業[11]ではなかったため, 国鉄従業員が多かった都市を企業城下町とするには異論もあるだろうが, Porteous (1970) も都市の社会経済的特徴から判断して鉄道町を企業城下町の一形態と扱っている。

　このほか, 鉱工業企業以外の企業城下町も国内外に存在している。第1次産業において, たとえば, かつて沖縄県大東諸島においてサトウキビ栽培・製糖事業を行っていた独占資本がすべての行政を会社の管理下に置いていた様子を, 平岡 (2012:189) は「単一企業島 Single-enterprise-island」と表現している。

同様に，大規模な木材企業などでも生産拠点地域に企業城下町を形成している事例がみられる。また，第3次産業に属する企業[12]が中核企業となることもある。知られている事例では，神奈川県大井町への大手保険企業の進出があり，福武・蓮見(1979)は大手保険企業進出による地域社会への影響を検討している。

企業城下町では，当該地域における中核企業の影響力の大きさが注目される。中核企業の影響力は，閉鎖的な地理的環境であればあるほど，いっそう強まると考えられる。離島地域や山間部の鉱山町のような他地域から隔絶した地域では，中核企業の影響力や意向が地域に直接的に反映される，いわばシンプルな形態の企業城下町が形成されていたということができる。一方で，大都市圏内にある企業城下町では，当該地域の中核企業からの影響とともに，大都市圏からの様々な影響を受けることになるため，前者に比べると中核企業の影響力は薄まりやすいと考えられる。また，交通や通信の発達によって，現在の企業城下町は，当該地域内で完結するということは考えにくく，過去と比べると中核企業が企業城下町に及ぼす影響力が低下しているのは，全世界的な傾向であるといえる。

ここで，日本国外の企業城下町研究についても触れておこう。これまで，鉱工業の企業城下町の盛衰を扱った事例研究[13]は数多く（Allen 1966; Garner 1984, 1992; Peterson 1987; Gibson 1991; Rushen 1995; Crawford 1996; Carlson 2003; Vergara 2003; Green 2010; Dinius and Vergara 2011），日本国内の研究と似通った論点に関心が寄せられてきた。

企業城下町の一般的特徴を論じたPorteous（1970）によると，企業城下町は18世紀後半以降に西欧やその植民地で出現するようになったものの，交通網の発達や産業発展に伴って企業城下町が姿を消しつつあることを示している。また，Porteous（1970）は，中核企業の企業経営者にも着目し，篤志家的信念を持った企業経営者が工場や住居等の社会基盤を整備した例も少なくなかった一方で，企業経営者の中には，従業員の日常生活にまで干渉するというパターナリズム的な意識のもとに，企業への忠誠を高めさせるような施策を行い，地域社会・政治に影響力をもつ地域もあったことについても言及している。

英語圏では，日本の企業城下町に相当する用語としてcompany town[14][15]が

用いられてきた（Taylor 1949）。一方で，Markusen et al.（1991）は，ボーイング社およびマイクロソフト社を中心とする都市である米国ワシントン州のシアトル[16]を，company town ではなく company city として紹介している。その理由として，company town では古い鉄鋼業の都市や炭鉱町を想起させるためと説明している。その後に著された Markusen（1996b）では，シアトルをハブ・アンド・スポーク型の工業都市として紹介するにとどまっている。

最近の研究として，Straus and Zamfira（2016）は，世界の企業城下町12都市[17]を比較しながら，それらの近年の変化を，技術的，社会的，経済的，政治的諸特徴の面から明らかにしており，近年の企業城下町は，①イノベーティブミリューとして，②労働力のオーガナイザー的な役割を果たすものとして，③企業のブランドイメージをグローバルに発信する「シンボリックなノード」として，④大企業の戦略が自治体の都市ガバナンスに影響を与えるという「政治的制度」として，位置づけられることを示している。企業城下町の現代的な特徴を，産業集積やイノベーションとの関連から論じる点や，大企業の戦略と関連して述べる点などは，本書とも共通した着眼点であるといえる。

本章では，以下，企業城下町として最も一般的な，製造業の企業城下町を対象として論じていく。

第3節　企業城下町の研究史

1. 研究の萌芽

日本人文科学会（1955）は，日本における企業城下町研究の嚆矢に位置付けられる。福武直を代表者とするこの研究は，日立市や安中市（群馬県）において，近代的工業をはじめとして，中小企業，商業，農業，行財政，文化，教育などの総合的な見地から，中核企業が地域社会に与えた影響を分析した。この研究の特徴は，農地改革以降の日本の農村社会を分析する手法として構想された「構造分析」を，都市社会を全体として把握する方法に援用した点である（中

筋 1997)。その後，福武らは，新産業都市建設という地域開発が地域に与えた影響（福武 1965a, 1965b, 1965c）や，神奈川県大井町への大手保険企業の進出が地域に及ぼした影響（福武・蓮見 1979）を検討しており，企業の進出や産業発展が地域の各主体に及ぼす影響に関する研究を蓄積していった。

また，「釜石調査[18]」として知られる新明ほか（1959）は，釜石市（岩手県）を事例として，労働力としての人間の生活構造の総体である都市と，都市の政治機能までもまるごと搾取する巨大企業というマルクス主義的な視座の下に，巨大企業の論理が地域社会に貫徹されるメカニズムを明らかにしている。この研究の特徴は，産業都市を分析する理論図式を持つことである。鈴木（1959）が提示した分析図式によると，産業都市を，藩政期から既に栄えていた在来都市[A]と明治維新後に発展した新興都市[B]に時期的に区分し，立地企業の形態から一つの巨大企業によって掌握されている都市[α]と中小零細企業が競合併存している都市[β]に区分し，これら2つの軸を組み合わせて類型化する。このうち，[Aα]型の産業都市の社会過程は，経済過程，媒介過程，政治過程の相互連関の図式として提示される。

中核企業が地域に与える様々な経済的効果についても検討の対象となってきた。企業城下町に関連した用語として，米花（1957）の「シングル・インダストリイ・タウン[19]」があり，これは「一都市で大規模の工場が中心的地位を占め，その直接の従業者数の5倍ないし10倍が，その都市の人工の過多を占める」都市を想定している。これに関連して，西岡（1963）も，「都市の経済活動において一企業のプラントが支配的な重要性をもつ」都市である「単一産業都市」に言及している。これらはいずれも，地域乗数効果や立地連関効果を検討する材料として単一産業・企業都市に着目していた。同様に，村田・金田（1960）も，黒部市（富山県）を事例として，吉田工業（現・YKK）の立地による効果を測定し，「雇用効果」や，工業生産額の増大と農業生産額の減少という「生産効果」，自治体が誘致に要した費用と自治体への納税額との差から求められる「財政効果」があることを明らかにしている。

このような研究に代表されるように，1950年代～1960年代には，企業城下町形成・発展期における大企業の行動が，地域内の様々な主体に与える影響に

ついて検討されていた。1970年代以降,構造不況など外部環境の変化によって,企業城下町が危機に直面すると,外的な変化に対する地域内の主体の行動に関心が移っていく。

2. 産業再編と企業城下町の危機

　1970年代の石油危機を契機とする構造不況により,鉄鋼業や化学工業,造船業などの産業を抱える企業城下町は,深刻な事態に陥り,社会問題となった。企業城下町の多くが「特定不況地域」に指定され,当時,問題地域の1つとして認識されるようになった。学術研究においても,こうした構造不況が,地域経済や地域社会にどのような影響を及ぼしたのかについて様々な調査が行われた[20]。山川(1982, 1983, 1985, 1986)や日野崎(1985),一言・安田(1993)は,釜石市を事例に,製鉄所の合理化が関連・下請企業や地域経済に及ぼした影響について考察した。また,鎌田・鎌田(1983)は,室蘭市(北海道)を事例に,製鉄所の合理化が鉄鋼労働者だけではなく,ホワイトカラー層,自営業者層など社会諸階層に与えた影響を考察した。戸塚・兵藤(1995)は,室蘭市と佐伯市(大分県)を事例に,構造不況により喫緊の雇用対策を求められた製鉄所や造船所の労働組合[21]の対応に注目した。こうした不況に陥った企業城下町の構造的問題として,今田(1986)は,中核事業所の拠点性の低下,中小企業の自立性の弱さ,都市機能の低下などを指摘している。

　蓮見(1983),似田貝・蓮見(1993)は,鉄鋼業の産業再構築と地方財政再建という課題を抱えていた福山市を事例として,自治体の財政再建の過程を分析している。この研究は,「構造分析」と行財政分析とを統合した「社会過程分析」に基づいていることが特徴である(中筋1997)。社会過程分析とは,自治体の行財政過程の社会学的分析に住民諸団体の運動・活動過程の社会学的分析を重ね合わせて,「地域社会の展開」を両者の連接化・分節化の過程として解明するものであり,具体的には,歳出構成＝公共財配分結果,政策執行上の意思決定過程,地方政治過程が分析された。

　このように当初,主に基礎素材型産業の企業城下町が問題とされていた。鉄

鋼業・化学工業から自動車工業・電気機器工業へ，主導産業の転換が広く認識されるようになると，自動車工業や電気機器工業など加工組立型産業の企業城下町[22]に対する関心も次第に高まった。立命館大学人文科学研究所（1985）は，門真市（大阪府）を事例に，松下電器（現・パナソニック）の経営戦略が1980年代に転機を迎えていることを指摘したうえで，低成長期における下請管理と下請再編成の問題を論じた。また，日立市を事例に，帯刀（1993a）は，1980年代におけるME革命以降の日立製作所のリストラクチャリングが，下請企業や自治体行財政に与えた影響を検討した。さらに，トヨタ生産方式に対する関心が高まる中において，都丸ほか（1987）は，豊田市においてトヨタが地域独占を進め，地域支配を確立していく過程を検討した。また，塩見・梅原（2011）は，2000年代後半の世界金融危機によって生じた「トヨタショック」が愛知県の雇用環境や産業集積に与えた影響を考察している。

大企業が有する複数の生産拠点の中での企業城下町の再編に注目した研究もあり，山川（1992，1995a）は，新日鐵の鉄鋼業合理化の中で，生産が縮小した室蘭市・北九州市（福岡県）と，生産が集約された大分市（大分県）・東海市（愛知県）・君津市（千葉県）を対照的に描き出している。遠藤（1996，1997a，1997b）は，トヨタの生産拠点（豊田市，福岡県宮田町および米英の生産拠点）における，グローバル化のもとでの企業と地域との関係を論じている。

3.「新たな企業城下町」の形成

一般的に「企業城下町」というと，延岡市や宇部市，日立市，豊田市など，第二次世界大戦以前から大企業が立地している都市がイメージされやすい。大戦後も，大企業の進出により，企業城下町が形成されたところは多かった。

高度経済成長期には全国各地でコンビナートの整備が進むとともに，全国総合開発計画の拠点開発方式により新産業都市や工業整備特別地域が各地で指定された。この時期に大企業が進出した都市に関する研究も行われた。舘（1981）は君津市を事例に，地域開発に対する行政の論理と巨大企業における経営の論理とが絡み合う中での，住民生活の論理の展開を分析した。田口（1999）は市

原市(千葉県)を事例に,「植民地型開発」によって農漁村的な地域社会が崩壊し,地域住民の生活が変貌する様子や自治体行財政構造の変化を検討している。

　1970年代以降,地方圏の農村地域には,低廉な労働力や広大な工場敷地を求めたアパレルメーカーや電気機器メーカーなどが相次いで進出した。このような状況について,経済地理学では空間的分業・企業内地域間分業や分工場経済の文脈でとらえられることが多いが(末吉 1999; 友澤 1999; 鹿嶋 2016),「新たな企業城下町」の形成とみる見方もある[23]。関(1997)は,地方圏の3～5万人程度規模の小都市は,一見,農業を基盤にしているようにみえるものの,1970年代以降の必死の努力により誘致した特定企業の企業城下町を形成しており,日本の地方圏の小都市の大半がそれに相当していることを指摘[24]した。このような新たな企業城下町といえる地域では,大半が従業員500～2,000人程度の電機・電子の組立系の企業を誘致企業として迎え入れ,地域の雇用や税収の基盤としてきたが,企業の海外進出によりこのような地域は危機的状況を迎えている,とも述べている。このような新たに形成された企業城下町までを広義にとらえるか否かは議論の余地があるが,この点について本書第3章でも論じることにした。

第4節　企業城下町に関する既存研究の主要論点

1. 中核企業の企業経営と企業城下町との関係

　これまで日本国内企業の経営の特徴として,経営家族主義や長期継続的な取引関係などに代表される「日本的経営」が注目されてきた。「日本的経営」の諸特性は,企業と地域が独特な関係を形成している企業城下町において様々な形で顕在化する。そのような立場に立脚して松石(2010)は,経営史の立場から日本的経営の源流という視角で企業城下町形成期の釜石市を考察した。

　中核企業の特徴と都市形成との関係に注目して,和田(1966)は,都市形成の形態上,企業が立地することで都市が生まれた「自生型」(豊田市,日立市,

宇部市，苫小牧市，延岡市など）とすでに一定の都市が形成されていたところに企業が立地する「外来型」（四日市市（三重県），倉敷市（岡山県）など）とに類型化した。また，その中核企業の性格の違いにも留意し，地元資本によって成り立った「民族資本型」（宇部市など）と，地域に何の関係もない域外資本が進出した「植民地型」（四日市市など）とに類型化している[25]。

また，森（1977: 253-254）は，工業化過程における企業と地域社会の関係のあり方を問題にしており，まず「地元へのかかわり方が浅い企業」と「深い企業」とを区別している。その上で，「地元へのかかわり方が深い企業」では，(A)「その地元の外で生まれ，育った企業が工場等の事業所を『外から』その地域に持ち込んだ上で，地元と深いかかわりを持つ場合（例えば旭化成と延岡，出光興産と徳山）」，(B)「その地元で生まれ，育った企業が育成基盤としての地元と深く関わる場合」の2つに分け，さらに後者を，(B-1)「『発祥の地』との深いかかわりを保ちながらも本社を東京，大阪に移した企業（例えば，ブリヂストンタイヤと久留米，クラレ・倉敷紡と倉敷）」と，(B-2)「本社を『発祥の地』に固定させた企業（例えば東洋工業と広島，不二越と富山，そして宇部興産と宇部）」とに分け，類型化を図っている。

本間（1980）は，地域社会における企業の地縁的要因，企業連関，地域社会関連の3つの側面から，企業城下町における中核企業と地域社会との関係性を考察している。そこでは，1940年代までに形成されていた企業城下町の発展過程に見られる「かつての工業化過程」と比べて，1960年代〜1970年代の「高度工業化過程」は，企業の拡大・膨張の速度，地域社会の拡大・膨張の速度が比較にはならない速さで進められ，高度工業化過程で地元の労働力をあてにしない企業活動が展開され，地域社会での企業連関は希薄化・喪失し，地域社会と企業との乖離現象が進んできたことなどが指摘されている。

経済地理学においては，大企業の空間行動とそれによる地域経済の問題点を解明する「企業の地理学」という潮流がある（Krumme 1969; 富樫 1990; 北川 2005a; 合田 2009）。近藤（2007）は，「企業の地理学」を踏まえて，松下電器の立地戦略と空間的分業を論じる中で，企業城下町としての守口・門真地域が「中核地域化」していることを指摘している。

大企業の資本形成の特徴や，企業城下町がその企業にとっての創業地であるか否かということは，企業城下町の形成・発展期のみならず，構造転換期においても，経営の意思決定に一定の影響を及ぼす可能性がありうる。それには，各企業独特の企業文化が関わっていると思われ，経営者の世代交代が進んでも企業文化が再生産される仕掛けがあるかどうかも重要であろう。さらには，グローバルな空間的分業の中で，企業城下町が中核地域となっているのかについても，本書で具体的な事例を通じて検討してみたい。

2. 中核企業と中小企業・他産業との関係

企業城下町における中核企業と下請企業からなる産業集積について，多くの研究が行われてきており，本章第5節2. において論じる。

企業城下町では，勤労者所得の大部分が中核企業によって生み出され，市内商工業の大部分が直接に企業と関連をもつか間接的に依存している（和田1966）という特徴を持つため，製造業以外の産業への影響も大きく，検討の対象とされてきた。農漁業において，雇用が中核企業やその関連産業に吸い取られることによって当該産業が崩壊していく過程（米花1957）や，港湾開発あるいは大気汚染や水質汚濁，土壌汚染などの公害によって農漁業が困難になっていくこと（金倉1974; 豊島1974）が明らかにされている。商業において，人口規模に対して流通機能が脆弱であること（中川1978）や，中核企業が直接的・間接的に運営に関わる購買会（供給所，配給所，分配所）[26]・職域生協と，地元商店街とが対立すること（豊島1974）が明らかにされてきた。

3. 労働者・雇用に関する研究

中核企業に勤務する労働者を中心に，労働者の生活実態や労働者階級・階層に注目した研究も蓄積されてきた。豊田市を事例として，小山（1985）や職業・生活研究会（1994）は，労働過程，労使関係と労務管理，労働力需給と地域労働市場など巨大企業体制下の労働者の実態に迫るとともに，トヨタの圧倒的影

響下にある豊田市住民の消費・生活様式の特徴を検討した。西村（1998）は，時間地理学の手法を援用して，自動車製造従事者の生活の時空間変化を分析した。また，工業都市の労働者階級・階層に着目したものとして，川崎市を事例に，都市の社会構造や労働力状態に注目し，資本と賃労働の弁証法的相互関連の実証を機軸とした階級分析を行った島崎・安原（1987），倉敷市を事例に，繊維工業段階から重化学工業段階へ地域産業の業種転換が，地域の階級・階層構造を変化させ，さらに地域社会の構造と住民の生活様式を巻き込んで変動させていく過程を分析した布施（1992）の研究がある。

労働環境をめぐる近年の問題点として，2004年に製造業への派遣が解禁されたことで労働者間の所得格差が問題化しており，豊田市でも労働者の生活に様々な社会問題を誘発していることが示されている（本多2008）。

4. 都市構造と建造環境

企業城下町では，中核企業が広大な土地を所有し，企業の潤沢な資金によって社会基盤が整備されることが多かった。工場設備や輸送施設（港湾，道路，鉄道）など中核企業の経営に関わるものだけではなく，社宅や病院，学校などの福利厚生施設[27]・教育施設の整備にも関わってきた。特に明治期から第二次世界大戦直後にかけて，地方圏の企業城下町を中心に，中核企業が，生活水準や文化的水準を高め，企業価値を向上させる目的で，社会基盤が整備された。第二次世界大戦後，社会基盤整備は，例えば企業による社宅建設から自治体による公営団地建設へと変わったように，主に自治体が担うようになった。宇都宮（2004）は，新居浜市（愛媛県）を事例として，住友資本による建造環境に注目し，労働力再生産過程と都市形成との関係について論じている。このような社会基盤整備は，大企業による地域貢献としての意味合いもあった（光吉ほか1982）。

企業城下町における建造環境の中でも「社宅」に注目した代表的な研究として，社宅研究会（2009）があげられる。社宅研究会（2009）では，社宅などの福利厚生施設を読み解く視点が提示されるとともに，苫小牧市や釜石市，日立

市，新居浜市，さらには鉱山町などを事例に，企業の事業展開と福利厚生施設充足の経緯，市街地の形成過程，福利厚生施設の建築的特徴，現況を詳細に論じている。社宅研究会のメンバーの一員でもある中野（2009）は，企業城下町の都市計画に着目し，工場関連施設，輸送施設，福利厚生施設の配置と相互の関連性を論じている。また，これまでにも，都市計画・建築学を中心に，企業城下町の都市構造・都市計画を論じた研究の蓄積には厚みがあり[28]，九州の企業城下町12都市の形成過程を考察した日本建築学会都市計画委員会(1981)，企業城下町の形成・発展期と衰退期の双方に焦点を当てて企業と自治体それぞれの社会基盤整備を検討した篠部（1994）なども挙げられる。

　経済地理学においても，工業の発展に伴う住宅地の形成を扱った村上（1973）や，中核企業の土地所有が土地利用変化に与えた影響を検討した山下（1980），企業の成長・衰退過程との関連の中で土地所有と，工場用地や社宅など土地利用の変化を検討した松原（1988），企業の住宅政策の展開に伴う施策住宅の変化を検討した長谷川（1999）の研究がある。

5．地域社会・政治との関係

　企業城下町特有の地域社会の特徴について検討した研究として，岩間（1993, 2009）があげられる。そこでは，日立市や宇部市などの企業城下町を事例に，鉱工業地域社会の形成者を「経営者」「管理・技術集団」「現業集団」の3つに分けて捉え，鉱工業地域社会の内部構造や発達モデル，発達メカニズム，内的要因を解明している。

　企業城下町における中核企業と地域社会・政治との関係性は，地域独占や地域支配につながりやすく，しばしば問題にされてきた。企業城下町では，特定の地域に集約化された社宅街や持家住宅街に，中核企業の労働者がまとまって居住することが多く，「柵内」住宅地域[29]を形成して「柵外」の地域社会と乖離したような，地域別に住み分けが生じた都市もあった（原田1972; 本間1980）。高木（2004）は，1920年代～1930年代の釜石市を事例に，製鉄所関係者，水産業者，商工業者，農家が住み分けをし，産業による利害が地域的にも媒介

する下地を作ったことを明らかにしている。また，企業内の職制が社宅においても反映され，企業進出以前から居住していた農漁業者・商工業者とは異なる独特なコミュニティを形成することも問題となってきた（伊藤1979; 佐藤・磯貝1980; 田中・三宅1993）。秋元（1964）は，企業城下町は他の都市と比べて，第1に住民の共同体的結合が打ち崩されていること，第2に強い地域リーダーが生まれないこと，第3に「企業の地元社会への経済的支配にともない，企業との関係における地元住民の受益者意識が，企業の側から地元にはたらきかける一体化政策と複雑に混りあいながら，地元じたい，企業に対する反発＝追随という反復運動の過程で，みずからの統合力と指導力を消耗していっている」（秋元1964: 57）ことを特徴としていると述べている。

　大企業の影響力が地域社会にまで及んでいる場合，公害問題が発生していても住民が企業に対して非難しにくい雰囲気[30]があるため，被害が深刻化してから発覚すること[31]があった。例えば土岐（1974）は，社宅コミュニティが地域の連帯感を失わせ，公害が発生していても，住民はそれに対し沈黙する傾向があることを明らかにしている。

　地域社会に対する中核企業の影響力は，地方政治という場で発揮されることがあった（星野1974; 星島1974; 新藤1974; 瀬川ほか1978）。秋元（1965）は，刈谷市（愛知県）を事例に，工業化によって移住人口が急激に増加し，町内会・部落会といった従来の地域集団の衰退がみられ，権力を求心する企業によって地域政治が支配されていくことを指摘した。宮川（1977）は，産業集積の基礎となってきた独占資本の地域的運動形態に注目し，労働組合や下請企業の組織網が，中核企業の政治的影響力の強化に重要な役割を果たしていることを指摘した。

　大企業が地方政治への発言力を強めていった背景として，有権者となる中核企業の従業員や関連会社の従業員を大量動員できたことに加え，自治体の財政にも大きな影響力を有していたこともあった。企業城下町では，中核企業の法人市民税や固定資産税などによる税収が多額で，それが自治体の歳入に占める割合が高いという特徴を有している。このため，多くの企業城下町では，同規模の地域と比べ財政的に恵まれており，充実した社会基盤整備や政策運営を

行っている（西原 1993）。しかし，これは中核企業の経営が厳しい状況に追い込まれると，途端に自治体財政も窮乏するという欠点と表裏一体の関係にある。企業城下町の自治体財政に注目した研究として，中核企業に依存した歳入構造や，公共施設・社会基盤の整備に関する歳出が他都市と比べて多いことを指摘した大坂（1987）や，中核企業の業績不振により，税収が減少した自治体の行財政を分析した宮入（1985a, 1985b, 1986）がある。

　これまで企業城下町における自治体の行政単位・行政区域の問題にも関心が寄せられてきた。佐伯（1976）は，大企業の工場立地によって影響を受ける自治体の行政区域について論じている。そこでは，大工場が立地し財政的に裕福であるため，自治体の行政区域が小さいながらも，周辺自治体との合併を拒否してきた企業城下町が，山口県和木村（現・和木町）の事例のように，いくつか存在している一方で，中核企業の工場の立地時や発展時において，市町村合併が促され，行政区域の再編成を生じた事例も紹介している。本間（1980）もまた，中核企業が複数の工場や社宅地域を複数の市町村にまたがって立地させていく，すなわち中核企業が地域的に膨張していく中で，中核企業の生産体系に効率的になるように市町村合併を促進させてきた時代から，高度工業化過程を経て地域社会と企業の論理が乖離するようになり，「町村合併によって単位地域社会としてのツジツマを合わせることすら」（本間 1980: 186）行われず，市町村という行政単位を無視する時代へと変わり，後者の時代ではむしろ地域開発の主導権を握っている都道府県の役割が増していることを指摘している。

　近年では，多くの企業城下町で，中核企業の雇用減少や自治体への納税額減少により，これまでのような影響力は発揮されにくくなっている（第4章・第6章を参照）。また，豊田市では住民の地域的紐帯が強まり，自動車産業従事者・退職者が積極的にまちづくりにかかわるようになっていることが報告されており（丹辺ほか 2014），地域社会への融和が進んでいる。

第5節　企業城下町に関する新たな研究視角

1. システムとしての企業城下町

これまで論じてきたように，企業城下町に対してこれまで多様な論点から研究が蓄積されてきた。その多くは中核企業の動向が地域に及ぼす影響について考察しており，中核企業の動向が下請企業だけではなく，商業や市民生活，地方政治，自治体財政，都市構造など広範囲に影響を及ぼしてきたことが論じられてきた。

しかし，これらの議論は細分化されてきており，企業城下町を統合して捉える必要があると考える。そこで，本書では，企業城下町を1つのシステムとして捉えることにした。図1-1は，企業城下町を構成する諸要素をグループ化して示したものであり，中核企業と下請企業との関係と，中核企業と労働者との関係を中心に置き，周囲に「住民生活」「建造環境」「自然」「研究・教育」「政

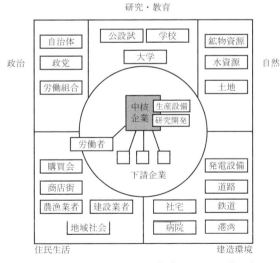

図1-1　システムとしての企業城下町とその諸要素

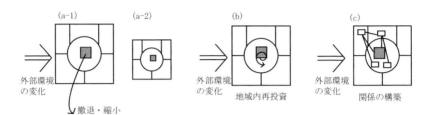

図 1-2 外部環境の変化とそれへの対応例

治」を配置した。

　企業城下町では，外的な要因と内的な要因とが複合的に絡み合って変化を遂げている。世界経済，国民経済レベルで生じる大きな景気変動や，特定の市場における需給変化など外部環境の変化は，企業城下町に大きな影響を与える（図1-2）。外部環境に変化が起こったとき，中核企業が撤退・縮小すると（a-1），それに伴ってシステムとしての企業城下町も縮小してしまう（a-2）。しかし，外部環境に変化が生じても，地域内に留まることが企業の持続的成長にとってプラスになると判断された場合，中核企業が地域内に再投資すると考えられる（b）。また，域内・域外で新たな関係を構築したり，今まで活用されなかったものを再活用したりすることで外部環境の変化に対応することも考えられる（c）。

　外部環境の変化が起こらなくとも，長期間，同一のシステムが継続することによって問題が生じることがある[32]。外部環境に変化が生じた場合，そうした問題が顕在化しやすく，内的要因・外的要因の両面に対応する必要に迫られる。

2. 企業城下町型産業集積の諸特徴

　システムとしての企業城下町の中心に，中核企業と下請企業から構成される産業集積が位置付けられる。ここでは，産業集積の類型化の議論を通じて，企業城下町型産業集積の特徴を明確にする。

　清成・橋本（1997）は，日本の産業集積を，まず「大企業中心型」と「中小企業中心型」とに二分した上で，前者を「生産工程統合型の大企業に他が依存するタイプ」（新居浜市，倉敷市水島など）と「中小企業が大企業を補完する

タイプ」(豊田市，日立市など)に，後者を「産地型」(鯖江市(福井県)，燕市(新潟県)など)と「大都市立地ネットワーク型」(大田区(東京都)，東大阪市(大阪府)，諏訪市(長野県)など)に細分した。伊丹ほか(1998)は，「産地型」「大都市型」「企業城下町型」という3類型に分けている。中小企業庁(2000)は，さらに細かく類型化しており，都市産業型集積(原宿・青山，秋葉原，神保町等)を含むなど製造業以外の分野にまで及んでいる。さらに伊藤(2003)は，伊丹ほか(1998)の3類型を踏襲し，「企業城下町型」をさらに，鉄鋼，石油化学，紙・パルプなど基礎素材型産業や造船業で見られる自己完結型生産体系を持った旧企業城下町と，自動車，電気機器，一般機械など下請分業生産体制を特徴とする加工組立型産業の新企業城下町に分けている。また，中核企業の数にも注目し，単一の大企業を中核企業とする「単一産業型企業城下町」と，複数企業が中核的大企業群となっている「複合産業型企業城下町」とに分けている。

Markusen(1996a)による産業集積の類型化[33)](図1-3)において，本書でい

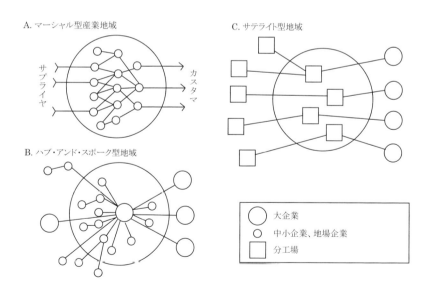

図1-3 企業規模，諸関係および局地的対非局地的な埋め込み
出所：Markusen(1996a: 297)。

う企業城下町に近いものは,「ハブ・アンド・スポーク型地域」と「サテライト型地域」である。「ハブ・アンド・スポーク型地域」では,大規模企業と中小の部品製造業者が存在し,中核企業とサプライヤーの間に,長期の契約や提携関係があると指摘されている。また,「サテライト型地域」では,一般に分工場経済地域[34]とよばれるが,この地域のうち,大企業の分工場が単独または少数の場合に限り企業城下町に含まれる。

　主に伊藤（2003）を手掛かりに,企業城下町の産業集積を類型化すると,以下の2つに分けられる。

　第1に,鉄鋼や化学のような基礎素材型産業や,造船業のような「一品モノ」を個別受注生産する産業では,中核企業の工場内で完結し,装置型で自己完結型の生産体系を持った「生産工程統合型」の企業城下町を形成している。このタイプの下請企業は,運搬用の製缶に従事するものや,「構内外注」として,設備管理や補修,メンテナンス,原材料・製品の運搬業に従事するものが多く,下請企業の階層性はほとんどみられず,社会的分業に乏しいという特徴を持つ。このタイプの企業城下町では,労務提供型の下請企業が多いことが明らかにされている。鉄鋼業の釜石市を研究対象とした松石（2003）は,中核企業から地元の特定企業へ固定的な外注がなされ,長期継続的な取引関係が存在しているが,地元企業は労務提供型の下請仕事を請負っているため,技術蓄積・情報蓄積を進めて企業成長していく可能性が乏しいことを指摘した。また,化学工業の大牟田市を研究対象とした関（1990）は,中小機械金属工業のほとんどが大物製缶,設備工事,メンテナンスに従事する労務提供型企業であることを明らかにした。造船業の企業城下町においても,部品製造を請け負う下請企業が集積する一方で,労務提供型の下請企業が多いことが明らかにされている（米花 1958; 藤森 1960）。基礎素材型企業の集積する北九州市でも,鉄鋼や化学の大企業が需要搬入企業になり,下請企業は一品生産を得意として縦系列の企業間関係を構築している一方で,中小企業間の取引は希薄であることが明らかにされている（池田 2003）。

　第2に,自動車や電気機器などのような量産品を製造する加工組立型産業では,下請分業生産体制を特徴とする「下請分業型」の企業城下町を形成している。

このタイプの下請企業は，部品製造に従事するものが多く，1次下請，2次下請…といった階層性を有し，裾野の広い産業集積を形成している。このタイプの企業城下町では，下請企業の階層性が注目されてきた。日立市を研究対象とした中央大学経済研究所（1976）は，日立製作所を頂点とする階層構造が再生産されていることを明らかにした。階層構造の形成ファクターとして，機械・設備，生産物の種類や型，労働力・労働市場のあり方，労働力の供給母体となる背後の過剰人口の形態をあげ，階層構造の最下層に，内職（家内労働者）が位置付けられる。青野（1979）は，石油危機後の日立製作所2次下請企業の存立形態の特徴を考察し，不況下の2次下請企業が工賃の伸び悩みという事態に対して，農家・炭鉱離職者家庭・労働者家庭の中高年主婦労働力に依存せざるをえない状況を浮き彫りにした。また，豊田市[35]を研究対象とした竹内（1971）は，豊田市はトヨタにとって完成車生産地区であるものの，多種少量生産型部品工場と底辺産業の集積した刈谷市・名古屋市への依存が大きいことを明らかにした。宮川（1977）は，部品自家生産方式から第二次世界大戦を経て部品製作企業の育成へと転換し，部品需要の拡大に伴って，多くの分離独立者による再下請層が形成され，階層的な下請関係が成立したことを指摘している。

　域内下請中小企業の数や下請関係の階層性に着目して企業城下町型産業集積を，図1-4のようにモデル化した。

　「生産工程統合型」の企業城下町の場合，大企業が地域に進出してきた時，域内下請企業との取引はほとんど見られず，Ⅰ型になる。時間が経過するに従い，域内下請企業との取引がⅡ型のように拡大する。その後，大企業が製品転換を迫られた場合や，それに伴い技術変化が生じた場合，あるいは，大企業が

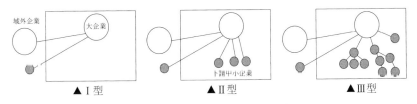

図1-4　企業城下町型産業集積のモデル

費用削減のために内製化を進めた場合などに，下請企業の再編・縮小が行われる。そのため，こうした事態が生じると，再びⅠ型に戻る可能性もある。

「下請分業型」の企業城下町の場合，大企業が地域に進出してきた時，域内下請企業との取引はほとんど見られず，Ⅰ型になる。時間が経過するに従い，域内下請企業との取引がⅡ型のように拡大し，やがて1次下請，2次下請…といった階層性が生じ，Ⅲ型になる。その後，生産工程統合型と同様に下請企業の再編・縮小が行われることがあり，再びⅡ型・Ⅰ型に戻ることもありうる。

以上のように，企業城下町型産業集積をモデル化できる。ただし，同じ型（例えばⅡ型）であっても，下請企業の仕事は，それぞれ「生産工程統合型」では労務提供，「下請分業型」では部品製造を主とするものであり，質的に異なるといえる。

3. 企業城下町の産業政策

企業城下町の産業集積構造に関連する議論として，企業城下町の産業政策に関する論点がある。これまで企業城下町に関する既存研究の多くは，企業城下町に求められる産業政策として，中核企業一社依存という企業城下町の弱みから脱却するために，下請中小企業の脱下請・自立化の必要性[36]や，複合産業型集積への転換を説いてきた（例えば，伊藤2003）。このため，「企業城下町そのものの相対的な位置づけとして必然的に限界性や弊害の要素を抽出すること」（松石 2010: 13）になってきたといえる。確かに，中核企業一社への過度な依存は是正しなければならないことではあるが，そのような解決策の提示のみが，企業城下町にとって十分な処方箋となりえているかは疑問が残る。

そこで興味深い論考として，遠山（2002）を取り上げたい。日立市を事例に，遠山（2002）は，日立製作所の下請中小企業において，自立化の必要性が認識されていることを示す一方で，中小企業の開発した商品の生産や販売に日立製作所グループと連携して取り組む動き[37]が集積内でのポジティブな経済循環を産み出す可能性になることを指摘している。同様に日立市を事例に，産業集積の将来展望を考察した河藤（2008a）は，中小企業が必ずしも自社製品を開

発できる技術力・ノウハウを持っているとは限らないうえ，堅実な経営を望むものも多いと述べている。企業城下町では，中核企業の技術力やブランド・販売網等を上手に活用しながら[38]，中核企業一社への過度な依存から脱却していくことが求められるのではないだろうか。

4. 本書の着目点

1990年代以降の産業集積論（友澤1995, 2000; 松原1999; 宮町2003; 水野2005; 山本2005）を踏まえると，企業城下町の変化を捉えるに当たって以下の論点を考慮しておきたい。

第1に，イノベーション創出や知識創造・学習あるいは地域に蓄積された「技術」への注目である。従来，企業城下町では，中核企業から下請企業への技術指導が行われ，技術力を強化してきた。今日それだけではなく，産学連携や異業種連携などによって，新たな技術の学習や製品の共同開発に取り組む企業が増えてきている。そのため，地域に蓄積された技術とともに，技術力を向上し新たな技術の獲得につながるイノベーション創出や知識創造・学習にも注目するべきであろう。

第2に，主体間の「関係」への注目である。そもそも産業集積は目新しい研究対象ではなく，従来，集積内の下請構造（中央大学経済研究所1976; 渡辺1990）や仲間取引（渡辺1979）に関する分析など，主として企業間関係等の経済的取引関係を軸とした分析に重点が置かれてきた。1990年代においても協調的な企業間関係に対する分析も進んでいる（山川1995b; 鎌倉2002; 加藤2003; 田中2004）。

1990年代以降，企業城下町の企業間関係は変化を遂げている。企業城下町の中核企業は，事業の「選択と集中」を迫られ，長年取引関係を継続していた中小企業との関係を見直さざるを得なくなっている。他方，中小企業は，特定企業への依存度を低め，自立化を迫られているが，新製品の開発経験の欠如，営業のノウハウの欠如等，様々な問題点があり，状況の改善に至っていない。こうした中，主体間関係の再構築により，閉塞感漂う企業城下町の改善を試み

る動きが各地で見られている。例えば，玉野市（岡山県）では，中小企業の技術を生かして企業グループを結成し販路拡大や新分野進出に挑戦している（関・岡本 2001）。

　他方，学術的な議論においても，産業集積論の活発化に伴って，企業城下町においても様々な主体間の関係の重要性がより一層認識され，分析の対象や視角も変わってきている。産業集積に関する議論は，企業間関係を中心としたものから多様な主体から構成される主体間関係へ拡大するとともに，その関係で議論される内容も，取引関係だけではなく技術協力や知識の波及にまで拡大し，変化を遂げている。2 章で論じる進化経済地理学でも，これまでは企業を中心とした進化を議論してきたが，大学や公的な研究機関の進化をも含めて地域的な適応能力の進化を論じるようになってきている（Vallance 2016）。

　第 3 に，「認知」への注目である。1990 年代以降の経済地理学では，主体の意識や社会経済的文脈に注目し，経済行動を再解釈する「文化論的転回」の動きも進んでいる。イノベーションの議論において，Nooteboom（1999）は，認知的距離という概念を用いて，漸進的イノベーション（既存の知識基盤の延長で起こる知識創造によって生まれるイノベーション）を起こすためには認知的に近い方がよいと述べる一方で，ラディカル・イノベーション（既存の知識基盤と断絶した新奇的知識を用いたイノベーション）を起こすためには，ある程度，認知的距離を保つほうがよいことを指摘した。水野・立見（2007）は，この認知的枠組みの共有もしくは類似性を認知的近接性とよび，企業城下町では影響力の強い大企業の慣行，ルーティンが浸透しているため，認知的近接性が強すぎラディカル・イノベーションを生む可能性は小さいと述べている。

　一方で，産業集積において多くの中小企業が共有する認知だけではなく，大企業が地域に対してもつ認知のあり方も重要であろう。そこで鍵概念となるのが「企業文化」である。松石（2011）は，企業城下町史を分析する 1 つの視角として企業文化を提起し，日本的経営研究のフレームワークに企業文化を位置づけている。経営学では，企業文化を企業の革新的経営に結び付けた議論が展開されている。企業組織は，既存の活動を安定的に維持するために，環境との関係性を構築し，また組織内のシステムを構築し，そして集合行為を標準化し，

さらに組織文化を醸成している（荒深 1999）。組織の秩序や安定性を考察する際に，組織文化（企業文化）は分析対象の一つとなる。企業文化に関する代表的な研究者である Schein（1985, 1999）は，企業文化に，①固有技術や視聴可能な行動パターンのような目に見える人工物および創造物，②行動原理として掲げている価値，③共有された暗黙の仮定の3層構造があることを示した。企業行動あるいは「社是」や「経営理念」など，企業文化が顕在化しているものを通じて，企業文化の深層にある「暗黙の仮定」を推察する必要がある。企業文化は，経済地理学においても重要な研究対象となっている。Scheonberger（1997）は，経営者の限定合理性に基づく意思決定プロセスだけではなく，組織内のルールや行動，ルーティン化した学習などから生じた硬直化した企業文化が，企業立地や設備投資など立地選択に大きな影響を与えたと指摘した。したがって，主体の認知の有り様は，企業や地域の持続的成長に向けた方向付けに関係していると考えられるため，この点についても考察を深めたい。

　このような諸論点を考察する際，企業城下町というシステムを静態的に把握するのではなく，長期間にわたる変化を追う動態的に把握する必要があると考える。それは，主体間関係や技術，認知の有り様が，長年の間に蓄積されているためである。長年にわたるいくつかの再編の中における，主体間関係や技術，認知の有り様の変化を議論することにより，現在の企業城下町の状況を位置付けることができる。ただし，それは単なる歴史的変遷を追跡するだけでは不十分である。過去の蓄積は地域の経済発展を促進させるものもある一方で，発展の障害となるものもあるだろう。そのため，地域が辿ってきた経路，すなわち進化過程を分析することで，過去の蓄積が，現在の状況にどの程度寄与しているのかを考えることができる。そこで本書では，第2章でみる動態的な把握に関係する「進化過程」に注目し，企業城下町研究の刷新を試みることにした。

［注］
1）板倉（1988）によると，企業城下町は「大宅壮一が岐阜県神岡町についていったのがはじまりと思う」と述べているが，実際には，「日本の企業」という週刊朝日に掲載された一連のシリーズで，大宅は「日本の企業（2）八幡製鉄」（週刊朝日 1957年7月21日号）において八幡市（当時）を「百万石の『製鉄藩』」の「城下町」，「日本の企業（41）三井

金属鉱業」(週刊朝日 1958 年 4 月 27 日号)において岐阜県神岡町を「三井城の城下町」,「日本の企業(60)住友金属鉱山」(週刊朝日 1958 年 9 月 7 日号)において新居浜市を「『住友領』新居浜市」などと表現しており,「企業城下町」という用語ではないが,それに似た表現を数度にわたって用いている(週刊朝日編集部 1958, 1959)。

2) 八幡製鐵(当時)から排出される大気汚染が問題となっていた 1961 年に,福岡県の委嘱を受けて九州大学が煤塵の測定器を製鉄所近くに設置したところ,一夜にして何者かの手によってこれらの測定器が破壊されるという事件が起こった。製鉄所の幹部はこの犯行を否定したが,苦情を告げに来た福岡県の職員に対し,製鉄所側は「北九州は八幡製鐵の煙で持っているのだから,製鉄所の煙がいやだというならば出て行ってもらいたい。そういう不心得な市民の土地は,会社がいつでも買い上げる」と言ったという。宮本はこの話を聞いて,企業城下町という言葉を作ったと述懐している(宮本 1983: 144-145)。

3) 雑誌『エコノミスト』において,山田(1965)は「企業都市の性格と特徴」と題し,地域経済を支配する大資本が地域社会に強い影響を与えていることを簡潔に示している。その後,同年の秋から冬にかけて同誌でルポルタージュが書かれた。取り上げられた企業都市は,苫小牧市,釜石市,日立市,野田市(千葉県),豊田市,因島市(広島県),宇部市,小野田市(山口県),新居浜市,久留米市(福岡県),大牟田市,水俣市(熊本県),延岡市の計 13 市であった。

4) 1980 年に同法改正により特定業種関連地域中小企業対策臨時措置法が制定された。1978 年制定のものを旧・企業城下町法,1980 年改正のものを新・企業城下町法とよぶこともある。

5) 1970 年代には,大衆向け雑誌において,「日本経済の原点・企業城下町を裸にする」(週刊ポスト,1973 年),「呻吟する企業城下町」(同,1975 年),「企業城下町物語」(宝石,1976 年)のように連載記事が相次いで組まれるなど,企業城下町が人口に膾炙する用語になっていたことがうかがえる。

6) 宮本(1967)によると,地域独占とは,その地域に集積された社会資本を利用独占することによって独占利潤(「地域独占利潤」)を取得する現象であるという。

7) 企業城下町における「城主」の存在となっている大企業は,既存研究でも「中核企業」とよばれてきた。「中核企業」という用語の初出は定かではないが,宮崎県中小企業総合指導センター(1980: 18)によると,1979 年に政府より出された「特定不況地域に係る特定地域振興診断要領」(54 企庁第 1029 号)に,①「『特定不況地域中小企業対策臨時措置法』に規定する『特定事業所』」,②「その他,特に当該地域における商工業に大きな影響を与える事業所」を「中核企業」としており,実際に延岡地域では中核企業として旭化成(上記①に該当する企業)と旭有機材(②に該当する企業)を位置付けている。管見の限り,1970 年代以降の企業城下町に関する研究では頻繁に用いられているので,構造不況対策に関わる用語として人口に膾炙することになったのではないかと思われる。ちなみに,「地域中核企業」という用語もあるが,これは 1990 年代後半以降に使われるようになった用語で(塩次 1995),「中堅企業」(山崎 1987; 中村 1992)や「需要搬入企業」(伊丹ほか 1998),「アンカー企業」(石倉ほか 2003)と概念的に区別されながら,売上高 1,500 億円未満または従業員数 2,500 人未満程度の企業であり,売上高 1,500 億円以上かつ従業

員数 2,500 人以上という「本社立地大企業」よりも小規模な企業が想定されている（田中 2004）。企業城下町における「中核企業」は，「本社立地大企業」も含みうるので，「地域中核企業」とは異なる概念である。

8) 大企業が地域外の下請企業と専ら取引関係をもつ場合や，大企業内で業務が完結し，ほとんど下請企業を必要としない場合など，企業城下町といえども産業集積を形成するとは限らない場合もあると考えられる。

9) 鉱山町（鉱業都市）・炭鉱町（炭鉱都市）の中にも，少数の大企業が採掘の実権を握っている都市がみられ，これらはしばしば企業城下町の 1 つとしてみなされてきた（川崎 1963, 1973; 斎藤 1980; 西原 1998）。

10) たとえば，苫小牧市王子町（北海道），太田市スバル町（群馬県），豊田市トヨタ町（愛知県），池田市ダイハツ町（大阪府），福山市鋼管町（広島県）などがあげられる。

11) 企業城下町の中核企業に相当する経営体が民間企業でない場合，当該地域を企業城下町と位置付けてよいのかは難しい問題である。中核的な経営体として，公有組織・公営組織が運営する場合もある。また，「会社」が存在する以前の時代にも，今でいう企業城下町を形成していた事例がみられる。たとえば，江戸時代における松江藩の有力鉄師であった田部家は，たたら製鉄を核とした町（現・島根県雲南市吉田町）を形成していたことが知られている。

12) 一般的に商業やサービス業などの第 3 次産業は，都市の規模に応じて立地することが多いため，地域内で人口規模に見合わない突出した企業が立地することは少ない。第 3 次産業企業の企業城下町として，本社機能が郊外移転した場合や，大規模な商業・観光施設などが立地する場合などがあげられる。

13) このほか，ロシアにおける企業都市の動向を紹介した徳永（2003），財閥の影響力が強い韓国において「企業都市開発特別法」の制定過程を紹介した周藤（2005）などもある。

14) 川崎（1973: 388-395）は，英語圏における単一企業集落に関連する用語を整理している。

15) 市原（1997: 70-71）は，工場近接型郊外住宅地をミルヴィレッジ，共産主義的工場村，カンパニータウン，コーポレイトタウン，田園都市，ニュータウンに分類した Garner (1984) の類型化を取り上げている。このうち，「カンパニータウン」company towns を，「単独の会社によって開発され，運営・所有もその会社の運営による。ランドスケープ，公共施設，工場，住宅，そして維持管理の方法が総合的にデザインされている。カンパニータウンという呼称は 1850 年以後に使われるようになった」と紹介している。

16) シアトルについては，ボーイング社，マイクロソフト社の双方に注目した山縣（2010）や Markusen et al.（1999）による研究がある。

17) 事例として，ヘルツォーゲンアウラハ（ドイツ，アディダス社），トレヴィーゾ（イタリア，ベネトン社），エルムフルト（スウェーデン，イケア社），ビルン（デンマーク，レゴ社），ビーバートン（アメリカ合衆国，ナイキ社），バーゼル（スイス，ノヴァルティス社），アイントホーフェン（オランダ，フィリップス社），水原（大韓民国，サムスン電子社），ジャムシェードプル（タタ・スティール社，インド），ヴォルフスブルク（ドイツ，フォルクスワーゲン社），ベントンビル（アメリカ合衆国，ウォルマート社），ラスベガス（アメリカ合衆国，

ザッポス・ドットコム社）の 12 都市が挙げられている。
18) 1958 年に実施された「釜石調査」は，その後も 1978 年，1998 年というように 20 年間隔で調査が実施された。いずれも田野崎昭夫氏が関わっており，1978 年調査の分析は田野崎（1985）に，1998 年調査の分析は中央大学社会科学研究所（2007）にまとめられている。
19) 米花（1957）は，シングル・インダストリイ・タウンにおける工業経営の業態的特殊性として，①技術的制約，②市場的制約，③経営構成的特殊性を挙げている。また，その構造的問題点として，①工工調整問題，②商工調整問題，③農工調整問題，④対市民生活関係を挙げており，地域内における工業以外の様々な産業や市民生活との関係性についても言及している。
20) 本文であげた研究のほかに，石油危機以降の再編とその後の地域的影響を検討した研究として，鉄鋼業の釜石市（兼田 1983, 1985; 帯刀 1993b; 鈴木 1996），化学工業の新居浜市（柴田 1993; 鈴木 1995），造船業の相生市（兵庫県）（国立国会図書館調査立法考査局 1990）を事例にしたものがある。
21) 企業城下町において，企業の合理化に対する労働組合の行動に注目した研究として，蔦川（1971），伊部（1983），馬頭（1989a, 1989b）がある。
22) 本文であげた研究のほかに，自動車工業の企業城下町である太田市における企業城下町型産業集積の形成や再編を扱った竹内（1978），松石（2004）の研究もある。
23) ソニーグループの事業所配置と地域的生産連関を検討した青木（2000: 464）では，「ソニーグループのどの事業所をみても，立地した地域で企業城下町を形成している例はない」と述べており，ソニーならではの立地地域とのかかわり方を示す興味深い指摘である。ソニーは，各事業所の生産内容を柔軟に変化させており，「狭い範囲での生産連関を強化している事業所を再編成すると，それまでの生産連関が解体され，下請企業の転廃業問題などが発生し，地域経済に打撃を与え，社会問題を引き起こすことになる。したがって，企業にとってイメージダウンとなる」（青木 2000: 464）。これは，1970 年代に構造不況で苦境に陥った企業城下町が，大企業の負の側面を示すものとして新聞・雑誌等で数多く報道されたことが影響しているとみられる。
24) 「新たな企業城下町」の事例を取り上げたものとして，関（2001）や高橋（2004）などもある。
25) 都丸ほか（1987）は，企業の成長によって企業と地域との関係も変化を遂げるため，このような類型化は必ずしも固定的なものではないと指摘している。
26) 購買会とは，企業が福利厚生を目的に，従業員やその家族に生活に必要な物品を廉価で供給するものである。当初，従業員やその家族に限定していた購買会が，一般の小売・サービス業に転換したものもある。例として，八幡製鐵の購買会を源流とするスピナ（旧・八幡製鐵ビルディング，通称・テツビルストア）があげられる。
27) 森田（2014）は，大企業の福利厚生施設について，先駆的な企業経営者の思想に着目しながら論じている。
28) このほか，北海道の炭鉱町を対象とした市街地形成に関する研究も数多く，駒木（1983），吉田ほか（1985），今野・椿谷（1994, 1995, 1996），椿谷・今野（1995, 1996）などにより行われてきた。

29) 関連して，新産業都市大分でも製鉄所の操業後，「柵内」住宅地が形成されていたものの，近年の再開発によってその解体や再編成が進んでいることが示されている（梶田 2011）。
30) 1960年代に，北九州市では「七色の煙」といわれた深刻な大気汚染公害が発生していたが，「当時の市民は，明治以来の『企業城下町』の家臣か町人であって，『煙で食べさせてもらっている』という意識から，製鉄所を訴えることはできなかったのである」（宮本 1983: 145）。
31) 公害「水俣病」は，チッソの企業城下町である水俣市で起こった。水俣病発覚・解決が遅れた理由として，色川（1996）や丸山（2005）は，企業と地域とが運命共同体であるという意識が醸成され，チッソに対する批判が黙殺されたという企業城下町の社会的特性をあげている。なお，近年の水俣市の地域産業構造，市政の変化については，寺床・梶田（2016）に詳しい。
32) この点については，第2章において議論する。
33) Park（1996）は，さらに細かく類型化し，サプライネットワークとカスタマネットワーク，ネットワークの強度，ネットワークの局地性という3つの基準に従って9つの産業地域を導出している。
34) 分工場とは，「戦略的な意思決定に関わる間接部門が空間的に分離されている工場」（藤川 2001）であり，分工場経済地域では，域内連関が弱く，人材や技術の蓄積をもたらさない，イノベーションを起こす能力が欠けるなどの問題が指摘されている（近藤 2004a）。
35) この他，豊田市の自動車産業集積に注目した研究として，辺（2006），藤原（2007）がある。
36) とりわけ，生産工程統合型の企業城下町では，労務提供型企業からの脱皮が求められるという指摘（関 1990）がなされる。
37) 中小企業が構想，開発，試作，実験・評価を行う一方で，日立製作所グループが設計・製造を行う。下請中小企業は，自立化を試みようとしても企業ブランドの未確立，アフターケア・メンテナンスへの対応の不十分さなどの問題を抱えていることが多いが，この手法を使えば，こうした問題を克服することが出来る。
38) 河藤（2012）は，中小企業にとって，中核企業との連携を維持発展させることを重視しつつ，その連携の中で蓄積してきた高度な技術やノウハウを主体的な企業活動に応用し自立化を図ることが，中核企業以外の企業との取引関係の構築とともに重要であると述べている。

第2章　進化経済地理学の研究動向と特徴

第1節　本章の目的

　昨今，欧米における経済地理学は，様々な学問領域から概念や原理を積極的に取り込み，アプローチは多様化している。特に2000年代に入り，経済地理学では様々な「転回」が起こっているといわれている。これまで，「文化論的転回」（Amin and Thrift 2000; Barnes 2001）や「制度論的転回」（Martin 2000），「関係論的転回」（Boggs and Rantisi 2003; Yeung 2005）などが唱えられてきた。

　さらに，経済地理学に進化論的な観点，特に進化経済学の概念や理論を導入する動きが見られつつあり，Martin and Sunley（2006: 396）は，経済地理学に進化論的な観点を導入する動きを「進化論的転回」evolutionary turn とよんでいる。また，Boschma and Frenken（2006）は，進化経済学を導入した経済地理学を，「進化経済地理学」evolutionary economic geography とよんでいる。

　1990年代の欧米の経済地理学に対する社会科学の影響を検証した水野（1999）は，経済地理学の新たな視点の1つとして，経済活動を不可逆的，動態的に捉える「進化」の視点に注目し，進化経済学の影響について言及している。

　2000年代半ば以降，進化経済地理学では，新たな概念や原理が次々と導入されているが，十分に整理されないまま議論が展開している状況[1]にある。そもそも進化経済地理学がどのような「発展経路」を歩み，今後どのような可能性があるのか，アプローチの違いに注目して検討する必要がある。進化経済学の概念や原理が，進化経済地理学に「遺伝」されているといっても同じ議論になるとは考えにくく，両者でどのような差異があるのか考えたい。

　そこで本章は，進化経済地理学の主要業績を読み解くことを通じて，進化経

済地理学が経路依存的に歩んできた発展経路を探索し，今後の可能性を検討する。さらに，これらの議論を踏まえて本書における分析枠組を提示したい。

以下，第2節において，進化経済地理学の背景となっている社会科学における進化論や進化経済学の特徴と研究動向を概観する。第3節において，産業集積論の展開と進化経済地理学の位置，また，進化経済地理学以前に行われてきた歴史を重視するアプローチの系譜を紐解きながら，進化経済地理学の特徴や議論内容，隣接領域との関係性を明らかにする。第4節では，進化経済地理学の重要なキーワードである経路依存性に関する議論を検討する。第5節では，生物学をベースとした，一般ダーウィニズムに関する進化経済地理学の議論を検討する。第6節において，小括として進化経済地理学の可能性について考察する。最後に，第7節では，本章を踏まえて本書の分析枠組を提示する。

第2節　社会科学における進化論と進化経済学
—— 進化経済地理学の背景

西部（2000: 70）によると，19世紀以来，生物学において生物の種の変化と多様性を説明する枠組として発展してきた進化論を，社会科学[2]において人間社会の諸現象の説明に使おうとした試みは，これまで何度も行われてきたという。特に第二次世界大戦以降，経済学のゲーム理論が生物学で利用され，そこで開発された理論や概念が経済学に再導入されており，進化概念自体，経済学と生物学の双方向的な影響の中で共進化してきた。進化経済学は，主に物理学の考え方に基づいて定式化された伝統的な経済理論とは異なり，主に生物学の考え方に基づいて定式化され，進化論のアイデアに着想を得ている。

今日の進化経済学にとって重要な一起点とされている研究が，Nelson and Winter（1982）である。徳丸（2006: 202）によると，この研究は，経済学に古くから存在した進化論に，数理的な表現形式を与えたため評価されているが，理論的にも重要な意義があるという。すなわち，Nelson and Winter（1982: 24-30）は，新古典派経済学では，その議論の前提である「最大化（最適化）」と「均衡」

によりイノベーションと技術変化の分析を歪めていると批判する一方で，対案として，企業の規則的で予想可能な行動パターンである「ルーティン」に注目し，ルーティンに導かれて他のルーティンを変化させる過程である「探索」をモデル化した。彼らの理論では，ルーティンは生物学の進化論における「遺伝子」の役割を果たし，探索概念は生物学の進化論における「変異[3]」に対応する。

　Nelson and Winter（1982）以降，経済学に進化論を取り込む論者が徐々に集まり，「進化経済学」が構築されていった。Boschma and Martin（2010: 5）によると，進化経済学の特徴として，①静的なものを批判し，「ダイナミック」なことに関心を持ち，②時間は後戻りできず，過去の遺産は現在や未来に影響するという「不可逆的な過程」を追求し，③経済進化の理論として，自己変化の源としての「新奇性」novelty の重要性や世代を強調すること，があげられる[4]。

　進化経済学は，1つの首尾一貫した概念や方法ではなく，進化に関わる広範な学問領域の概念や原理を取り込むハイブリッドな理論であり，概念・視点・分析方法は多様である。このような進化経済学の特性は，後述する進化経済地理学に遺伝されている。

　進化経済学の影響を受け，組織論において，「組織の慣性[5]」が論じられるようになった（Leonard-Barton 1992; 木原 1994; 荒深 1999; 吉田 1999; 高橋 2007; 宇田川 2007）。これらの議論では，組織の日常的な活動が戦略転換に及ぼす影響を，ルーティンのポジティブ，ネガティブな作用という概念を用いて検討している。すなわち，ルーティンは不確実性を吸収するという特徴を持つため，意識的に選択しなくても，一定の成果を挙げることが可能となるため，組織の安定性をもたらし，組織は効率的に環境に適応することができる（ルーティンのポジティブな作用）。一方で，ルーティンが妨害的，抑制的に作用する場合もあり，ルーティンおよびその選択ルール自体が硬直化すると，環境が変化しても新しいルーティンが採用されず，慣性が変化に対する障害となってしまうこともあるという（ネガティブな作用）。

　Nelson and Winter（1982）以降，経済学に進化論を導入する動きは，新制度派経済学の発展とも関連しながらイノベーションや産業組織・企業組織をめぐる研究へと広がった。藤本（1997）は，トヨタ生産方式を事例にして，開発・

生産システムのもつ組織能力と競争優位性，組織能力の発生・進化のダイナミックな過程を「創発過程」として注目した。清水（2002a, 2002b）は，経路依存性と進化経路のバイファケーション（分岐）に注目し，企業組織の進化を論じた。長谷川（2009）は，組織システムのゆらぎと過程ダイナミクスに焦点を当て，企業組織の進化を論じた。さらに，Aldrich（1999）は，企業の創業から集積の形成への進化という広い枠組で組織の進化を論じており，進化経済地理学と関連している。

このように，Nelson and Winter（1982）以降の進化経済学は，新古典派経済学の前提の批判から出発し，ルーティンを鍵概念として，企業組織の進化を議論してきた。進化経済地理学では，進化経済学の特性を受け継ぎ，地域における様々なシステムの進化に議論を拡大している。

第3節　進化経済地理学の特徴

1. 産業集積論の展開と進化経済地理学の位置

進化経済地理学という一連の研究が生まれ，それに関する議論が活発化してきたのは，2000年代半ば以降のことであるが，このような現象自体，「経済地理学における進化の過程」の中で現れてきたものである。

1990年代以降の経済地理学では，多国籍大企業の立地展開や企業内地域間分業に対する研究が進展する一方で，産業集積に対して，かつてないほどの関心の高まりを見せた。グローバル化が進展する中において，特定の産業集積地域がいかなる競争力の源泉を持ちうるのかという点に関して，様々な学問領域から多様なアイデアが導入された。Porter（1990, 1998）の産業クラスター論をはじめとする新たな理論が提示されるとともに，Marshallの「産業地区」にみられるように古典的著作が再評価された（小田 2012）。このような空間的概念だけではなく，例えば，取引費用論や社会ネットワーク分析など，他の社会科学で用いられていた非空間的な概念や方法論も，産業集積の分析に援用された。

経済地理学において，1990年代以降，産業集積に対する主たる関心が，生産システムから学習システムへ移り（友澤2000），地域的競争力の源泉となる，地域内あるいは地域間の知識やイノベーションの創出・波及に対して注目が高まった。イノベーションの創出・波及過程は，習熟によって徐々に効果を及ぼすことが多く，経済的現象を進化の視点で捉える進化経済学との親和性が高い。イノベーションを創出・波及させる場としての産業集積に関して活発に議論が行われ，クラスター，イノベーティブミリュー，学習地域などの概念に関する理論的成果や多くの実証研究が蓄積された。

また，Freeman（1987）以降，イノベーションシステムに関する研究も着実に進んできた。安孫子（2000）によると，ナショナルイノベーションシステムを論じたNelson（1993）は，試行による習熟や累積的・漸進的な技術進歩の重要性を主張し，これには進化論的視点が含まれているという。さらにその後，ナショナルイノベーションシステム論と産業集積の新たな展開をめぐる議論とが融合し，地域イノベーションシステム論が進展した（松原2007; 平田2010）。地域イノベーションシステム論は，相互行為による学習やイノベーションの累積性，経路依存性を強調する点が特徴であり，進化論との関係性が高い（Moulaert and Sekia 2003: 293）。このように，進化経済学の概念や思考は，地域における産業の盛衰やイノベーションの創出・波及過程を考えるに当たって有用であると考えられるようになり，進化経済地理学の素地を形成してきたのである。

経済地理学において，経路依存性やロックイン概念を用いた実証研究は，1990年代にすでにいくつか見られるが，進化論的視点の導入や進化経済学への接近を明示したことは，2000年代後半以降，顕著に見られるようになった。当初は，進化経済地理学自体の特徴や性質に関する議論が中心であったが，進化経済地理学的な着想を含んだ概念の適用可能性を試みる実証研究が次第に多くなっている状況[6]にある。

2. 歴史重視のアプローチと進化経済地理学

経済地理学において，歴史がその地域の発展や進化に大きな影響を及ぼす，

という見方は決して新しいものではなく，これまでも歴史を重視するアプローチ[7]に取り組んできた。第1に，「累積的因果連関」があげられる。累積的因果連関とは，複数の要因の間ではたらく相互強化作用を通じて，これらの諸要因の変化が並行的・累積的に進行すること（宇仁2008:1）であり，Myrdal（1957）やKaldor（1978）は，国民経済と国際経済における累積的因果連関の配置・作用・効果をモデル化した。第2に，プロダクトサイクル論がある。その代表的な論者であるVernon（1966）は，製品のライフサイクル（導入期，成長期，成熟期，衰退期）に従って，先進国の工場で開発・生産されていた製品が次第に生産コストの低い途上国の工場に移っていくという，企業の海外進出の変化を説明した。第3に，既存のマルクス経済地理学においても，進化論的なアイデアは含まれていた。Martin and Sunley（2006: 408）によると，1980年代の地域的不均等発展論は，「断続平衡[8]」に似た考え方があったという。Massey（1984: 117-121）は，場所のユニークネスやロカリティの重要性を主張する中で，古い空間構造の累積されていた結果と新しい空間構造との相互関係の，双方の過程が互いに影響しあうことによる結びつきを，「諸層の結合」と表現している。生産の社会的諸関係に対して歴史的過程を重視するこの着想は，進化論に近いものであるといえる。

　2000年代以降，活況を呈している進化経済地理学は，これらの系譜に立脚しており，累積的因果連関やプロダクトサイクルは，進化経済地理学においてもキーワードの1つとして考えられている。ただし，これまでにはなかった進化経済地理学としての特徴もあり，以下の3点は相互に関連する。第1に，進化経済地理学は，進化論的観点をもつ様々な学問領域の概念の適用を試みる点に特徴がある。すなわち，進化経済学同様に，方法論的に多様でかつ開放的である（Boschma and Frenken 2006: 292）。具体的には，進化経済地理学は，地域的競争力の把握にとって有意義な，ルーティンやコンピタンス，ロックインなどの概念を提示する（Boschma 2004: 1003）。例えば，このうち，経路依存性やロックインの概念は，マルクス経済学にも，新古典派経済学にも用いられており，Grabher（2009）は，様々なアプローチが存在する進化経済地理学の多元性に理解を示している。ただし，進化経済地理学の一部において，無分別に，

あるいは独創性なく様々な概念を導入することに対して批判もあり，Hodgson (2009: 168) は，進化概念が多様な意味を含むため正確性を要求されると指摘している。第2に，進化経済地理学は，変化の過程やメカニズムを強調する点に特徴がある。進化経済地理学では，経済発展の促進・障害となる過程・メカニズムや，空間的・歴史的な偶有性（状況依存性）contingency の相互行為を強調する（Boschma and Martin 2007: 540）。第3に，進化経済地理学は，地域が変化するときに進化論的特徴を有するかどうかという点に強い関心がある。それは，地域の発展が経路依存性や不可逆性のような進化論的特徴を有するかどうか，という議論を通じて，経済主体の行動がどのような経路に沿って変化するのか，理解しようと試みている（Boschma 2004: 1002）。また，それは経済システムの進化の性質や発展経路の方向性に対する，地域や場所の重要性を論じている（Boschma and Martin 2007: 540）。

Boschma and Martin（2010: 7-8）によると，進化経済地理学は，地域の経済的現象を，外部環境の影響を受身的に被るものや経済システムの進化にともなって生じる副産物ではなく，進化過程を特徴付けるものとして考えている。そのため，過去の発展経路を基盤に進化するオープンシステムとしての「経済景観」economic landscape という概念が頻繁に使われている。進化経済地理学では，経済景観の進化を重層的な空間スケールで議論することが指向されている（Boschma and Martin 2010: 7-8）。

2000年代以降，進化経済地理学とともに，空間経済学（Fujita et al. 1999）および制度派経済地理学（Martin 2000）に多数の論者が参画してきた。そのため，進化経済地理学と空間経済学，制度派経済地理学との関係も論点となっている（Boschma and Frenken 2006）。Boschma and Frenken（2011: 299）によると，進化経済地理学と空間経済学との共通点は，①経済活動の空間分布は，要素価格の地域的な差異よりも立地選択や市場競争に由来していること，②企業レベルでの規模の経済により，競争が行われていること，③クラスターの形成は，自己強化的で，不可逆的な動的過程に起因していること，④クラスターの立地は，経路依存的に決定されること，をベースに議論していることである。しかし，両者には差異もある。進化経済地理学は，空間分布を歴史的過程として説

明し，クラスターの立地を，成功した企業家が初期に立地した場所に起因する歴史的に偶有的なものとして事後的に説明する。一方で，空間経済学は，一般均衡を前提として，空間分布を企業・労働者による最適化行動の結果とみなしており，産業の地理的集中が生じる初期条件として，経路依存性を取り扱っている。

　また，進化経済地理学と，制度派経済地理学との関係も検討されている。Boschma and Martin（2010: 22-23）によると，これまでの経済地理学では，制度は進化的なものとみなされてこなかった。そのため，進化と制度とのアプローチを統合しダイナミックな枠組の構築が試みられており，その１つが「領域的制度」である。Boschma and Frenken（2009: 152-156）によると，企業により，ルーティンは多様で，ルーティンが適用される文脈は，それぞれの領域によって差違があるため，地域の経済発展を考察するときには，ルーティンと，領域に応じた制度（領域的制度）の相対的重要性を考慮する必要があると述べている。このほか，制度に関する試みとして，政治経済学との接近を目指すものがある。階級や権力，資本蓄積・不均等発展の過程に関連する経済景観の進化を議論することで，進化の概念と政治経済学とをむすびつけ，制度や社会主体といった概念を発展させることが進化経済地理学にとって重要であるという主張もある（Essletzbichler 2009; MacKinnon et al. 2009）。

　Moulaert and Sekia（2003）は，これまでの産業集積や地域イノベーションシステムなどに関わる理論や概念との関係を整理した。そもそも進化経済学自体が，図2-1[9)]のように，進化生物学・生態学や複雑系をはじめ多様な学問領域や理論の影響を受けて，発展を遂げている。さらに，進化経済地理学は，進化経済学の概念を導入して直接的に関連しているとともに，地域イノベーションシステム論とも間接的な関係があるといえる。同様に，Hassink et al.（2014）も，現状の進化経済地理学を，関連する理論・領域と対比させながら位置付けており，多元主義的な進化経済地理学へと発展すべきであると主張されている。

　進化経済地理学では，多様な学問領域の概念や原理を取り込むことでパースペクティブを広げることが期待される。一方で，無批判にあらゆる概念や原理を取り入れてしまうと収拾がつかなくなる恐れが有る点に留意しなければなら

第2章 進化経済地理学の研究動向と特徴 45

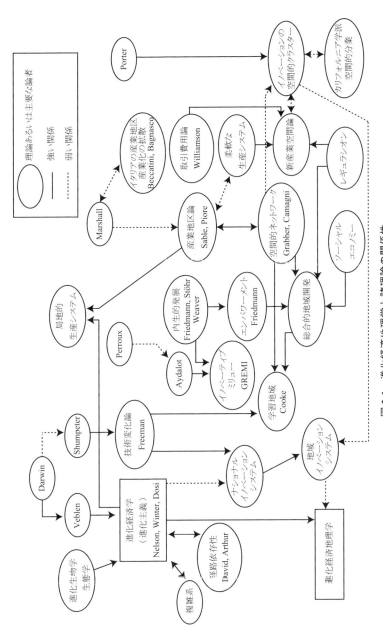

図2-1 進化経済地理学と諸理論の関係性
出所：Moulaert and Sekia (2003) をもとに加筆。

ない．今後の進化経済地理学では，ルーティンの概念を基盤として，ルーティンの特性や変化要因（大月 2007）が地域内の諸主体間でどのように作用するのか留意しながら，既存の経済地理学とも多くの接合点を見出し，議論を洗練させていく必要がある．進化経済地理学の具体的な議論動向は，次節以降で詳しく検討する．

3．進化経済地理学の主要アプローチ

Martin and Simmie（2008）や Boshma and Martin（2010）によると，進化経済地理学の主要なアプローチは，「経路依存性」Path dependence theory，「一般ダーウィニズム」Generalised Darwinism，「複雑系」Complexity theory の 3 つに分けられる[10]．第 1 に，経路依存性アプローチは，技術や産業の長期的な発展を説明するとともに，外部性や収穫逓増効果を通じての産業・技術の発展経路の自己強化について検討する．第 2 に，一般ダーウィニズムアプローチは，新奇性，多様性，淘汰 selection，適応 adaptation，遺伝 inheritance，保持 retention などの進化生物学のアイデアやメタファーを利用し，企業や産業の進化を説明する．企業や産業の活動を，経済的かつ社会的なものと認識し，経済・制度が共進化しているものとして取り扱う（Essletzbichler and Rigby 2007）．第 3 に，複雑系アプローチは，マクロレベルの経済構造・組織とミクロな行動との関係を理解するために，複雑系に関する議論からアイデアを採用する．このアプローチは，システムの自己組織化や，内生的発展や外的ショックに対するシステムの適応に着目する．Martin and Sunley（2007）は，経済地理学に，散逸 dissipation，非均衡 far-from equilibrium，創発 emergence，自己組織化 self-organization，臨界 criticality，共進化 co-evolution などの複雑系の概念を持ち込むことを試みている．

これら既存研究の厚みには差異がある．最も議論が蓄積されているアプローチは経路依存性アプローチである．このアプローチは，古くからの工業地域（OIA: Old Industrial Areas，以下 OIA）に関する議論[11]から出発し，20 年以上の歴史がある．一般ダーウィニズム，複雑系の両アプローチは，進化経済地理学が認識されるようになった 2000 年代半ば以降に論じられており，端緒につ

いたばかりである。このうち、複雑系アプローチは、管見の限り、複雑系の概念の紹介にとどまり、いまだ有意義な論点を見出せていない。このため、次章以降では、経路依存性アプローチ、一般ダーウィニズムを中心に進化経済地理学の動向を探る。

第4節　経路依存性アプローチ

1. 経路依存性

　塩沢・清水（2006: 460）によると、経路依存性とは、ある時点での制度的配置や、それ以前の経験・学習の影響を受けるため、ある時点以降の発展経路がそれ以前の発展経路の影響を受けることをいう。近年、経路依存性が強調されるのは、一般均衡論がそのような理論構造になっていないためである。一般均衡論において、均衡は企業の生産可能集合と消費者の選好、および資源配分の現状にのみ依存するのであって、経路依存は基本的に排除されている。進化経済学においては、企業の進化が学習によって蓄積された企業特殊資産である「ルーティンの束」としてのコンピタンスによってもたらされ、その制約を受けていると考えられている。また、歴史的に形成された一定の制度的配置を持つマクロ経済社会の成長や進化についても経路依存性を語ることができる。

　Martin and Sunley（2006: 399）によると、「経路依存性」概念は、技術的ロックイン（David 1985, 1986）、動態的な収穫逓増（Arthur 1988, 1989, 1994）、制度的履歴 institutional hysteresis（North 1990; Setterfield 1993）を踏まえて論じられているという。このうち、経路依存性の議論の出発点となった David（1985, 1986）は、キーボードが QWERTY 配列になった歴史を考察する中で、①小さな偶有的な出来事が、経済的技術・組織・システムの未来の経路に長期的な効果を持つこと、②結果が最適や合理的である必要けなく、もう1つの経路を閉じ特定の経路を正当化しながら、初期の決定が歴史を通じて影響すること、③技術的な相互依存性や規模の経済、投資の不可逆性が大きな影響を及ぼしたこ

と，を示した。

　経路依存性は，過去と現在とを関係付ける概念であるが，決定論を意味するものではない。経路依存性とは，歴史的決定主義や過去依存を示唆するものではなく，過去になされた選択が，方法やデザイン，慣行の後の選択に影響を与えるのであり，蓋然的で偶有的な過程[12]，すなわち，一方が他方より容易であったことを意味する（Håkansson and Lundgren 1997; Walker 2000）。

　経路依存性アプローチを，産業集積のライフサイクル[13]と結び付けて議論するものも多い（Belussi and Sedita 2009; Martin and Sunley 2011; Shin and Hassink 2011; Potter and Watts 2011; Brenner and Schlump 2011）。遠山（2009）は，産業集積のライフサイクルの各段階において経路依存，経路破壊，経路創造という進化要素を位置づけながら，日本とイタリアの眼鏡産業集積を比較している。

2. ロックイン

　経路依存性アプローチでは，企業や産業がどのようにロックインするのかという点について，特に焦点が当てられてきた。経済地理学において，ロックインを論じた代表的な研究として，ルール地域を事例にして OIA の衰退について検討した Grabher（1993）があげられる。これによると，過去，産業集積が獲得してきた優位性（例えば，産業風土 industrial atmosphere，高度に発達し専門化した社会基盤，密接な企業間関係，自治体による強い政治的支援など）は，イノベーションにとって強い障害となり，硬直的な専門化の罠 trap of rigid specialization に陥ってしまう。このような地域は，社会経済的要因にロックインされているということができる。彼は，これを Granovetter（1973）の「弱い紐帯の強さ」になぞらえて「強い紐帯の弱さ」とよんだ。彼は，①地域内の長期継続的な取引関係に安住した結果，イノベーションが創出されにくくなり，域外企業に対するマーケティング機能が喪失するという機能的ロックイン functional lock-in，②域内の企業間で，共通の技術用語，契約ルール，知識を用いることにより，地域ビジョンや世界観も同一方向に固定化され，企業家精神や革新性が抑制されるという認知的ロックイン cognitive lock-in，③産業界

と自治体，労働組合，商工会議所との間の協力的な関係が，産業衰退時には主体間関係の再構築にとって障害になるという政治的ロックイン political lock-in の3つのロックインを指摘した。

　Hassink and Shin（2005）によると，ロックイン概念は，これまで経済地理学で論じられてきた空間的分業（Massey 1984）やサンクコスト[14]（Clark 1994; Clark and Wrigley 1995; Scheonberger 1997）のほか，制度的硬化 institutional sclerosis（Olson 1982），巨大産業による日陰効果[15] large and shaddy upas tree（Checkland 1976），離脱・発言・忠誠に関する Hirschman（1970）の議論[16]とも関連するという。

　Grabher（1993）以降，様々なロックイン効果が働いている OIA[17] の衰退を，産業進化のダイナミクスと関連付ける実証研究が多くなった（Cooke 1995; Chapman 2005; Hudson 2005; Schamp 2005）。OIA でなくても，ロックインは地域の衰退を説明する概念として用いられている（Fuchs and Shapira 2005）。

　Grabher（1993）以降，経済地理学ではどちらかというとロックインのネガティブな側面に焦点が集まり，多くの研究が蓄積された。これは，進化経済学において動態的な収穫逓増のメカニズムに関する分析を中心として，ロックインのポジティブな側面に関心が当てられていた状況と対照的だったといえる。ただし，経済地理学においても，イノベーションと経済発展のプロセスを捉えるために技術軌道という概念に着目した Dosi（1982）や David（1985），Arthur（1989, 1994）を基盤に，産業集積における技術変化に着目した研究（Rigby and Esseletzbichler 1997; Esseletzbichler and Winther 1999）もあった。国内においても，鎌倉（2014a）が，化学企業の製品の系譜と立地履歴を追跡して，技術軌道の観点から研究開発拠点の変化を論じている。

　Martin and Sunley（2006）は，経済地理学においてロックインが Grabher（1993）以来，ネガティブな側面を強調し過ぎている点に疑問を呈し，ポジティブ・ネガティブなロックインの両面から論じることの必要性を主張した。図2-2 は，ポジティブなロックインが時間の経過とともにネガティブなロックインになることを示している。これは，学習効果などによって収穫逓増状態にあった経済的パフォーマンスが，初期段階から徐々に生じた高い相互依存性に伴って「強

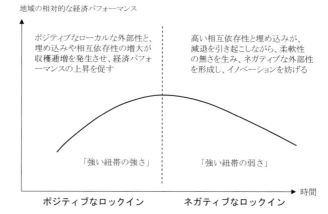

図 2-2　ポジティブなロックインとネガティブなロックイン
出所：Martin and Sunley（2006: 416）。

い紐帯の弱さ」が「強い紐帯の強さ」を上回ると，減退に至ってしまうモデルを示したものである。

　進化経済地理学では，地域の発展経路を，各企業のルーティンが束になったものとして考える（Jovanović 2009）。特定の産業に特化した企業城下町や地場産業産地では，まとまった束になるが，多くの地域では，様々な発展経路の束から構成されている（Bathelt 2003）。地域の発展経路は，ポジティブ，ネガティブなロックインの蓄積により理念的に示すことができる（図 2-3）。縦軸は地域の経済的パフォーマンス，横軸は時間を示す。縦軸の地域の経済的パフォーマンスは，地域の経済発展の度合いを示すものであり，モノの生産を重視すると製造品出荷額や従業者数，イノベーションや知識創造を重視すると知的財産の増加などが目安の指標となる。図 2-3 の A は，ポジティブなロックインが連続的な段階の発展経路を，B は，ポジティブなロックインがネガティブなロックインになる時の発展経路を示したものである。A，B ともに t 期〜 t+1 期は同じ発展経路を示しているが，t+1 期以後の選択した経路によって，その後の発展に差異が生じている。ただし，A が発展の方向を示しているとはいっても，その時々で必ずしも最善の選択を行っているわけではない。次善の選択であっ

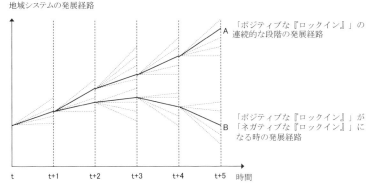

図 2-3　ロックインの蓄積と地域の発展経路
注：点線は可能性のある偶有的な経路を，実線は実現された実際の経路を示す。
出所：Martin and Sunley（2006: 418）。

ても，全体として発展段階につながることを示している。

　ロックインをポジティブ，ネガティブに二分することは，理論的には可能であっても現実的には難しい。ロックインをポジティブなもの，あるいはネガティブなものと認識するかは，論者の主観によって見解は異なるし，どの時点で認識するかによっても見解は異なってしまう。また，地域に継続的な効果・影響を与えている現象が，ポジティブ・ネガティブでは捉えられず，どちらともいえないものもある（Lagerholm and Malmberg 2009）。ロックインの蓄積により地域の発展経路を描く方法は，一定の成果ではあるが，経路を定量的・定性的にどのように描き出すのが実態により近いのか，さらなる検討が必要である。

3. 経路依存性アプローチの政策的含意

　進化経済地理学における経路依存性アプローチは，OIA の実証研究から出発した経緯があるため，多くの論者がそのアプローチから政策的含意を見出そうと試みている。制度や技術など様々なロックインが機能している OIA では，ロックインを克服[18]するために，産業集積における技術開発の基盤・方法の見直し，地域に存在する様々な主体による相互作用の多様化，地域の社会的な

調整システムの広がりを確保し，知識の創造力を高めることが重要である（小沢 2008）。政府や教育研究機関の役割を指摘する意見（Hudson 2005; Chapman 2005; Benneworth and Hospers 2007）の一方で，学習棄却 unlearn，すなわち，発展の障害となる過去の制度を除去し（Maskell and Malmberg 1999），労働力の再訓練や労働市場の流動性向上を図ることによって，忘却のコスト the costs of forgetting の削減にも注力すべきだという主張もある（Gregersen and Johnson 1997: 481）。

クラスターや地域イノベーションシステムの構築に当たっては，産業地域の特性に応じた政策が求められる（図2-4）。イノベーションを阻害するイノベーションバリアについて検討した Tödtling and Trippl（2005）によると，イノベーションバリアは様々な要因が関係していることが指摘されている。第1に，中小企業が支配的な「周辺地域」ではイノベーションを創出する企業・人材・研究機関などが不足し「組織面での希薄さ」が課題となっている。第2に，大企業が支配的な「古くからの工業地域（OIA）」では，技術が成熟化して主体間関係の固定化が進み，「ロックイン」が問題となっている。第3に，「大都市圏地域」では，様々な外部不経済が発生して様々な主体の活動が「分裂」していることが問題となっている。このようなイノベーションバリアに対して，周辺地域では，中小企業がキャッチアップの学習を図り，域外のクラスターと結びつけ，新たな企業形成を図るような地域経済の強化が必要であり，OIAでは，古くからの産業を再編成するとともに，新たな分野・技術でのイノベーションを促進させる地域経済の更新が求められ，大都市圏地域では，企業間の地域的

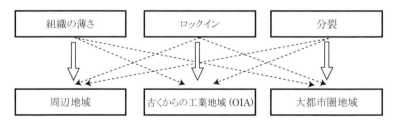

図2-4　地域イノベーションシステムの欠陥と問題地域の類型化
出所：Tödtling and Trippl（2005: 1208）。

なネットワークを促すことにより地域の知識基盤を結び付け，創業やスピンオフを支援し，大学などの高度な専門機関を設置することが必要とされている。このように，地域の問題は産業地域の特性によりそれぞれ異なるため，あらゆる地域において適用できる政策は回避すべきである。政策担当者が地域の産業政策を考えるときには，地域のポテンシャルやボトルネックを認識し，初期条件としての地域の歴史を考慮しなければならない。地域のネガティブなロックインを取り除くためには，参入を刺激するとともに，新たな政策を促進させ，地域間リンケージを強化するのが望ましい。

　OIA に関して，企業城下町を含む国内外の成熟した産業地域で様々な事例報告がなされている (Cooke 1995; Connolly 2010; Power et al. 2010; 寺岡 2010; 矢作・阿部 2014; 服部 2016; 加茂・徳久 2016; 脱工業化都市研究会 2017)。そのような研究の近年の傾向は，「縮小都市論」と結び付けて，人口減少が他都市と比べても先駆けて進んでいる都市として扱っていることである。そのような都市では，製造業のリストラクチャリングが進む事例の他に，産業遺産の活用[19]やアート作品とのコラボレーション[20]，工場夜景の活用のように観光的要素を取り入れて脱工業化を進めてきた事例も多い。OIA における雇用を維持するための経路創出の選択肢として考えるのであれば，必ずしも製造業にこだわる必要はないといえる。

4．新たな経路依存性モデルへの展開

　経路依存性に関する更なる議論として，経路依存性と均衡・非均衡との関係が論じられるようになった。これは，Nelson and Winter（1982）が非均衡を重視していたにもかかわらず，進化経済学・進化経済地理学で論じられている経路依存性には，均衡的な考え方が含まれていたためである。非均衡の発展経路を考えるために，経路依存性と均衡・非均衡との関係が再考されている。

　Martin and Sunley（2010: 73-75）は，経路依存性を 3 区分して，その差異を論じている（図 2-5）。すなわち，(a) 一度ロックインされると，均衡を解除するために外部ショックが必要になるという「経路依存的均衡分析」に基づ

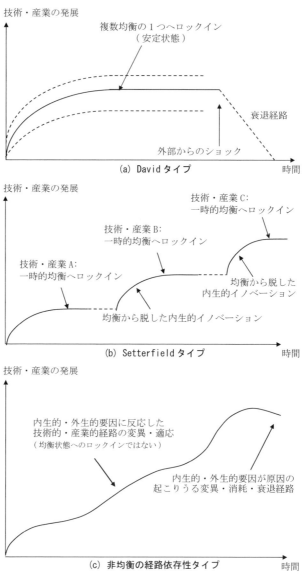

図 2-5 経路依存性の均衡・非均衡に関する 3 つのタイプ
出所：Martin and Sunley（2010: 73-75）。

く David（1985, 1986）タイプ，(b)「内生的イノベーション」により均衡状態から脱することと，一時的均衡にロックインする状態を特徴とする Setterfield（1993）タイプ，(c) 経済進化を非均衡過程とみなす「非均衡の経路依存性」タイプの3つである。このうち，イノベーションの創出・波及は，均衡状態を予測しにくいため，(c) に適合する。

また，Martin（2010）は，歴史依存的な均衡への収束過程としてロックインを解釈することは，経済進化の概念化としての経路依存を制約してしまうと考え，新たなモデル構築の必要性を主張した。まず，それによると，経路依存性は2つの異なったモデルにより示すことができるという（図2-6）。1つは，局地的な産業や技術の均衡状態に至る「規範的な経路依存モデル」である。このモデルは，これまで進化経済地理学で論じられてきたロックインを中心的な概念とする経路依存性のモデルであり，均衡依存のモデル[21]である。このモデルは，安定的で既存産業を再強化し自己再生産する。イノベーションはほとんどなく，内生的な変化もほとんどない。このモデルは，変化よりも継続性を強

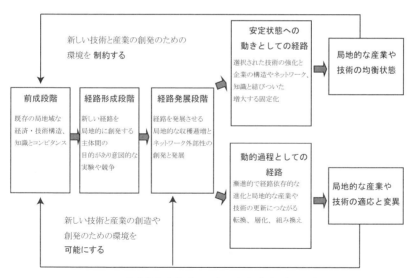

図 2-6　局地的な産業進化の新たな経路依存性モデル
出所：Martin（2010: 21）。

調する。もう1つは，局地的な産業や技術の適応と変異をもたらす「複合的な経路依存モデル」とよばれるものであり，内生的な変化や進化が可能である。このモデルでは，継続性よりも変化が強調される（Martin 2010）。

このうち，Martin（2010）は，前者の「規範的な経路依存モデル」の限界を指摘している。歴史依存的な均衡への収束過程としてロックインを解釈することは，経済進化の概念化としての経路依存性を制約してしまうという問題がある。多くの産業やテクノロジーはライフサイクルパターンがあり，経路の更新や再生，継続的な変化や変異が起こりうる（図2-7）。進化経済学において重要とみなされている，内生的な変化，絶え間ない変質，新奇性の役割のようなアイデアを想起すると，均衡の考えを維持することには問題があるといえる。このような規範的なモデルは，蒸気機関や電気のようなラディカルなテクノロジーを歴史的に追跡するときに最も適合するが，地域産業は複雑なシステムで，地域産業の経路はそれ自身進化するため，このようなモデルは適さない。局地的な産業は，多数の企業から構成される複雑なシステムであり，局地的な産業の経路はそれ自身進化している。産業地域やクラスターにおける，専門化した各セクターの経路は，お互いに結びついており，経路依存的な共進化が発生し

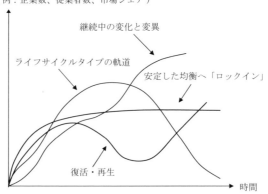

図2-7　様式化された産業・技術の進化的経路
出所：Martin（2010: 10）。

ている（Martin 2010）。

　そこで，Martin（2010）は，政治学や歴史社会学を手掛かりとして，「複合的な経路依存モデル」を進化経済地理学に提起した。政治学や歴史社会学では，収穫逓増効果と同様な自己再強化や自己再生化効果により，どのように制度がロックインしてきたのかを，経路依存モデルを用いて描き，複雑なシステムの進化を議論してきた。歴史社会学や政治学では，ミクロレベルにおいて，経路依存的な制度をゆっくりと変化させるものとして，①層化 layering，②転換 conversion，③組み換え recombination の3つの概念を提起している。このうち「層化」とは，制度が，新しいルールや手続き，構造が加わることにより徐々に変化することである。各々の新しい層は，全体としてみると小さな制度の変化に過ぎないが，制度の進化が経路上であるために，累積的なものであり，変異や制度の根本的な性質を変質させることにつながる。また，「転換」とは，形式あるいは機能，この両方の意味で，制度の再方向付けを意味する。このような「複合的な経路依存モデル」は，ロックインにつながるメカニズムを含意せず，このモデルは，広範な進化パターンを許容する（Martin 2010）。

　このような Martin（2010）の見解に対して，以下のような批評が提出された。Oosterlynck（2012）は，地域経済の経路依存性を十分に理解するためには，Martin（2010）が重視していないマルクス主義的な政治経済学が重要であると主張している。Drahokoupil（2012）は，Martin（2010）のモデルの難点を克服するために，Hay（2002）の「断続共進化」のアイデアを導入すべきと述べている。これにより，変化対継続性の二元論に橋をかけるとともに，産業進化のモデルに政治的要因を持ち込むことができるという。Simandan（2012）は，広範で抑制的でないモデルを目指すこと，継続性を強調するよりも変化を強調すべきと述べ，Martin（2010）のスタンスに理解を示す一方で，モデルの改善や最近の分析成果を参照することなどを提示している。これらに対し，Martin（2012a）は，経路依存性が，進化的な概念として機能し，制限的で保守的な解釈から解放されるのであれば，その概念の拡張や見直しを行う必要があると再反論している。Martin（2010）の「複合的な経路依存モデル」を踏まえた経路創出の実証研究も行われている（Dawley 2013）。

ここまでみてきたように，経路依存性を巡る議論は，ロックインとその打開策に関する議論から，地域を変化させる経路創出の議論へ移ってきているといえる。地域経済を再生・発展させていくために経路をいかに創出していくのか，理論的な深化が求められている。

第5節　一般ダーウィニズムアプローチ

1．進化生物学・生態学と進化経済地理学

　進化経済学において，生物学の概念や原理を，経済現象の説明のためにそのまま持ち込むことには，これまでも多くの議論がなされてきた。Essletzbichler and Rigby（2010）によると，1つのアプローチは，自然選択説と遺伝学を基盤に形成されているネオダーウィニズムアプローチの採用である。このアプローチは，自然淘汰や遺伝の影響を強調し過ぎているので，人間の意図が介在する経済活動の説明には適さない。もう1つは，ダーウィン進化論の原理を課題発見やメタファーとして利用する一般ダーウィニズムのアプローチである。進化経済学や進化経済地理学では，進化を理解するための枠組を提供する後者のアプローチが有望なものとみなされている。このアプローチの目的は，経済進化が一般ダーウィニズムのアプローチに適合しているか否かを検証することではなく，むしろ，これらの原理を用いた経済ダイナミクスの分析が長期にわたる経済変動に新たな洞察を提供するか否かを検証することである（Vromen 2004）。

　一般ダーウィニズムアプローチでは，ルーティンの複製によって生じる多様性が議論の中心であり，クラスターの形成過程に関連付けて論じられている。Boschma and Frenken（2011）によると，経済進化は企業間のルーティンが選択的に転移したものと理解されている。企業特有の組織ルーティンは，競争の基盤となる企業の組織能力を示したものであるが（Teece et al. 1997），ルーティンの複製は不完全であるので，ルーティンはわずかに変異しながら遺伝し，

ルーティンの多様性は長い時間をかけて持続する。にもかかわらず，ルーティンの多様性は企業間競争のために絶えず減少してしまう。一方で，革新的なルーティンが導入されると，それは，その企業が生き残っていくために利用されるだけではなく，他の企業にも利用されていく。ルーティンは，企業のスピンオフと労働力の移動によって複製されるため，ルーティンの複製は局地的現象となる。技術的に関連したルーティンは，地域内で新たなルーティンの分岐化に寄与する（Frenken and Boschma 2007: 645-646）。経済発展を支える分岐化の過程は，経路依存的なものだけではなく，場所依存的なもの place dependent でもある（Martin and Sunley 2006: 409）。新たなルーティンの創造・転移・流入は，様々な空間スケールで広がっている。このようなルーティンの複製過程により，クラスターが形成される。Klepper（2007）は，クラスターの形成過程を，企業のスピンオフが雪だるま式に積み重なった点に見出した。スピンオフによって，子企業は親企業から能力が受け継がれ，成功したスピンオフを生みやすい。少数の成功した企業が出現していたことによって，多数のスピンオフ企業が生まれ，クラスターが形成される（Dahl et al. 2010）。

　このアプローチについて，Martin and Sunley（2012）は，創発の概念を精緻化して経済地理学に導入すること，Martin and Sunley（2015a）は，さらに発生システム論や進化発生生物学の概念や着想を導入することを主張している。さらなる概念の拡大には慎重でありたいが，以下このアプローチにおいて議論が蓄積されてきた関連多様性とレジリエンスを取り上げたい。

2．関連多様性

　多様性概念に着目すると，技術的に関連したセクターを有する地域は高い成長率を示すという「関連多様性」related variety が関心を呼んでいる。近似した産業セクター間の認知的近接性が，効果的なコミュニケーションと相互学習を促す。認知的距離（Nooteboom 1999）の適度な近接性は，認知的ロックインを回避させ，新奇性を刺激する[22]。これは地域内だけではなく地域間においても同様であり，地域を越えた産業セクター間の学習において知識ベースが関

連すればするほど地域の雇用成長に貢献すると考えられている（Frenken et al. 2007; Boschma and Iammairno 2009）。

「関連多様性」の展開は，産業集積の外部性に関わる議論の進展に貢献することが期待されている。Glaeser et al.（1992）によると，産業集積の外部性には，同業種の産業が地域内に集積し外部性が生じるMAR型（Marshall-Arrow-Romer）と，多様な産業が集積することで異業種間で生じるスピルオーバーを重視するJacobs（1969）型がある。これらに関する実証研究では，MAR型あるいはJacobs型のどちらか一方の外部性にエビデンスがある，もしくは両方の外部性にエビデンスがあることが様々な論者により指摘され，煮え切らない結果を生んできた。しかし，Boschma and Frenken（2011: 299-301）は，MAR型のような「特化」やJacobs型のような「多様性」ではなく，「関連多様性」という進化の枠組で集積の外部性を提示することにより，両者の対立を乗り越えられるかもしれないと指摘している。

「関連多様性」の研究課題は，その測定方法である。産業間の関連性は，時代とともに変わるので，業種コードではなく，スキルや製品の組み合わせなど柔軟な指標が必要となる（Boschma and Martin 2010）。関連性として，製品的な関連性，技術的な関連性，技能的な関連性，投入産出による関連性など，様々なものが挙げられている（Boschma et al. 2017）。

「関連多様性」について，これまでスペイン，イタリア，フィンランドなどヨーロッパの各国で実証分析が精力的に実施されている（Boschma and Iammairno 2009; Boschma et al. 2012; Hartog et al. 2012）。これらの分析における空間スケールでは，地域統計分類単位の比較的狭い範囲であるNUTS3が用いられることが多い。これらの分析によると，「関連多様性」が地域経済の成長に寄与していることが実証され，特に産業セクター間のコンピタンスを補完する地域ではより高い成長を見せていること（Boschma and Iammairno 2009），国レベルよりも地域レベルの産業構造の近接性が新産業の発展に大きな寄与をしていること（Boschma et al. 2012），地域全体の「関連多様性」は成長にあまり影響がみられなかったが，ロー・ミドルテクとハイテクとに区分してみると，ハイテクでの「関連多様性」は地域経済成長に寄与していること（Hartog et al. 2012）が

導出された。

　これら「関連多様性」は，遠藤（2012）も指摘しているように，必ずしも目新しさがあるとはいえない。議論はさらに，「関連多様性」から，産業特性と地域の専門的技術との組み合わせを検討する「地域発展プラットフォーム（RDP: Regional Development Platform）」にも展開しているが（Harmaakorpi 2006; Cooke 2007; Lazzeretti et al. 2010），この議論もこれまでの地域イノベーションシステム論を刷新するものになっているとは言い難く，慎重な議論が必要であろう。

3．レジリエンス

　「レジリエンス[23]」は，生態学や心理学，災害研究[24]などから発達してきた概念であり（Pendall et al. 2010），それらの学問領域では，攪乱や衝撃などの「脆弱性」に対置して，自発的な復元力，抵抗力，回復力，耐久力などを意味する言葉として用いられる。近年，グローバルな経済環境の変化に伴い，工場閉鎖のような衝撃的な事態が各地で頻発している。不確実性に直面せざるを得ない状況下で，衝撃から回復し，立ち直る過程である「地域レジリエンス」が注目されるようになっている（Hudson 2010）。

　レジリエンス研究は，衝撃の前の状態に戻るものとして描かれるものがある一方で，複雑系を意識して，災難に対して人々や地域，エコシステムが立ち向かう能力を描くものもある（Pendall et al. 2010）。また，地域の履歴に着目し，レジリエンスと履歴とを組み合わせることも提案されている（Martin 2012b）。

　レジリエンスは進化的な概念であるが，とりわけ Simmie and Martin（2010）は，均衡的概念ではない進化論的な概念として扱うべきだと主張している。そこで，彼らはパナーキーの理論から，適応循環モデルを導入することを試みている。そもそも生態学では，レジリエンス概念に着目した嚆矢である Holling（1973）をベースに生態系の安定性が議論されており，今日では自己組織性をもった生態系を具体的な諸スケールの内的ダイナミクスとスケール間相互作用によって形成される時空間構造として捉えようとする「パナーキー」という概

念が関心を集めている（市原 2004）。パナーキーの議論から導かれた「適応循環」モデルは，崩壊と再組織化が繰り返し出現しメビウスの輪として表現される（Holling and Gunderson 2002）。そこでは，繰り返し，「（資源や栄養素の）利用」exploitation,「（システムの機能的）保守」conservation,「（攪乱による資源や栄養素の）開放」release,「（システムの機能的）再組織化」reorganization という適応循環が起こるという（上柿 2007）。このような適応循環を，地域レジリエンスの文脈にどのように適用しうるかが論点となっている。

レジリエンスは，今のところ，概念的な定義や方法論，理論的意義，実用性などをめぐっての議論により特徴づけられる（Yamamoto 2011）。あいまいな概念であり，時間・空間の境界を注意深く扱う必要があるが，メタファーを越えて地域経済のリアリティに迫るのであれば有用な概念となりうることが期待されている（Pendall et al. 2010; Yamamoto 2011）。

Martin and Sunley（2015b）は，地域経済レジリエンスの概念化に努め，これまでの議論を手際よく整理している。そこでは，地域経済レジリエンスで重要な論点となる 7 つの局面（①衝撃への脆弱性，②混乱・衝撃，③静的基準・動的基準，④衝撃への抵抗，⑤頑健性，⑥回復，⑦レジリエンスの決定要因）におけるそれぞれの論点や分析焦点，レジリエンスの分析手法，レジリエンスの決定要因間の関係性，レジリエンスに関係する構造的次元（①構造的多様性，②モジュラリティ，③構造的冗長性，④リベット効果，⑤関連多様性，⑥多角的専門化）などをまとめている。

地域レジリエンスは，地域経済の進化過程とグローバルなダイナミクスとの関係を結び付けるアイデアとなりうるものである。また，これまでのリストラチャリングに関する多くの実証研究を再評価することで，地域レジリエンスに関するダイナミズムやメカニズムを把握する契機になることが期待される。重層的な空間スケールの中で地域経済の脆弱性を克服する産業政策を考えるにあたっても示唆を与えることになるだろう。

4. 一般ダーウィニズムアプローチの課題

　一般ダーウィニズムに関する今後の展開として，進化経済地理学で議論が不十分な「保持」にも焦点を当てなければならないことを指摘したい。「多様性」や「複製」に焦点が当てられてきた一方で，「保持」概念に関する検討は，十分になされていない。「保持されるものがあって，複製がありうる」（塩沢 2006: 9）のであり，複製よりも保持の方が根本的な概念であるともいえる。変化を絶えず繰り返すシステムとともに，保守的なシステムに対しても，なぜそのシステムが保持できているのかという進化的な観点で検討していくことが求められる（藤本 1997: 146-148; Essletzbichlerand Rigby 2010: 57）。例えば，産業集積が長期間にわたって持続している地域において，持続要因として作用しているルーティンを探ることにより，地域の経済システムを保持するメカニズムを見出すことにつながると考えられる。

第6節　本章の小括

　本章では，進化経済地理学の主要業績を読み解くことを通じて，その発展経路がどのようなものであるか，探索してきた。これまでの論点をまとめたい。
　まず，進化経済地理学の背景となっている社会科学における進化論や進化経済学の動向を検討した。進化経済学は，ルーティンを鍵概念として議論を展開しており，議論の特徴の1つである方法論的な多様性や開放性は，進化経済地理学に遺伝されている。
　進化経済地理学は，1990年代以降の「経済地理学の進化」の過程で生まれてきたものである。産業集積論が発展することにより，産業集積の持続発展に不可欠なイノベーションに対する関心が集まることになった。政策的にも，産業クラスターや地域イノベーションシステム論を踏まえた政策プログラムが実施されたが，政策効果を高めるためには産業集積それぞれの経路依存性を踏まえなければならないことが認識されるようになっていた。そこで，進化経済学

の概念や理論を取れ入れた進化経済地理学構築の動きが高まっていた。

　経済地理学において，経路依存性やロックイン概念を用いた実証研究は，1990年代にすでに見られるが，「進化」を明示した研究は，2000年代後半以降，顕著に見られるようになった。当初は，進化経済地理学自体の特徴や性質に関する議論が中心であったが，進化経済地理学的な着想を含んだ概念の適用可能性を試みる実証研究が次第に多くなっている。

　進化経済地理学は，①進化論的観点をもつ様々な学問領域の概念を適用すること，②変化の過程やメカニズムを強調すること，③地域が変化するときに，経路依存性や不可逆性のような進化論的特徴をもつかどうかに関心があること，を特徴とする。

　本章では，進化経済地理学のアプローチのうち，経路依存性と一般ダーウィニズムのアプローチの議論動向を取り扱った。

　経路依存性アプローチでは，OIAの衰退について検討したGrabher（1993）以来，ロックインという概念に関心が当てられた。ただし，Grabher（1993）はメタファーとしてロックインという概念を用いていたため，ロックインに関する議論は，経済地理学と進化経済学において齟齬が生じ，経済地理学ではロックインのネガティブな側面に焦点が集まることになった。そこで，Martin and Sunley（2006）は，ロックインをポジティブ・ネガティブの両側面から捉えることで進化経済学と経済地理学の齟齬の解消に努めた。さらに，Martin（2010）は，地域の経路依存性を再考するなかで，経路依存性のモデルを，継続性を指向するモデルと，変化を指向するモデルとに峻別した。

　一般ダーウィニズムアプローチでは，生物学の概念が取り入れられ，ルーティンの複製過程によりクラスター形成を説明しようと試みている。「関連多様性」では，近似したセクター間の認知的近接性と地域経済との成長との関係が検証され，「関連多様性」が地域経済の持続的成長にとって重要であることが示唆されている。産業集積の外部性に関わる議論に，「特化」と「多様性」の中間領域に焦点を当て，新たな示唆を与えることも期待されている。また，「レジリエンス」は，地域経済に悪影響を与える衝撃から回復し，立ち直る過程に着目した概念である。パナーキー論から適応循環モデルを導入するなど，メタ

ファーを超えた理論枠組の構築も見られるようになっている。このアプローチの今後の展開として，経済システムの保持に関しても焦点を当てることを主張した。

このように，進化経済地理学の研究は蓄積されつつあり，今後も他の学問領域から広く概念を取り込むとともに，概念や原理に関して深い議論をすることが求められる。

進化経済地理学と進化経済学との差異を見出すと，政策的含意に対する言及のあり方が異なっている。進化経済地理学は，OIA論から出発した経緯があるため，研究対象がOIA以外に拡大しても，理論的成果だけではなく政策的含意をも見出そうとする論者が多い。これは，政策的含意まで展開する研究が数少ない進化経済学とは対照的である。進化経済学は，新古典派経済学の批判という理論的問題から出発したためであると考えられる。進化経済学，進化経済地理学の初期の出来事によって，それぞれ発展経路に大きな差異が生じている。

進化経済地理学は，そもそも地域にとって何が進化なのか，進化的特徴であるといえるのかを突き詰めて考えなければ，一過性の流行で終わる懸念もある。MacKinnon et al. (2009) もいうように，進化経済地理学の構築を目指していくよりも，様々な空間スケールにおける「進化」を論じたほうが有益な成果を得ることになるのではないとか思われる。

今後の進化経済地理学の可能性について，以下の3点を指摘したい。

第1に，進化経済地理学における概念と実証研究・分析枠組との結び付けに関する問題である。進化経済地理学では，様々な学問領域の概念やアイデアを取り入れ，それらに関する議論がなされている。しかし，概念や原理と，局地的な産業の進化に関わる実証研究との乖離が大きく，理論的成果が十分に消化されているとは言い難い状況にある。理論と実証研究との媒介となる中間概念の整備・充実が必要になっている[25]。また，進化生物学や生態学，複雑系などの概念を，地域経済の文脈に導入することによって生じた混乱が完全に収まっているわけではない。進化に関する概念は多義的な意味内容を含んでおり，他の学問領域からの概念を借用するのであれば，そのコンテクストを正確に認識する必要があるのは言うまでもない。進化経済地理学でメタファーとし使わ

れている概念を，具体的な分析枠組につなげていく取り組みを行っていくことが必要だろう。

　第2に，有意義な事例研究をより蓄積させていくと同時に既存研究を再評価することも求められる。Boschma and Frenken（2009）は，経済景観の進化に関わる事例研究の蓄積が重要であり，比較可能で，明白で，累積的な事例研究が必要と述べている。進化論的アプローチを新たに模索することも重要だが，既存の研究成果を掘り起こし，進化論的視点を持った研究として再評価することも必要となるだろう。

　第3に，重層的な空間スケールで，多様な主体の進化を取り扱うことである。これまでの進化経済地理学では，特定地域の産業集積の進化や発展経路が語られ，主に中小企業の産業集積やクラスターに焦点が当てられている。しかし，それだけではグローバル―ナショナル―ローカルから構成される重層的な空間スケールを考察の対象とする経済地理学としては不十分であると言わざるを得ない。重層的な空間スケールで経済景観の進化を議論する試みは，端緒についたばかりであり（Schamp 2005; Iammarion and MaCann 2010），研究蓄積に乏しい。また，グローバルな大企業の意味が重要性を増す今日の状況を考えると，それが軽視されている点にも不満が残る。今後の進化経済地理学では，企業内地域間分業を展開するグローバルな大企業をも射程に入れる研究が必要になるだろう。重層的な空間スケールで，多様な主体の進化を取り扱う段階には至っていない。特定地域の産業集積の進化や発展経路だけではなく，企業内地域間分業を展開するグローバルな大企業をも射程に入れる視点は重要である。重層的な空間スケールのダイナミズムと，大企業，中小企業，自治体，学術・研究機関といったそれぞれの組織や制度のダイナミズムとを並立させることが求められる。進化経済地理学を「企業の地理学」や「立地調整」（松原 2008）に関する議論と組み合わせることにより，政策的にも示唆深い成果が得られるのではないだろうか。

　進化経済地理学の特徴の1つは，方法論的多様性と開放性であることを本章で述べてきたが，そもそも経済地理学自体，立地や集中・分散など核となる議論を中心としながらも，新古典派経済学やマルクス経済学などから多様な概念

を取り入れ発展してきたのである。経済地理学は，多元的なアプローチを採用する学際的な学問であり，進化経済地理学は，経済地理学が構築してきた過去の発展経路の延長線上に立脚しているといえる。今後も，経済地理学を，瑣末な議論にロックインさせず，よりよい方向へ「進化」させていく努力が求められる。

第7節　本書における分析枠組

　最後に，本章の議論を踏まえて，本書の分析枠組を提示する。

　本書では，企業城下町というシステムの変容を，進化論的枠組を用いて検討する。企業城下町の長期的な変化を説明する視角として，経路依存性アプローチを軸に議論を行いたい。ここまで示されてきたように理念的な経路依存的な地域の発展経路は，図 2-3 のように描くことができるが，それぞれの経路が選択された理由は不明確である。本書では，この点に焦点を当てたい。企業等によって生産設備や研究開発設備の投資行動がなされると，いくつかの経路の中から 1 つの経路が選択されることになるが，果たしてその企業等の投資行動の背後に一体何があったのだろうか。

　そこで，本書では，企業等の投資行動の背後にあるものとして，ロックインに注目する。ロックインは，地域的な経路依存性に大きな影響を及ぼすものの 1 つである。外部環境に変化が生じた場合，システム内部の頑健性・硬直性に関わるロックインは，システムの働きに大きな影響を及ぼす。ポジティブなロックインが機能すれば経済成長を促進させる一方で，ネガティブなロックインが機能すれば経済成長の障害となる。

　Martin and Sunley（2006）は，ポジティブ・ネガティブの両面からロックインを捉えることの必要性を主張している。ロックインをネガティブな意味に限定しないことは評価できる。しかし，ポジティブ・ネガティブの境目をそもそもどのように捉えたらよいのか不明確であるし，また，そのロックイン自体がポジティブ・ネガティブであることは，時代状況，立場により評価の方法は一

様ではないなど，判然としない部分もある。そのため，そのロックインがポジティブ，ネガティブのどちらに機能しているかは，偶有的に規定されると考えたい。

　本書では，第1章で述べたように「技術」「関係」「認知」の観点から，進化過程を捉えることにした。企業城下町では，中核企業の存在や役割が大きな意味を持つため，地域の進化過程から中核企業の進化過程を抜き出して考察する（図2-8）。

　中核企業の進化過程では，第1に，企業のコア・コンピタンスになるとともに，下請企業の技術軌道にも決定的な影響を及ぼす「中核企業の技術軌道」と，第2に，地域の方向付けに大きな影響を及ぼし，地域へのスタンスを示すことにもなる，中核企業の「企業文化」に注目する。主に「中核企業の技術軌道」は技術，「企業文化」は認知に関係することである。

　地域の進化過程では，第1に，企業城下町の企業間で共有される技術や，産業・製品に由来する技術特性が含まれる「下請企業の技術軌道」と，第2に，中核企業・下請企業・自治体・大学など多様な主体から構成される「主体間関係」に注目する。後者の主体間関係に含まれる中核企業－下請企業の取引関係には，下請企業による中核企業への依存意識（からの脱却）が内在されており，認知的なロックインも関係している。これらを整理すると，主に「下請企業の技術軌道」は技術，「主体間関係」は関係（および認知）に関係することである。

　本書の事例研究（第4章～第6章）では，工場設立時から工場の発展によって都市形成につながった企業城下町の形成期を概観したうえで，各事例の進化

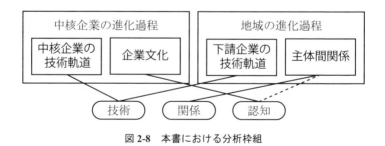

図2-8　本書における分析枠組

過程において注目される事象を追跡しながら，中核企業の進化過程，地域の進化過程について考察することにした．

[注]
1) 本章のほかに，進化経済地理学の研究動向を整理した研究として，鎌倉・松原（2012）や野尻（2013）もある．また，中島（2013）は，工業立地論の方法論的転換のために，進化経済地理学の着想を導入した工業立地論を試みている．
2) 社会科学において進化論を扱う時，進化 evolution と，進歩 progress とを混同しないことに留意すべきである．藤本（1997:135-136）によると，これまで通俗的な理解では，進化はほとんど進歩と同一視されてきたが，社会科学において進化論を論じる時には，進化と進歩の峻別が求められるという．つまり，進化とは「より良きものへの変化」ではなく「より複雑なものへの変化」と捉えるべきだ，と指摘している．
3) 本章では，日本遺伝学会（2017）の見解に基づき，mutation の訳語として，「変異」を用いた．
4) このほか，進化経済学の特徴として，Cooke et al.（1998: 1578-1579）は，①変化の過程に関心があること，②イノベーションに関わる外部性の機能や集積の経済について検討すること，③進化経済学の中心的関心事にイノベーション過程があること，④イノベーションシステムに関わる組織で接着剤の役割を果たす「制度」としての規範やルール，慣習，ルーティンに関心があること，⑤制度的・組織的学習過程の理解と説明を目指していること，をあげている．また，水野（1999: 123-124）は，①個々人の知的能力の限界を強調し，その限界は諸制度と諸組織の構造と機能に制約を課していること，②成長と変化の過程あるいはメカニズムの強調すること，③「経路依存性」を強調することをあげている．
5) 組織の慣性は，環境の脅威や機会の発生に対する組織反応の緩慢さを意味し，相対的に絶えず発生している期間のなかで意識されなければならない概念（Hannan and Freeman 1984: 162-163）である．また，組織の年齢やライフサイクル，規模，連結パターンなどの組織特性により，組織の慣性は大きく異なる（吉田 1999:43-46）．
6) このほか，Ron Boschma が在籍するオランダ・ユトレヒト大学が中心となって Papers in Evolutionary Economic Geography（PEEG）というウェブサイト（http://econ.geo.uu.nl/peeg/peeg.html）が運営されていることも記しておきたい．当ウェブサイトには，多数の進化経済地理学に関する論文やワーキングペーパーが掲載されている．このウェブサイトは，進化経済地理学にとってのイノベーションを創出・波及する場として機能しており，今後も動向が注目される取り組みである．
7) このほか，1990 年代までの経済地理学では，地理的慣性（田中 1949），産業的慣性 industrial inertia（Rodgers 1952; Todd 1983），歴史的慣性 historical inertia（Isard 1956），立地慣性 locational inertia（Cox 1972），もしくは単に慣性 inertia（Jeans 1967; Steed 1976）という用語が，地域経済において変化しにくい要素を説明するものとして用いられてきた．脇田（1990）は，これらの用語を踏まえて，歴史と地理の合力による習慣性として「歴史地理的習慣性」という用語を提唱するに至っている．しかし，この「慣性」の用法は論者に

より多種多様であり，精緻な議論とは言い難い．
8) 断続平衡とは，主要な進化は緩やかで連続的な変化ではなく，むしろ長い停滞の後，急激で非連続的に起こることである．1977 年，S. J. グールドと N. エルドリッジによって提唱され，暗黙のうちに緩やかで連続的な変化を想定していた進化生物学者たちと大きな論争を引き起こした（蔵 2006: 506）．
9) 図 2-1 中の「進化経済学（進化主義）」は，Moulaert and Sekia（2003）による原図において Evolutionism と示されているが，その主要論者として，Nelson and Winter（1982）の著作で知られる両名と，技術パラダイムや技術軌道に関する議論で知られる Dosi が挙げられていることから，図 2-1 では「進化経済学（進化主義）」と示した方が適切であろうと判断し加筆した．
10) このほか，進化経済地理学では，様々な空間スケールでのネットワークの進化を検討した議論（Glückler 2007; Boschma and Frenken 2010）も見られる．
11) 加藤（1990, 2002）は，欧米の OIA 論に着想を得て，大阪湾岸地域の古い工場地帯の再編を実証的に検討した．
12) Hudson（2005）は，地域の成長・衰退の軌道は，経路依存的というよりも偶有的でめぐり合わせ conjunctural であったと考え，経路偶有性 path contingency という概念を提起している．
13) 関連して，Bale（1981）は，Hamilton（1967）を踏まえ，William Morris Davis の地形輪廻論に着想を得て，産業地域が，産業や都市の発展に伴って，幼年期→青年期→壮年期→老年期→回春というように循環するという工業輪廻論を提唱している．このアイデアを用いて，三上（1994）は，大竹市（広島県）の工業輪廻を論じている．
14) サンクコストは，産業組織論から経済地理学に導入された概念である．経済地理学では Clark（1994）が企業戦略を論じるときにリストラクチャリングに関する新たな考え方を含む概念として用いて以降，議論が進んだ．Clark and Wrigley（1995）は，経済地理学におけるサンクコストの概念化に着手し，「ある特定の用途のために用いることが決定的で，それゆえに撤退・退出する場合には回収できない費用」という Mata（1991）に基づきながら，企業のリストラクチャリングに関する研究とポストフォーディズムの研究との間の橋渡しになるとともに，地域経済の変化過程における空間的慣性と柔軟性の両方を説明する枠組を提供できると論じた．さらに，この概念は，企業の生産能力の空間編成の検証（Clark and Wrigley 1997a）や，工場の閉鎖や企業の撤退の背景にある論理の説明（Clark and Wrigley 1997b）に用いられた．他の論者からも，産業の硬直性を説明する概念として用いられた（Ekinsmyth et al. 1995; Schoenberger 1997）．
15) Checkland（1976）は，支配的な巨大産業が新しい産業の成長を妨げ，その産業が衰退すると置き換わるものがないため，その地域は深刻な影響を被ることを示した．
16) Hirschman（1970）のメタファーを用いれば，例えば OIA で産業が衰退したとき，代替する産業がなければ，企業が意見を表明すること（＝発言）や退出も困難であると，その結果，ロックインされてしまうと説明できる．
17) Steiner（1985）は，1980 年代までの OIA が衰退してきた要因の議論をまとめている．

18）産業地域だけとは限らないが，様々な地域・産業の「負のロックイン」からの脱却を検討した論考として加藤（2016）がある。
19）OIA における産業遺産の活用をめぐる現状と課題について，森嶋（2011, 2014）や山本（2013），木村（2014）などが検討しており，それらにおいても産業遺産の保存・活用をめぐって大企業のスタンスの違いが描かれている。
20）スペインのビルバオにおいて，グッゲンハイム美術館の開館をはじめとした都市再開発が進んで脱工業化が進展し，都市イメージの転換につながった「ビルバオ効果（グッゲンハイム効果）」が高く評価されており，ビルバオをモデルに，アート作品との融合を図る OIA がヨーロッパ諸国で増えている（Plaza and Haarich 2015; Heidenreich and Plaza 2015）。
21）Page（2006）によると，経路依存性とは，2 つの依存状態を含意しているという。第 1 に，あるとき起こった結果は，過去の結果に依存する「結果依存」がある。第 2 に，結果以上に長期の安定的な分配に収束し，その長期の分配は過去の結果に依存する「均衡依存」がある。
22）水野・立見（2007: 11）が指摘するように，同業種が集積する地場産業地域や企業城下町のような地域では，認知的近接性が大きすぎ，新奇な知識を得にくい。すなわち，認知的に近接しすぎると，認知的ロックインが生じてしまう。イノベーションの創出・波及においては，認知的距離の適度な近接性が重要である。
23）「レジリエンス」は，日本語表記の揺れにより，レジリアンス，リジリエンス，リジリアンスなどと表記されるが，本章では最も用例の多い「レジリエンス」の表記を採用した。
24）日本の社会科学では，2011 年の東日本大震災以降，レジリエンスに対する関心が高まり，災害研究などを中心にレジリエンスをタイトルに含んだ著作が増えている。
25）徳丸（2005）は，進化経済学における理論的研究と事例研究との乖離を検討した。

第3章 日本の企業城下町の変化に関する統計分析

第1節 本章の目的

　これまでの日本の産業構造の展開に伴って，日本各地にある企業城下町は，どのような変化を見せてきたのだろうか。企業城下町は，大企業が地域経済の中核に位置づけられる都市であり，企業城下町の変化を考察することは，日本の産業構造の転換と，大企業の立地調整との関係を検討する材料を与えてくれる。

　これまで経済地理学では，「工業統計調査」や「事業所・企業統計調査」などによる統計あるいは非集計データを用いて，工業都市の分布と都市成長との関係に関する数多くの研究が行なわれてきた。北川（2005b）は，1972年と1986年における工業都市の動向について，業種ごとの特化係数をもとに類型化し，人口規模や卸売業・サービス業との関係について論じた。小田（2002）は，1980年代後半から1998年における機械工業集積について，業種別にみた局地化や多角化の地域的変動の観点から検討した。サービス経済化が進展する中で，工業都市とサービス業特化都市との関係を論じた研究も行なわれた。石丸（1992）は，産業別従業者構成比から得られた特化係数を指標として，工業およびサービス業特化都市の変動を把握し，日本の都市システムの解明を試みた。

　一方で，鉄鋼業や化学工業といったような「産業」ではなく，より具体的に，「企業」の工場立地そのものに視点を当てた研究も行なわれてきた。板倉（1958）は，資本金10億円以上の大企業を対象として，1955年における日本国内の大規模工場の分布を明らかにした。この分析では，企業が属する各工場の従業員数で

企業全体の付加価値額を工場ごとに按分比例した,「工場の付加価値額」を基準にしている。さらに板倉 (1959) は,資本金1億円以上の大企業に対象を拡大し,1955年における大規模な化学工場の分布についても明らかにしている。富樫ほか (1996) は,1960年から1986年までの期間 (約10年間隔) において,各時期の主要産業である繊維 (繊維, 衣服), 基礎素材 (石油・石炭製品, 化学, 鉄鋼, 非鉄金属), 電機の従業員規模100人以上の工場を対象として,工場データベースを作成し, 主導産業の立地変化を解明した。

　工業都市の中でも,企業城下町を対象とした研究は数多くなされてきたが(第1章参照), 個別地域に対する詳細な調査が数多くなされる一方で, 日本全国の企業城下町のマクロな動向を考察した研究はあまり見られない。そこで,本章では, 主導産業の転換や経済情勢の変動により生じた日本の企業城下町のマクロな動向の変化について, 次のように検討していきたい。第2節では, 企業城下町の抽出方法を検討し, 1960年, 1981年, 2001年の3時点における日本の企業城下町を抽出することにより, 企業城下町の分布変化と立地調整について論じる。第3節では, 抽出された企業城下町の製造業従業者数・製造品出荷額等 (以下, 出荷額) や人口, 産業構成がどのように変わってきたのか, 分析する。

第2節　企業城下町の抽出と考察

1. 既存方法の問題点と本章での抽出方法

　第1章で論じた企業城下町の既存研究をまとめると, 第1に企業城下町は, 賃金所得や雇用など当該地域の経済において中核企業が圧倒的な影響力を及ぼしている地域を指す概念として捉えられている (①)。第2に, 大企業を頂点として多数の下請中小企業が取引関係を持つという産業集積構造として企業城下町が捉えられている (②)。第3に, 中核企業の意向が, 地域社会や自治体政策に対しても影響力を有している地域として企業城下町を捉えたものがある

(③)。これらのうち，多くの論者が①を前提として，②または③，もしくは②③の両方について論じてきた。本章では，多くの企業城下町研究が前提としてきた①に着目し，次のような方法で企業城下町の抽出を試みることにした。

企業城下町を，定量的に抽出する試みは，データの制約のため，これまであまり行われてこなかった。日本建築学会都市計画委員会（1981）は，製造業出荷額／商業販売額が 0.8 以上，鉱業・製造業従業者構成比が 15％以上の 2 つ条件で，全国の都市の中から企業城下町を抽出し，その分布を示した。また，光吉ほか（1983）は，第 2 次産業就業者構成比と人口 1 人あたりの出荷額を基に企業都市 206 都市を抽出[1]している。しかし，これらの基準では製造業に特化した都市であるか否かを判断しており，特定の企業の影響力が大きいか否かを判断しているとは言い難い。他方，浅倉（1995）は，東洋経済新報社『都市データパック』に掲載されている「主要事業所」に注目し，「主要事業所」に掲載されている従業者数上位 3 位までの事業所が，市・区の総従業者数に占めるシェアを算出した。浅倉は，このシェアを「企業城下町度」と名付け，全国の市・特別区の中で企業城下町度の高い都市を抽出した。また，浅倉をふまえて諸泉（1995）は，九州の中で企業城下町度の高い都市を，九州の工業都市の中で位置付けている[2]。

浅倉（1995）の手法は，企業城下町の定量的抽出に示唆を与えるものだが，次のような問題点がある。第 1 に，企業城下町度の高さのみを考慮に入れているため，小都市ほど企業城下町度が過大評価されてしまう。第 2 に，『都市データパック』に記載されている対象が市・区なので，町・村が含まれていない。第 3 に，『都市データパック』は 1989 年以降の刊行であるため，それ以前の状況を把握できない。本章では，これらの問題点を克服して企業城下町の抽出を試みた。

企業城下町を定量的に抽出するには，どうすればよいのだろうか。篠部（1994）は，「企業の生産額が都市全体の生産額に占める割合（企業生産占有率），企業の従業員とその家族数が都市の人口に占める割合（企業人口占有率），空間という視点からは，企業の所有する土地が都市の面積に占める割合（企業社有地占有率），企業の給与住宅が都市の住宅に占める割合（企業住宅占有率）」など

が考えられると述べている．企業城下町の特徴を考慮すると，この場合の「企業」とは，中核企業のみならず関連・下請企業まで含んだ方が適切であろう．しかし，中核企業のみならず関連・下請企業まで含んだ企業生産占有率，企業人口占有率，企業社有地占有率，企業住宅占有率を全国的に把握することは困難である．工業統計や事業所・企業統計では，地域別・産業別の全体的な動向を把握できても，事業所・工場ごとの数字は非公開のため把握できない．また，関連・下請企業の範囲も，中核企業の出資比率や中核企業との取引額等を把握した上で，定めることができるが，このようなデータは全て公開されているわけではない．

そのため，ここでは，全国的な分析が可能な「中核企業の従業員数」に注目した．以下に示した条件に従って，企業城下町であるか否かを検討することにした．

 a）中核企業の従業員数は，絶対量として圧倒的に多い．
 b）当該地域の総従業者数に占める中核企業の従業員数の割合が相対的に高い．

中核企業の従業員数に注目するという手法は浅倉（1995）と同様であるが，条件 b）にのみ関心が払われていたのに対し，本分析は a），b）双方を検討する点で異なる．本分析は，基準として，中核企業の事業所従業員数を1,000人以上でかつ，当該市区町村の総従業者数に占める割合を1割以上と設定した．1,000人以上という規模は，『工場通覧』に記載されている工場の従業者規模Aに相当し，多くの既存研究における企業城下町の中核企業とも照応する．また，1割以上という基準は，米花（1957）を参考に設定した．

本分析では，過去から現在にかけて企業城下町がどのように変化してきたかをみるために，1960年，1981年，2001年の3時点において抽出した．この3時点を設定した理由としては，これまでの既存研究を踏まえると，高度経済成長期や石油危機，1980年代以降の産業の空洞化は，企業城下町に大きな変化をもたらしていると考えられるためである．なお，大企業の大規模な事業所は，製造業だけではなく，サービス業や鉱業などの産業でも見られるが，近年の日本では，そのような産業の大規模な事業所が立地する都市は全国的に数が多く

ないため，本章では製造業に限って分析[3]することにした。

　以上を踏まえて，具体的に次のような方法で分析した。中核企業の従業員数の情報源[4]として，日本経済新聞社『会社年鑑』を用いた[5]。『会社年鑑』に記載されている日本の上場企業（工業）約800～1,500社[6]の中で，従業員数1,000人以上の工場をリストアップした。『会社年鑑』は，有価証券報告書のデータを元に，日本国内の証券取引所に上場されているすべての企業の事業内容，業績，売上構成等，企業の動向が把握できる情報が掲載されている。そのうち，「設備の状況」に，企業が保有する各設備（工場）の従業員数，土地面積・簿価，機械装置の金額，投下資本額が記載されている。このデータを用いれば，過去の状況を把握することが可能であり，市・区に捉われない全国の動向を把握することができる。企業または年によって，設備の状況は，工場単位あるいは地域（市区町村）単位等，表記にばらつきがあるので，単一の工場で1,000人の従業員がいなくても，同一市区町村内で複数の工場があり，それらの工場の総従業員数が1,000人を超えている場合も，対象にした。この結果，それぞれの年において500～600前後の大規模工場が抽出された。これは，「工業統計表」の従業者規模別事業所数に示された値と近似している。「中核企業シェア」は，「中核企業1社の従業員数」が「当該市区町村の総従業者数」に占めるシェアから算出した。「当該市区町村の総従業者数」は，「事業所・企業統計調査報告」掲載の従業者数である。

2. 3時点における企業城下町の変化

　1960年，1981年，2001年の3時点における日本の企業城下町の一覧を表3-1，表3-2，表3-3に示した。これらの表に，中核企業が上場企業であり，その従業員数1,000人以上，かつ当該市区町村の総従業者数に占める中核事業従業員数の割合が1割以上の市区町村が掲載されている。1960年に101件，1981年に72件，2001年に46件が該当した。これらのうち，1960年に同一市町村内に複数の中核企業がある地域は，東京都日野町（日野自動車工業，小西六写真工業，オリエント時計），静岡県可美村（鈴木自動車工業，遠州製作），

表 3-1 1960 年において抽出された企業城下町

	10% 以上 20% 未満		20% 以上 30% 未満		30% 以上	
20,001 人以上					■ 福岡県八幡市	八幡製鉄
15,001 人～20,000 人						
10,001 人～15,000 人	□ 茨城県日立市 ○ 長崎県長崎市	日立製作所 三菱造船			▼ 宮崎県延岡市	旭化成工業
7,501 人～10,000 人	■ 北海道室蘭市 ■ 千葉県千葉市	富士製鉄 川崎製鉄	■ 岩手県釜石市	富士製鉄	○ 愛知県豊田市	トヨタ自動車工業
5,001 人～7,500 人	▼ 滋賀県大津市 ▲ 山口県岩国市 ▲ 愛媛県新居浜市 ▲ 山口県宇部市	東洋レーヨン 帝國人造絹絲 住友化学工業 宇部興産	▼ 広島県三原市	帝國人造絹絲	○ 広島県府中町	東洋工業
2,501 人～5,000 人	▼ 福井県敦賀市 □ 東京都府中市 ○ 愛知県刈谷市 ○ 広島県三原市 北海道苫小牧市 石川県小松市	東洋紡績 東京芝浦電気 日本電装 新三菱重工業 王子製紙 小松製作所	▼ 愛媛県西条市 ▲ 兵庫県加古川市 北海道砂川市 熊本県水俣市 ○ 東京都日野市	倉敷レーヨン 日本毛織 東洋高圧工業 新日本窒素肥料 日野自動車工業	▼ 愛媛県松前町 ▼ 京都府宇治市 ▼ 徳島県北島町 ▲ 神奈川県南足柄村 ▲ 新潟県中郷村 ▲ 新潟県青海市 □ 大阪府大東市 ○ 岐阜県蘇原市 ○ 広島県因島市 ▼ 愛知県新川市	東洋レーヨン 日本レイヨン 東邦レーヨン 富士写真フイルム 日本曹達 電気化学機械 三洋電機 川崎航空機工業 日立造船 豊和工業
1,001 人～2,500 人	▼ 福井県鯖江市 長野県丸子町 静岡県島田市 愛知県安城市 愛知県大山市 ▼ 岡山県玉島市	酒伊繊維工業 鐘淵紡績 日清紡績 倉敷紡績 大日本紡績 玉島レイヨン	▼ 群馬県新町 ▲ 富山県入善町 ▲ 岐阜県垂井町 ▲ 静岡県清水市 ▲ 愛知県小坂井町 ▲ 三重県楠町	鐘淵紡績 呉羽紡績 大日本紡績 大東紡織 富士紡績 東洋紡績	▼ 福島県久山町 ▼ 富山県大門町 ▼ 岐阜県川ヶ原町 ▼ 静岡県小山町 ▼ 愛知県幸田町 ▼ 愛知県弥富町	日東紡績 呉羽紡績 大日本紡績 富士紡績 三菱レイヨン 日本毛織

第 3 章　日本の企業城下町の変化に関する統計分析

従業員数		市町村	中核企業		市町村	中核企業		市町村	中核企業		市町村	中核企業
1,001人〜2,500人	▼	広島県大竹市	三菱レイヨン	▼	三重県楠町	東亜紡織	▼	三重県小俣町	大日本紡績			
	▼	愛媛県壬生川町	富士紡績	▼	愛知県武豊町	日本油脂	▲	滋賀県瀬田町	東洋レーヨン			
	▲	東京都日野市	小西六写真工業	▲	山口県南陽町	東洋曹達工業	▲	新潟県鹿瀬町	昭和電工			
	▲	長野県塩尻市	昭和電工	▲	山口県山陽町	日本化薬	▲	新潟県頚城村	信越化学工業			
	▲	富山県魚津市	日本カーバイド工業	□	秋田県仁賀保町	東京電気化学工業	▲	富山県婦中町	日産化学工業			
	■	富山県新湊市	日本鋼管	□	三重県鳥羽市	神鋼電機	■	兵庫県阿閉村	別府化学工業			
	□	茨城県勝田市	日立製作所	○	静岡県可美村	鈴木自動車工業	■	広島県船越町	日本製鋼所			
	□	愛知県西枇杷島町	高岳製作所	□	東京都田無町	シチズン時計	□	栃木県大平町	日立製作所			
	□	大阪府門真市	松下電工		静岡県蒲原町	日本軽金属	□	三重県朝日町	東京芝浦電気			
	□	兵庫県北条町	三洋電機		静岡県可美村	遠州製作	□	埼玉県大和町	本田技研工業			
	□	山口県下松市	日立製作所		静岡県新居町	河合楽器製作所	○	東京都大和町	富士自動車			
	○	埼玉県東松山市	デーセル機器		大阪府三島町	大阪金属工業	○	大阪府狭山町	富士車輛			
	○	大阪府池田市	ダイハツ工業				○	広島県向東町	日立造船			
		栃木県日光市	古河電気工業					神奈川県寒川町	日東タイヤ			
		千葉県野田市	野田醤油					三重県御薗村	横浜護謨製造			
		東京都日野市	オリエント時計					香川県直島町	三菱金属鉱業			
		愛知県大府市	豊田自動織機製作所									
		大阪府枚方市	小松製作所									
		大阪府柏原市	光洋精工									
		岡山県備前市	品川白煉瓦									

注1：中核企業の業種を、▼繊維、▲化学、■鉄鋼、□電気機器、○輸送用機器、（無印）その他、で示す。
注2：人数は中核企業事業所の従業者数（同一市区町村内に複数事業所がある場合はその和）、%は中核企業シェア（当該市区町村の総従業者数に占める中核事業従業者数の割合）を示す。
注3：市町村の範囲は、各時点での範囲である。
出所：日本経済新聞社『会社年鑑』、総務省「事業所・企業統計調査」をもとに作成。

表 3-2　1981 年において抽出された企業城下町

	10%以上 20%未満		20%以上 30%未満		30%以上	
20,001人以上	○ 愛知県豊田市	トヨタ自動車工業				
15,001人〜20,000人						
10,001人〜15,000人	□ 茨城県日立市	日立製作所	□ 茨城県勝田市	日立製作所	○ 広島県府中町	東洋工業
7,501人〜10,000人	■ 愛知県東海市 □ 愛知県刈谷市 ○ 三重県鈴鹿市	新日本製鐵 日本電装 本田技研工業			□ 群馬県大泉町 ○ 栃木県上三川町	東京三洋電機 日産自動車
5,001人〜7,500人	■ 千葉県君津市 □ 愛知県安城市 □ 愛知県西尾市 ○ 東京都東村山市 ○ 神奈川県座間市 ○ 岡山県玉野市	新日本製鐵 日本電装 日本電装 日産自動車 日産自動車 三井造船	■ 茨城県鹿島町	住友金属工業		
2,501人〜5,000人	■ 岩手県釜石市 □ 山口県光市 □ 千葉県茂原市 □ 埼玉県東松山市 ○ 東京都日野市 ○ 東京都羽村町 ○ 大阪府池田市 ○ 兵庫県相生市 ○ 広島県三原市	新日本製鐵 新日本製鐵 日立製作所 ヂーゼル機器 日野自動車工業 日野自動車工業 ダイハツ工業 石川島播磨重工業 三菱重工業	▲ 神奈川県南足柄市 ○ 静岡県可美村 ○ 愛知県三好町 ○ 広島県因島市・向島町 ○ 福岡県苅田町	富士写真フイルム 鈴木自動車工業 トヨタ自動車工業 日立造船 日産自動車	▲ 山口県和木町 ○ 栃木県大平町 ○ 愛知県音羽町 ○ 三重県朝日町 三重県御薗村	三井石油化学工業 日立製作所 東海理化電機製作所 東京芝浦電気 横浜ゴム

第3章 日本の企業城下町の変化に関する統計分析 81

1,001人～2,500人					
▼	石川県根上町	小松精練			
▼	愛媛県松前町	東レ			
▲	山口県新南陽市	東洋曹達工業	▲	新潟県青海町	電気化学工業
■	島根県安来市	日立金属	□	群馬県尾島町	三菱電機
■	山口県新南陽市	日新製鋼	□	滋賀県蒲生町	京都セラミック
□	茨城県岩井市	日本ビクター	○	山梨県櫛形町	トキコ
□	栃木県矢板市	シャープ	○	滋賀県竜王町	ダイハツ工業
□	埼玉県吹上町	富士電機製造	○	京都府大山崎町	ダイハツ工業
□	東京都稲城市	富士通	○	熊本県長洲町	日立造船
□	静岡県大仁町	東京電気			
□	愛知県西枇杷島町	高岳製作所			
□	愛知県西枇杷島町	東海理化電機製作所			
□	鹿児島県国分市	京都セラミック			
○	埼玉県和光市	本田技研工業			
○	岐阜県可児町	萱場工業			
○	静岡県裾野市	関東自動車工業			
○	愛知県田原町	トヨタ自動車工業	▲	新潟県中郷村	日本曹達
○	熊本県大津町	本田技研工業	○	愛知県春日村	豊田合成
	北海道白老町	大昭和製紙		静岡県豊岡村	日本楽器製造
	山形県小国町	東芝セラミックス		静岡県舞阪町	河合楽器製作所
	栃木県黒磯市	ブリヂストンタイヤ		滋賀県高月町	日本電気硝子
	栃木県益子町	旭光学工業			
	静岡県可美村	遠州製作			
	愛知県大口町	大隈鉄工所			
	徳島県藍住町	光洋精工			

注：ゴシック体は、表3-1にない市町村一企業の組み合わせを示す。
出所：日本経済新聞社『会社年鑑』、総務省「事業所・企業統計調査」をもとに作成。

表 3-3　2001年において抽出された企業城下町

	10%以上 20%未満		20%以上 30%未満		30%以上	
20,001人以上	○ 愛知県豊田市	トヨタ自動車工業				
15,001人～20,000人					○ 広島県府中町	マツダ
10,001人～15,000人	□ 愛知県刈谷市	デンソー				
7,501人～10,000人	□ 愛知県西尾市 □ 三重県鈴鹿市	デンソー 本田技研工業	□ 群馬県大泉町	三洋電機		
5,001人～7,500人	○ 静岡県磐田市	ヤマハ発動機			○ 愛知県田原町 □ 栃木県上三川町	トヨタ自動車工業 日産自動車
2,501人～5,000人	■ 茨城県鹿嶋市 □ 奈良県天理市 □ 鹿児島県国分市 □ 大阪府池田市 □ 熊本県大津町 ☆ 茨城県取手市	住友金属工業 シャープ 京セラ ダイハツ工業 本田技研工業 キヤノン	▲ 神奈川県南足柄市 □ 愛知県幸田町 ○ 福岡県苅田町	富士写真フイルム デンソー 日産自動車	□ 三重県大安町 □ 愛知県春日町 ○ 滋賀県竜王町	デンソー 豊田合成 ダイハツ工業
1,001人～2,500人	▼ 広島県大竹市 ■ 島根県安来市 □ 栃木県矢板市 □ 埼玉県上福岡市 □ 埼玉県吹上町 □ 三重県大仁町 □ 静岡県新庄町 □ 奈良県金ヶ崎町 ○ 岩手県金ヶ崎町 □ 宮城県角田市 ○ 栃木県高根沢町 □ 京都府大山崎町	三菱レイヨン 日立金属 シャープ 新日本無線 三洋電機 東芝セラミックス シャープ 関東自動車工業 ケーセン 本田技研工業 ダイハツ工業	□ 岩手県金ヶ崎町 □ 石川県川北町 □ 山梨県忍野村 □ 三重県多度町 ○ 滋賀県高月町	富士通 松下電器産業 ファナック 富士通 日本電気硝子	□ 愛知県音羽町 □ 滋賀県浦生町 □ 熊本県菊水町 ○ 三重県員弁町	東海理化電機製作所 京セラ 九州松下電器 トヨタ車体

1,001人～2,500人	茨城県阿見町	キヤノン
	栃木県日光市	古河電気工業
	愛知県新川町	豊和工業
	静岡県豊岡村	ヤマハ
	徳島県藍住町	光洋精工

注：ゴシック体は，表 3-2 にない市町村―企業の組み合わせを示す。
出所 日本経済新聞社『会社年鑑』，総務省「事業所・企業統計調査」をもとに作成。

三重県楠町（東洋紡績，東亜紡織），三原市（広島県）（帝国人造絹絲，新三菱重工業）の4市町村，1981年に同一市町村内に複数の中核企業がある地域は，静岡県可美村（鈴木自動車工業，遠州製作），愛知県西枇杷島町（高岳製作所，東海理化電機製作所），新南陽市（山口県）（日新製鋼，東洋曹達工業）の3市町村，2001年には同一市町村内に複数の中核企業がある地域は，岩手県金ヶ崎町（富士通，関東自動車工業）の1町であった。なお，本分析では，当時の市区町村の範囲で中核企業シェアを算出しているため，1960年から2001年の間に合併があった市区町村（たとえば，福岡県八幡市）では，単純に経年比較できない点に注意されたい。これらの市町村を業種別，都道府県別に分けたものが，表3-4および表3-5である。

　1960年と1981年を比較したときに，減少が目立つ業種は，繊維である。繊維の企業城下町は，東海・北陸地方を中心に数多くあったが，産業構造の転換に伴い，繊維業が衰退し，その企業城下町も大幅に減少していった。また，化学も3分の1に減少している。特に，北陸・信越地方を中心に存在した大規模な電気化学の工場が，機械化・自動化の進展に伴って従業員数を減少させたためと考えられ

表 3-4　抽出された企業城下町件数の変化（業種別）

	1960 年	1981 年	2001 年
食料品	1		
繊維	33	2	1
パルプ・紙	1	1	
化学	17	5	1
ゴム製品	2	2	
ガラス・土石	1	2	1
鉄鋼	6	7	2
非鉄金属	3		1
機械	7	3	2
電気機器	13	20	19
輸送用機器	14	27	16
精密機器	2	1	2
その他	1	2	1
合計	101	72	46

注：「証券コード協議会」における業種に基づく。

る。一方で，電気機器，輸送用機器は増加し，高度経済成長期から石油危機以後に至る主導産業の転換と関係している。都道府県別にみると，大阪府の減少が目立つ。これは，都市化の進展により多くの企業が立地し，中核企業の占めるシェアが相対的に低下したためと考えられる。1960 年〜1981 年にかけて，企業城下町が増加した地域は，北関東および愛知県である。前者では，輸送用機器・電気機器の工場が進出・増強され，新たな企業城下町の形成が見られた。後者では，輸送用機器，特に自動車メーカーおよび関連企業の企業城下町が形成された。

　1981 年と 2001 年を比較すると，鉄鋼業や化学，ゴム製品といった基礎素材型産業は減少している。これらの業界では，さらなる機械化・自動化が進んだためと考えられる。輸送用機器では，自動車工業の企業城下町が多く存在する一方で，造船業のそれは抽出されなくなった。都道府県別に見ると，愛知県をはじめとする東海地方が最も多く，ついで北関東（茨城県，栃木県）が続く。電気機器メーカーの進出・増強によって，これまで企業城下町の見られなかった奈良県に，新たに企業城下町が見られるようになっている。2001 年時点では，

表 3-5 抽出された企業城下町件数の変化（都道府県別）

都道府県名	1960年	1981年	2001年	都道府県名	1960年	1981年	2001年
北海道	3	1		滋賀	2	3	3
青森				京都	1	1	1
岩手	1	1	2	大阪	7	1	1
宮城			1	兵庫	3	1	
秋田	1			奈良			2
山形		1		和歌山			
福島	1			鳥取			
茨城	2	4	3	島根		1	1
栃木	2	5	4	岡山	2	1	
群馬	1	2	1	広島	7	3	2
埼玉	2	3	2	山口	5	4	
千葉	2	2		徳島	1	1	
東京	6	4		香川	1		
神奈川	2	2	1	愛媛	4	1	
新潟	4	2		高知			
富山	5			福岡	1	1	1
石川	1	1	1	佐賀			
福井	2			長崎	1		
山梨		1	1	熊本	1	2	2
長野	2			大分			
岐阜	3	1		宮崎	1		
静岡	7	6	3	鹿児島		1	
愛知	11	12	8	沖縄			
三重	6	3	4	全国計	101	72	46

東海理化電機製作所，豊田合成，デンソーなどトヨタ自動車と強い資本関係・取引関係にある企業が，愛知県内を中心とする東海地方に多数見られるようになった。

　3時点を通じて，企業城下町として一貫して抽出された市町村は，南足柄市（富士写真フイルム），豊田市（トヨタ自動車工業），刈谷市（デンソー），池田市（大阪府）（ダイハツ工業），広島県府中町（マツダ自動車）の5市町であった。これらは，いずれも本社工場あるいは会社の中核的な工場が立地している地域である。生産拠点としてだけでなく，管理・営業拠点や研究開発拠点とし

ても雇用を維持している。

 3時点の比較をして興味深い点として，中核企業の新旧交代があった企業城下町がみられることがあげられる。1960年に，三菱レイヨンの企業城下町として抽出されていた愛知県幸田町は，2001年にはデンソーの企業城下町として抽出されている。繊維企業が衰退する一方で，誘致した自動車関連企業が，地域経済の基幹となっていたことが読み取れる。

 3時点を通じてみると，日本全国で抽出された企業城下町の数は減少している。理由としては，次の2点が考えられる。

 第1に，大規模な工場が全国的に減少しているためである。「工業統計表」によると，1工場当たり1000人以上の工場は，1960年では616，1981年には661あったが，2001年には521に減少している。製造業では，かつては繊維や鉄鋼業などの業界を中心に，従業員数の多い大規模な工場が多かったが，機械化・自動化が進み，そのような工場は姿を消していった。工場の建物面積や投資額は増えていても，従業員数が減少している企業は多くなっている。現在では，多数の雇用が必要な大規模工場は自動車関連企業に絞られてきている。また，1960年代～1980年代に地方圏に進出していった工場も，近年では産業の空洞化が進み，それらの縮小・撤退が相次いでいる。これらの地域では，都市化やサービス経済化が進んだことにより，製造業の雇用が減少しても，第3次産業が雇用の受け皿になってきたと考えられる。

 第2に，本分析の抽出方法に起因する理由により，企業城下町を抽出しにくくなっているためである。本分析の抽出方法は，各企業の「設備の状況」掲載の工場毎の従業員数によるため，事業部単位で従業員数が記載されている場合には，抽出することができない。たとえば，松下電器産業は，1981年の有価証券報告書において事業部単位で従業員数を掲載しているため，本分析の対象から外れている。また，子会社に生産設備を移管した場合も，同様に抽出することができない。たとえば，古河電気工業が，子会社「古河金属工業」（1971年分離，1981年合併）および「古河アルミニウム工業」（1959年分離，1993年合併）に一時期工場を移管したことにより，1981年時点の日光市（栃木県）の事業所を抽出することができなかった。さらに，未上場企業を分析の対象に

することができないという課題もある。このほか，本章での分析には大きな影響はないが，将来的に同様な抽出を試みるのであれば，1997年の持株会社制解禁により有価証券報告書に連結ベースでの記載を行う企業が増えている点や，製造業の派遣労働解禁により工場の実質的な雇用数が分かりにくくなっている点を考慮する必要がある。

本章は，企業城下町の分布変化を追跡したものだが，これは日本における製造業の立地調整の一側面を示しているともいえる。企業城下町をはじめ日本国内の産業集積地域が，どのような変化を遂げてきたのか，様々な観点からその進化プロセスを検証していく必要があるだろう。

3. 企業城下町の形成時期との関係性

ここで，抽出された主な企業城下町の形成時期について，考察してみたい。本章での分析により抽出された企業城下町の中で，主な地域の中核企業の工場設立時期を並べると，図3-1のようになる。

日本の近代工業化の発展と，日本各地の企業城下町の形成との関係について論じた既存研究は，以下のようにまとめられる。

明治新政府の殖産興業政策により，日本各地に官営工場や官営鉱山が設立された。これらの多くは民間に払い下げられ，財閥の形成を促し，大企業の主力工場となって企業城下町を形成していった。また，繊維工業[7]が，北陸・東海地方を中心に日本各地に立地し，農村の工業化を促した。

1900年代になると，日本の製造業の中心が軽工業から重化学工業へと転換していくことになる。その代表格は，1901年に設立された官営八幡製鉄所である。また，この時代の化学工業は水力発電に近接して立地する電気化学工業が中心であったため，電源地帯に化学肥料・化学繊維を製造する工場が立地し（風巻1954），多くの企業城下町も誕生した。造船業では，天然の良港が選択されることが多く，瀬戸内地方を中心に大規模な工場が設立された。第一次世界大戦を経て，日本の重化学工業化は加速され，既存の主力工場に対する設備投資が行われるとともに，大規模な用地を求めて農村への工場立地[8]が進ん

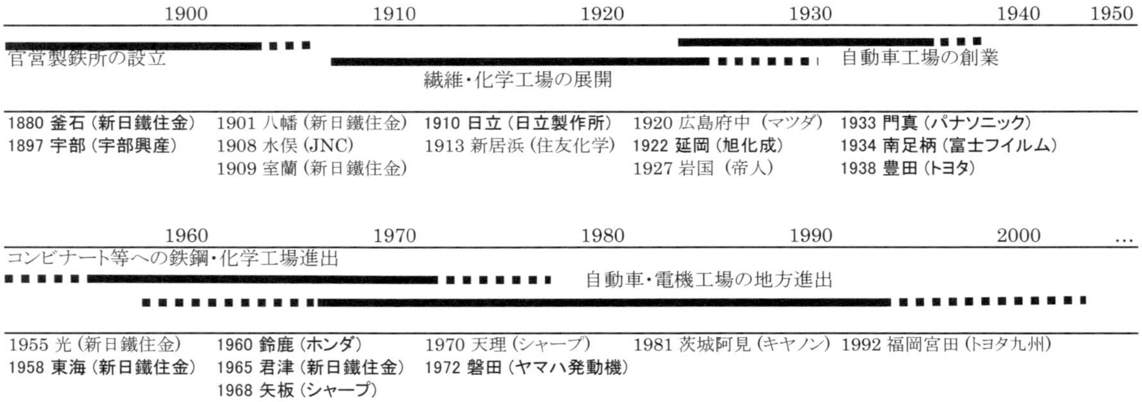
1900
1910
1920
1930
1940
1950
官営製鉄所の設立
繊維・化学工場の展開
自動車工場の創業
1880 釜石（新日鐵住金）
1897 宇部（宇部興産）
1901 八幡（新日鐵住金）
1908 水俣（JNC）
1909 室蘭（新日鐵住金）
1910 日立（日立製作所）
1913 新居浜（住友化学）
1920 広島府中（マツダ）
1922 延岡（旭化成）
1927 岩国（帝人）
1933 門真（パナソニック）
1934 南足柄（富士フイルム）
1938 豊田（トヨタ）
1960
1970
1980
1990
2000
…
コンビナート等への鉄鋼・化学工場進出
自動車・電機工場の地方進出
1955 光（新日鐵住金）
1958 東海（新日鐵住金）
1960 鈴鹿（ホンダ）
1965 君津（新日鐵住金）
1968 矢板（シャープ）
1970 天理（シャープ）
1972 磐田（ヤマハ発動機）
1981 茨城阿見（キヤノン）
1992 福岡宮田（トヨタ九州）

図 3-1　主な日本の企業城下町の形成時期

注：それぞれ工場設立年，都市名（町村は都道府県名も含む），企業名を示す。なお，企業名は，2017 年現在の名称を，一部省略して示した。本章第 3 節で取り扱う 12 地域は，ゴシック体で記した。

出所：各社ウェブサイト企業沿革をもとに作成。

だ（中野 2009）。また，この時期には都市人口の増大に伴って在来産業の近代化も進み，1917 年には野田市に野田醤油（現・キッコーマン）が設立されている（長妻 1994）。

さらに 1930 年代になると，資本の独占化とも重なり合って重化学工業化が本格化することになる。この時代になると，製鉄業の八幡市や釜石市のように資源基盤のある地方に立地していたものとは異なり，資源に制約されない企業内分業が可能となり，マルチプラント化が進むことになる（岡田 1993）。重化学工業の発展は，都市化を急激に促進させることにもなった[9]。1940 年代まで[10]に，大牟田市などのように炭鉱の近くに化学工業の立地が進むとともに（科学技術庁資源調査会 1957; 板倉 1959; 土井 1961），繊維機械や鉱山機械の製作・補修などを起源とする自動車や電気機器メーカーの企業城下町も徐々に形成された。

第二次世界大戦後，軍工廠などの旧軍施設が払い下げられた。1960 年代の全国総合開発計画の拠点開発方式により，新産業都市や工業整備特別地域が指定された。コンビナート地域に鉄鋼業や化学工業などの大規模な新鋭工場が相次いで建設され，新たな企業城下町が形成されたものもあった[11]。1970 年代以降，石油危機を契機に重厚長大型産業が斜陽化する一方で，自動車や電気機器メーカーが地方圏に進出し，新たな企業城下町が形成されていった。

このように，日本の近代産業化を振り返ると，「地方において近代的な工業都市が誕生する際には，複数の大資本が投入されたあるいは内在していた都市のほうが実は限られていて，最初の一時点であっても特定の大企業ないし企業グループが工業都市化を牽引する企業城下町タイプが意外に多い」（中野 2009: 3）といえる。

日本の近代工業化と都市化との関係を論じた太田ほか（1970a, 1970b）は，日本の工業化段階を「産業資本の確立から独占資本の成立期まで（I）」，「独占資本の確立から戦時経済の崩壊まで（II）」，「日本資本主義の再建から地域開発期まで（III）」に 3 区分し，その段階に応じて工業都市形成に差異が見られることを示した上で，II の期間において，「企業都市」の典型が成立したと述べている。

また，松原（2006）は，コンドラチェフの長期波動という主導産業の交代と産業集積地域の変遷とが関係していると論じている。そこでは，コンドラチェフ第1波動に関わる繊維工業では，各工程を専門業者が分担する社会的分業を特徴として産地が生まれ，第2波動に関わる鉄鋼業や第3波動に関わる化学工業ではコンビナートや特定の大企業を中心とする企業城下町が形成され，さらに，第3・第4波動に関わる電機工業は，技術者や労働者の調達の便，官需，奢侈品需要の存在によって大都市内に機械工業地域がつくられるとともに，電機工業では，本社所在地と空間的に分離した，分工場経済地域が形成されたことが述べられている。

本分析で抽出された3時点の企業城下町の変化は，日本の近代工業化の牽引役の1つであった企業城下町が薄らいできていることを物語っていると思われる。日本の脱工業化の進展を裏付ける材料の1つとみることもできるだろう。

第3節　新旧・業種別に見た企業城下町の変化

第4～6章において検討する延岡市，宇部市，南足柄市の3地域の特徴を明確にするために，前節により抽出された地域の中で新旧・業種別に代表的な企業城下町と比較する。

新旧・業種別に代表的な企業城下町として，12市[12]を選択した（図3-2，表3-6）。それぞれ，1945年より前に中核企業の工場が設立された地域を「旧」（古い企業城下町）に，1945年以後に設立された地域を「新」（新しい企業城下町）に区分する。本節で対象とする地域は，事例研究で扱う3地域（延岡市[13]，宇部市，南足柄市）のほか，1960年時点で抽出される「生産工程統合型」の企業城下町1地域（釜石市），1960年時点で抽出される「下請分業型」の企業城下町3地域（豊田市，門真市，日立市），1981年あるいは2001年に新たに抽出された「生産工程統合型」の企業城下町2地域（君津市，東海市），1981年あるいは2001年に新たに抽出された「下請分業型」の企業城下町3地域（磐田市（静岡県），鈴鹿市（三重県），矢板市（栃木県））である。

第3章 日本の企業城下町の変化に関する統計分析　91

図 3-2　本節で分析する企業城下町 12 地域の位置

表 3-6　本節で分析する企業城下町 12 地域とその「主たる産業」一覧

地域名	主たる産業	中核企業名 (2017年現在)	新旧別	工場 設立年	本章第1節による抽出		
					1960年	1981年	2001年
宮崎県延岡市	化学	旭化成	旧	1922	○		
山口県宇部市	化学	宇部興産	旧	1897	○		
神奈川県南足柄市	化学	富士フイルム	旧	1934	○	○	○
岩手県釜石市	鉄鋼	新日鐵住金	旧	1880	○	○	
千葉県君津市	鉄鋼	新日鐵住金	新	1965		○	
愛知県東海市	鉄鋼	新日鐵住金	新	1958		○	
愛知県豊田市	輸送用機器	トヨタ自動車	旧	1938	○	○	○
静岡県磐田市	輸送用機器	ヤマハ発動機	新	1972			○
三重県鈴鹿市	輸送用機器	ホンダ	新	1960		○	○
茨城県日立市	電気機器	日立製作所	旧	1910	○	○	
大阪府門真市	電気機器	パナソニック	旧	1933	○		
栃木県矢板市	電気機器	シャープ	新	1968		○	○

表 3-7 企業城下町 12 地域における工業従業者数,出荷額の変化

			延岡市	宇部市	南足柄市	釜石市	君津市	東海市
工業全体	従業者数	1960 年	16,793	13,464	5,610	10,406		
		1980 年	12,457	15,295	7,894	5,829	11,393	19,491
		2000 年	10,078	10,290	7,380	4,818	8,522	15,501
	出荷額	1960 年	283	402	169	294		
		1980 年	2,608	4,574	2,581	1,236	7,387	10,435
		2000 年	2,516	3,846	3,858	937	4,955	10,079
主たる産業	従業者数	1960 年	12,393	6,560	5,001	8,443		
		1980 年	5,532	4,717	5,893	3,217	8,565	15,138
		2000 年	2,163	2,952	4,756	618	5,030	9,987
	出荷額	1960 年	238	228	162	273		
		1980 年	1,876	2,011	2,319	924	5,830	8,685
		2000 年	1,218	2,150	2,914	243	3,744	7,348
			豊田市	磐田市	鈴鹿市	日立市	門真市	矢板市
工業全体	従業者数	1960 年	16,239	5,238	7,579	48,413	13,943	1,579
		1980 年	73,700	16,333	23,325	42,454	28,554	4,925
		2000 年	87,553	18,645	21,378	29,064	19,240	4,758
	出荷額	1960 年	1,060	70	200	1,206	451	22
		1980 年	39,346	5,789	5,986	9,992	6,341	1,589
		2000 年	83,661	12,827	15,538	11,729	5,985	2,705
主たる産業	従業者数	1960 年	13,329	193	1,702	33,541	11,752	637
		1980 年	53,390	7,976	12,669	18,723	13,620	3,218
		2000 年	62,819	10,683	11,159	11,310	7,569	2,736
	出荷額	1960 年	1,024	2	74	692	419	12
		1980 年	34,563	4,132	3,932	3,297	3,492	1,415
		2000 年	75,721	7,444	10,642	3,872	3,360	2,130

注:従業者数の単位は人。出荷額の単位は億円。市町村の範囲は,統計調査時の範囲である。
出所:経済産業省「工業統計表」。

この 12 地域について,1960 年,1980 年および 2000 年の 3 時点で比較する。表 3-7 は,3 時点における 12 地域の工業従業者数,出荷額を,工業全体と主たる産業とに分けて示したものである。

1960 年〜 1980 年(以下,期間 A),1980 年〜 2000 年(以下,期間 B)の 2 期間における従業者数の変化を見ると,大きく 3 つに類型化できる[14]。第 1 に,期間 A,B とも工業全体の従業者数が「増加」した地域があり,豊田市,磐田

市が含まれる。この類型に含まれる地域は，主たる産業も期間A，期間Bともに「増加」している。主たる産業が好調で，地域の工業全体を牽引していった地域である。第2に，工業全体の従業者数が，期間Aで「増加」したが，期間Bで「減少」した地域がある。このうち，南足柄市，鈴鹿市，門真市，矢板市は，主たる産業も同じように，期間Aで「増加」したが，期間Bで「減少」している。これは，製造業における機械化の進展や，都市化，サービス経済化の影響があったためと推察される。また，宇部市もこの類型に含まれるが，主たる産業の傾向が異なっており，主たる産業の従業者数は，期間A，期間Bともに「減少」している。宇部市の期間Aの雇用は，化学以外の工業の拡大によって増加したとみることができる。第3に，期間A，Bとも工業全体の従業者数が「減少」した地域があり，延岡市，釜石市，日立市が含まれる。この類型に含まれる地域は，主たる産業も期間A，期間Bともに「減少」している。いずれも第二次世界大戦前に中核企業の工場が設立された古い企業城下町であり，どの地域も1960年時点で工業全体の従業者数が1万人を超えていた。機械化の進展や他産業の拡大により，どの地域も，工業全体・主たる産業とも従業者数が減少していった。

　出荷額は，日本全体の経済成長とそれに伴うインフレの影響があるため，1960年の値を単純に比較できない。そのためここでは，石油危機後，安定成長段階に入った1980年と2000年との比較に留めておきたい。1980年と2000年との工業全体の出荷額を比較すると，増加しているのは，南足柄市，豊田市，磐田市，鈴鹿市，日立市，矢板市である。これらの地域では，主たる産業も増加している。一方，減少しているのは，延岡市，宇部市，釜石市，君津市，東海市，門真市である。宇部市を除いて，主たる産業も減少している。例外は，宇部市であり，工業全体は減少しているが，主たる産業は増加している。これは，中核企業である宇部興産の事業にも関わる窯業・土石工業と一般機械工業の衰退[15]のためである。

　12地域の1960年，1980年，2000年の3時点の，製造業総計に占める主たる産業の対全国の特化係数を表3-8に示す。特定の業種に特化する企業城下町の特徴を示すように，どの地域でも軒並み特化係数が高く，地域によっては2

表 3-8 企業城下町 12 地域における主たる産業の特化係数の変化

		延岡市	宇部市	南足柄市	釜石市	君津市	東海市
従業者数 特化係数	1960 年	13.1	8.6	15.8	14.6		
	1980 年	11.2	7.8	18.8	13.2	18.0	18.6
	2000 年	5.4	7.2	16.2	5.0	22.9	25.0
出荷額 特化係数	1960 年	8.8	5.9	9.9	9.1		
	1980 年	8.5	5.2	10.6	8.9	9.4	9.9
	2000 年	6.1	7.1	9.6	6.5	19.0	18.4
		豊田市	磐田市	鈴鹿市	日立市	門真市	矢板市
従業者数 特化係数	1960 年	12.5	0.6	3.4	7.9	9.7	4.6
	1980 年	8.4	5.7	6.3	3.4	3.7	5.0
	2000 年	7.8	6.2	5.6	2.3	2.3	3.4
出荷額 特化係数	1960 年	11.1	0.4	4.2	6.7	10.9	6.5
	1980 年	7.5	6.1	5.6	3.2	5.3	8.5
	2000 年	6.1	3.9	4.6	1.7	2.8	4.0

注：市町村の範囲は，統計調査時の範囲である。
出所：経済産業省「工業統計表」をもとに作成。

桁以上の極めて高い特化を示しているものもある。業種別に見ると，輸送用機器および電気機器の企業城下町は，豊田市，日立市，門真市といった古い企業城下町では，期間 A, 期間 B ともに従業者数，出荷額の特化係数は低下している。新しい企業城下町である磐田市，鈴鹿市，矢板市についてみると，期間 B に，いずれも出荷額の特化係数が低下している。1980 年代における電気機器メーカーの地方進出や，1990 年代における自動車工業の北部九州進出などで，輸送用機器，電気機器は全国に拡大し，特化係数が低下したと考えられる。鉄鋼業の釜石市は期間 A において出荷額・従業者数ともに特化係数が低下していたが，鉄鋼業の 2 地域（君津市，東海市）は，期間 B において出荷額・従業者数ともに特化係数が上昇している。表 3-8 をみてわかるように，2 地域とも主たる産業の従業者数は減少しているが，この間，鉄鋼業で進んだ人員削減により全国の数値がそれ以上に減少したため，特化係数が上昇していると考えられる。一方，1989 年に製鉄所の高炉を休止した釜石市は，出荷額・従業者数ともに大幅に特化係数が落ち込んでいる。化学工業の 3 地域は，地域ごとに状況が異なる。期間 B における出荷額の特化係数をみると，延岡市，南足柄市

表 3-9　企業城下町 12 地域における人口と産業比率の変化

		延岡市	宇部市	南足柄市	釜石市	君津市	東海市
人口	1960 年	122,527	166,632	19,663	87,511	44,943	33,965
	1980 年	136,598	168,958	39,919	65,250	77,286	96,048
	2000 年	124,761	174,416	44,156	46,521	92,076	99,921
産業比率	1960 年	21:41:38	17:41:43	29:44:27	18:42:40	74: 8:17	26:47:28
	1980 年	8:35:57	7:34:59	8:50:42	11:35:55	15:39:47	5:50:44
	2000 年	4:34:62	3:31:65	4:41:55	8:34:58	5:33:63	3:43:54
製造業人数	1960 年	17,501	14,049	3,464	9,971	1,183	6,125
	1980 年	14,014	16,140	7,376	6,135	9,823	18,999
	2000 年	12,010	15,368	7,118	4,626	8,912	16,351

		豊田市	磐田市	鈴鹿市	日立市	門真市	矢板市
人口	1960 年	104,529	57,380	96,822	161,226	34,228	29,085
	1980 年	281,608	75,810	156,250	204,596	138,902	32,747
	2000 年	351,101	86,717	186,151	193,353	135,648	36,466
産業比率	1960 年	39:38:23	32:32:36	43:31:26	11:60:29	9:54:37	2:18:80
	1980 年	4:60:36	10:46:43	10:47:43	3:52:45	1:45:54	18:39:43
	2000 年	2:52:47	5:45:50	4:41:54	2:40:58	0:39:61	8:39:53
製造業人数	1960 年	16,660	7,988	12,775	37,555	7,601	1,644
	1980 年	72,512	15,465	29,154	39,821	20,400	4,889
	2000 年	85,400	17,834	30,553	28,832	16,293	5,614

注：市町村の範囲は，2000 年時点の範囲であり，1960～2000 年に市町村合併を行った地域は，データを組み替えている。産業比率は，その地域における第 1 次産業：第 2 次産業：第 3 次産業の比率を示す。
出所：「国勢調査報告」をもとに作成。

は低下する一方で，宇部市は上昇している。宇部市では，窯業・土石工業，一般機械工業の衰退により，主たる産業である化学工業が相対的に上昇したためである。延岡市，南足柄市は，出荷額・従業者数ともに特化係数が低下しており，特に延岡市の従業者数の特化係数は半減している。それぞれ大きな構造転換が起こっていると推察される。

　これまでみてきた企業城下町の製造業の変化は，市全体の人口や，産業構成にどのような影響を与えたのだろうか。12 地域における 1960 年，1980 年，2000 年の 3 時点の人口と産業比率を表 3-9 に示した。新しい企業城下町に着目すると，君津市，東海市，磐田市，鈴鹿市，矢板市では，期間 A，期間 B

ともに人口が増加している。産業比率でみても，特に君津市では1960年時点で74％あった第1次産業が，1980年に大幅に低下しており，製鉄所の進出により，農漁村の工業化が急速に進展したことが分かる。古い企業城下町に着目すると，期間A，期間Bともに人口が増加し続けた地域は，宇部市，南足柄市，豊田市である。豊田市は，製造業の成長に牽引されているが，宇部市と南足柄市は製造業の雇用が減少しているので，他産業の拡大が影響していると考えられる。また，期間Aに人口が増加したものの，期間Bに人口が減少した地域は，延岡市，日立市，門真市である。このうち，日立市，門真市[16]は，市全体の人口が，製造業の人数と同じようなトレンドを示しており，製造業の動向に影響を受けているといえる。延岡市は，期間Aにおいても製造業の人数は減少しており，早い段階から製造業以外の産業の成長がみられた。他方，期間A，Bともに人口が減少し続けたのは，釜石市のみであり，1960年と2000年とを比較すると，市全体の人口，製造業の人数のどちらも半減している。

　最後に，事例研究で扱う延岡市，宇部市，南足柄市について，1980年代以降の状況を詳しく見ておきたい（図3-3）。従業者数は，3地域とも右肩下がりに減少している。全国の2014年は，1980年の72％に減少したが，延岡市は62％，宇部市は60％，南足柄市は52％にまで減少し，全国水準を超える低下となっている。出荷額の変化を見ると，延岡市では，バブル経済崩壊以後，低迷が続いていたが，2002年以降，回復基調である。宇部市では，1990年台後半に低迷したが，2002年以降，出荷額の増加が続いている。南足柄市では，1990年代まで全国と比較しても高位に推移していたが，2009年以降，減少が著しくなっている。

　以上の分析をまとめると，新しい企業城下町では，輸送用機器を中心に，製造業の成長が地域の工業全体を牽引し，市全体の人口増加に寄与することが多かった。一方，古い企業城下町は，豊田市を除けば，1980年代をピークに伸び悩むか，もしくは衰退の一途をたどる地域が多い。第4～6章でみる地域についていうと，延岡市では，1980年～2000年に化学工業の従業者数の特化係数が半減しているように，化学工業は大きく落ち込んでいる。1980年～2000年にかけて，工業全体の従業者数，出荷額も減少しているが，化学工業の減少

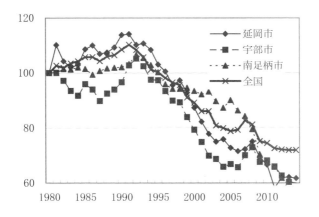

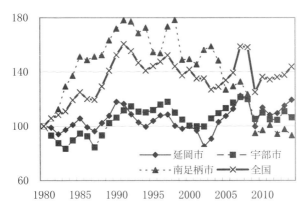

図 3-3　1980 年以降の延岡市，宇部市，南足柄市，全国における工業従業者数，出荷額の推移

上：工業従業者数の推移（1980 年＝ 100 とした相対値）
下：出荷額の推移（1980 年＝ 100 とした相対値）
注1：延岡市の数値は，編入以前の北川町，北浦町，北川町の数値を合算している。
注2：宇部市の数値は，編入以前の楠町の数値を合算している。
出所：経済産業省「工業統計表」をもとに作成。

分よりは少ない。これは，化学以外の工業が，化学工業に代替するように成長しているためと考えられる。宇部市では，1980 年〜 2000 年に，化学工業の従業者数は減少しているが，出荷額は増加しており，現在でも化学工業のウエ

イトは大きい。ただし，中核企業である宇部興産の事業に関わる窯業・土石工業や一般機械工業は，減少傾向が続いている。南足柄市では，工業従業者数は1980年～2000年に減少したものの，出荷額は1990年代，全国と比較しても高位に推移していた。しかし，2000年代以降，出荷額も減少している。

[注]
1) 光吉ほか（1983）が企業都市抽出に用いた第2次産業就業者構成比および人口1人あたりの出荷額の基準値は示されていない。
2) 諸泉（1995）が掲載された九州経済調査協会の「九州経済調査月報」では，その後，1995年7月号から1997年3月号まで断続的に「台頭する新企業都市」と題したシリーズを15回にわたり掲載した。取り上げられた都市は，熊本県大津町，国分市（鹿児島県），諫早市（長崎県），宮崎県清武町，筑後市（福岡県），中津市（大分県），鳥栖市（佐賀県），浦添市（沖縄県），美祢市（山口県），熊本県長洲町，大分県日出町，出水市（鹿児島県），宮崎県国富町，大村市（長崎県），日田市（大分県）（掲載順）であった。
3) 宇部興産のように，製造業・鉱業を有する企業は，鉱業部門を除いている。
4) 工場が創出する付加価値を指標に，日本全国の大規模工場の分布状況を明らかにした板倉（1958）は，情報源として，有価証券報告書，営業報告書，増資目論見書，会社年鑑などを用いている。
5) 1960年の『会社年鑑』では，工場ごとの従業員数を掲載していない企業があるため，各社の有価証券報告書でデータを補完している。
6) 『会社年鑑』には，鉱工業，商業，サービス業，建設業等の大企業が掲載されており，その掲載企業数は1,243社（1960年），1,749社（1981年），2,673社（2001年）である。
7) 筒井（2016）は，静岡県小山町に進出した紡績企業発展の諸要因と地域社会への多面的影響を考察している。
8) 1914年設立の農機具製造企業を前身とする三菱農機の企業城下町である島根県東出雲町（現・松江市）の産業集積構造を取り上げた研究（関2007）もある。
9) 岡田（1993）によると，1920年から1940年の間に，人口が2倍以上に増加した地方都市として，川崎，八幡，尼崎，小倉，布施，西宮，宇部，川口，戸畑，日立，延岡，吹田，浦和，市川，船橋があり，衛星都市を除くと，重化学工業都市が多く含まれていることが指摘されている。この時期の企業城下町の急速な発展が読み取れる。
10) このほか，日本の企業が，植民地経営を行っていた外地に，企業城下町を形成したこともあった（片木ほか2000; 内藤2017）。
11) 小田（2005）は，第二次世界大戦中に計画された「新興工業都市建設事業」が，大戦後の各種プロジェクトに継承されたものが少なくないと指摘している。「新興工業都市建設事業」では，八戸，仙台，多賀，太田，川口，相模原，東岩瀬，豊川，勝川，挙母，四日市，宇治，広，周南，春日原，苅田の16地域が選定された。

12) この12市の中で,1960年から2000年までの間に市町村合併を行った地域は3地域である。豊田市は1964年に上郷町と,1965年に高岡町と,1967年に猿投町と,1970年に松平町と合併した。東海市は,1969年に,上野町と横須賀町が合併して誕生した。君津市は,1970年に,君津町,小糸町,清和村,小櫃村,上総町が合併して誕生した。
13) 本章第2節の分析では,旭化成が1993年まで業種を繊維業として証券取引所に上場していたため「繊維」として扱ったが,工業統計では一貫して「化学工業」で扱われているため,第3節では延岡市の主たる産業を「化学」とする。
14) 君津市,東海市は1960年時点で存在しないため,類型化の対象から外した。
15) 1980年と2000年を比較すると,宇部市の窯業・土石工業は,従業者数が2,726人から815人に,出荷額が1,139億円から502億円に,一般機械工業は従業者数が2,934人から1,791人に,出荷額が761億円から334億円に減少した。
16) 期間Aにおける門真市の人口増加は,製造業の成長だけではなく,大阪都市圏の住宅地としての機能も大きく影響しているとみられる。

第4章　立地戦略・企業文化・地方政治と企業城下町 ——旭化成と宮崎県延岡市

第1節　本章の目的

　本章では，旭化成の企業城下町である宮崎県延岡市[1]を事例に，企業城下町形成期から2010年代までの長期間にわたる中核企業と地域経済や社会，地方政治との関係の変化について検討し，その意味を考察する。特に，第1に中核企業の立地戦略の変化およびそれと企業文化との関係，第2に地方政治や産業政策をめぐる主体と主体間関係の変化に焦点を当てる。

　第1の企業の立地戦略に関して，これまで「企業の地理学」を中心に，工場の立地変動は，企業の組織と行動の文脈の中で把握することが主張されてきた。企業の立地に関わる意思決定は，多様な要因が絡み合う。技術を蓄積する生産拠点や研究開発拠点との近接性や，固定資産，物流コストなど様々考えられる。本章では，それらに加えて企業文化に注目した。Scheonberger（1997）は，硬直化した企業文化が立地選択の支障になったと指摘している。他方，逆に独特の企業文化が企業の立地行動を促す状況も考えられ，鎌倉（2014b）は，企業文化が研究開発機能の空間的分業に影響したことを示している。本章では，企業文化が立地行動に与えた影響について考察する。

　第2の地方政治や産業政策に関して，企業城下町では中核企業の動向が地域全体に深刻な影響を与えることがしばしばあり，自治体は対策を求められてきた。企業の合理化によって生じた雇用問題に対する取り組みが，労働組合や自治体などによってなされた一方で，自治体が中長期的展望の下で取り組んだ対策もある。新産業の創出を支援することにより中核企業依存からの脱却を目指す産業政策が，室蘭市（山川1992）や釜石市（清水1982；田野崎1985），福

山市（似田貝・蓮見 1993），新居浜市（柴田 1993），北九州市（山川 1995a）など各地で見られた。このような産業政策は，長期的な時間軸の中で位置づけることにより，その特徴が明確になる。

そこで本章では，企業城下町の変化について，次の2点に留意して分析を進める。1つは，企業城下町を構成する様々な主体―中核企業，下請企業，労働組合，商工団体や農漁業・建設業など―の対応の多様性に注目することである。もう1つは，高度経済成長期から構造不況，バブル経済とその崩壊，2010年代にまで至る長期的スパンにおいて，各主体がどのように対応し，主体間の相互関係がどのように変化したのかを整理することである。

第1，第2の検討課題を踏まえて，創業の地で現在でも生産活動を続け，長期的な変化を追跡可能な，企業城下町として長い歴史を有する延岡市を研究対象とした。延岡市は，旭化成の創業の地であり，旭化成の企業城下町として知られる都市である。

以下，第2節では，旭化成の事業展開に伴う立地戦略と地域経済の変化について論じる。旭化成が延岡に進出した経緯を踏まえたうえで，1950年代以降の旭化成の立地戦略が延岡市に与えた影響を検討し，地域経済における旭化成の影響力の変化について論じる。第3節では，1990年代以降の延岡市の構造転換を促している旭化成の企業文化と再投資との関係について議論する。第4節では，各時代における中核企業・下請企業・自治体など様々な主体の行動と対応に注目し，延岡市の産業政策をめぐる地方政治の変容を明らかにする。第5節では，2010年代の新たな動向として注目される東九州メディカルバレーと延岡市との関係を論じる。第6節では，以上の議論を踏まえ，1990年代以降の中核企業と地域との関係を長期的な時間軸の中で位置付け，その意味を考察する。

本章のうち，延岡市の政治，産業政策について，選挙結果，市議会会議録，新聞記事及び旭化成労働組合に関する史料（全旭化成労働組合連合会 1963, 1980；旭化成労働組合連合会 1999）のほか，市史（延岡市史編さん委員会 1963, 1983, 1993, 2003）や延岡市に関する既存の研究成果（奥田 1971；宮崎県高等学校教育研究会社会科地理部会 1984；佐藤 1988；遠田 2000；九州経済調査

協会 1978, 1980, 1981, 1982, 1999）を参考にした。旭化成の事業展開について，社史（日本経営史研究所 2002），旭化成に関する著作（梅沢 1985；荒川 1990；日刊工業新聞特別取材班 2007, 2012；宮崎日日新聞社延岡支社取材班 2010），有価証券報告書などをもとに検討した。これら文献資料から把握できなかった諸動向の要因について，延岡市役所，延岡市議会元議員，旭化成及び旭化成労働組合，九州保健福祉大学，市内中小企業に聞き取り調査を実施し情報を収集した。

第2節　旭化成の立地戦略と地域経済の変化

1. 企業城下町形成期：近世城下町から企業城下町へ

　延岡は，江戸時代には内藤氏を藩主とする7万石の城下町であり，近世城下町であった。その後，内藤家を城主とする近世城下町から，明治・大正期を経て，旭化成を「城主」とする企業城下町へと変貌していくことになる（水野 1997）。

　かつて延岡は「陸の孤島」とよばれるほど大都市と隔絶し[2]，近代化から取り残されていた。

　1900年代になると，全国各地で水力発電が盛んに行われるようになり，国内有数の多雨地域である九州南部の水力資源が注目されるようになっていた。帝国大学出身の技術者であった野口 遵（したがう）は，1906年に，鹿児島県の川内川上流の曽木の滝付近に水力発電所を建設した。その余剰電力を活用して，そこから長距離送電を行い，熊本県水俣[3]でカーバイド[4]の生産を開始した。カーバイドを原料として窒素固定すると石灰窒素になり，さらに石灰窒素から化学肥料である硫酸アンモニウム（硫安）に変性することができる。1914年に，野口は熊本県大津に水力発電所を建設し，カーバイドから硫酸アンモニウムを一貫製造する工場を熊本県鏡（現・八代市）に建設していた。折しも第一次世界大戦の影響によって，それまで硫酸アンモニウムの輸入元であった欧米諸国からの輸入が滞り価格が高騰した。その大戦期の莫大な利益を原資として，イタ

リアからカザレ法アンモニア合成技術の特許を買収した。カザレ法アンモニア合成技術は，鏡の工場で導入していた従来方式よりも硫酸アンモニウムを大量生産することができた画期的方法だった。国内初のカザレ法アンモニア合成技術による工場である日本窒素肥料（以下，日窒）延岡工場が建設され，1923年に稼働を開始した。日窒が延岡に進出したのは，発電や工業用水として使える水量の豊富な五ヶ瀬川があったこと，比較的低廉な労働力が豊富に存在したことや熱烈な誘致運動があったためであった。また，同年には日豊本線が開通し，原料や生産物の輸送が容易になった。

　野口は，延岡で造られたアンモニアを基にして「芋づる式」に新しい事業を展開[5]していく。1931年にアンモニアを原料とする再生繊維であるベンベルグの生産が開始され，1932年にアンモニアを原料にしてダイナマイトの製造を火薬工場で開始した。その翌年に，祝子川の良質な水を利用してレーヨン工場を建設し，その後，レーヨンの塩素ガスを利用した食品工場，さらに1939年に雷管工場を建設した。このように延岡はアンモニアを中心とする化学コンビナートとなった。図4-1は，工場群の設立まもない1930年代当時の延岡市の地形図であり，中心部に人絹工場や肥料工場，北部に火薬工場が確認できる。市内には，東海，岡富，恒富，愛宕，長浜の各地区に工場が置かれ，岡富地区から愛宕地区にかけて散在する点状の工場を結ぶように，都市が形成されている[6]（図4-2）。

　延岡市の発足経緯にも，この工場進出が関係している（延岡市史編さん委員会 1983; 宮崎日日新聞社延岡支社取材班 2010）。1923年に恒富村にアンモニア合成を行う薬品工場が開設された後，次の事業として，レーヨン工場建設が計画された。延岡町，岡富村，恒富村，東海村による誘致運動の結果，岡富村に建設することが決まったものの，工場建設は進まなかった。一方で，1929年にベンベルグ工場の建設が恒富村に決まると，喜んだ恒富村は土地の無償提供を引き受けた。ところが，土地買収資金を自前で調達することができず，日窒に融資を申し入れる羽目に陥った。その時の契約書に，延岡町・岡富村・恒富村が合併すれば恒富村の債務が免除されるという条文があり，恒富村は合併に懸命になった。この経過について，太田（1977: 80）は「企業側は当然自分が

図 4-1　1930 年代の延岡
出所：5 万分の 1 地形図「延岡」(1932 年要修，1935 年発行)。

負担すべき土地買収費を，村に恩を売るかたちで最終的には支出し，関係町村を合併させて，分散した工場の操業に有利になるように画策したわけだ」と述べ，奥田（1971: 58）は「日窒という企業集団の成長を軸に都市の形成が進められ，大企業への拡大発展に即応しつつ町村合併による広域行政化が進められてきたことを物語っており，まさに大企業に誘導された都市化の過程に外ならない」と述べている。結果的に，1930 年に 1 町 2 村が合併し，新・延岡町が誕生した。急激な工業発展に伴う人口増加によって，1933 年には延岡市として市制を施行した。一連の経過について，佐伯（1976）は，「延岡市の市域の拡張は旭化成の発展とともにあったのであり，まさに旭化成を中心的核として地域の結合と発展が行われたといっても過言ではない」（佐伯 1976: 58）と述べている。

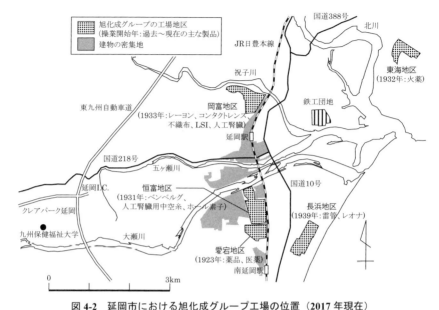

図 4-2　延岡市における旭化成グループ工場の位置（2017 年現在）
注：各工場の「過去〜現在の主な製品」は，2017 年時点で生産していないものも含む。

　第二次世界大戦後の財閥解体により，野口一代で築き上げた日窒コンツェルン[7]は解体され，延岡の工場群は旭化成と改称し，再出発することになった。

2. 旭化成の立地戦略と地域経済に与えた影響

　旭化成延岡地区従業者が，旭化成全体に占める割合は，1950 年代以降，一貫して低下し続けている（図 4-3）。1950 年では 9 割だったが，2000 年では 2 割に低下している。また，その実数で見ても，2000 年は 1950 年の 5 分の 1 にまで減少している。その理由として，機械化の急速な進展の影響があるが，繊維事業を主力としていた延岡地区は，事業の性質上グローバルな競争にさらされやすく，事業の縮小・再編を避けられなかったことも，それ以上に大きかった。
　第二次世界大戦後の旭化成延岡地区の動向について，旭化成の立地戦略と関連付けながら，以下 3 つの時期に区分した。

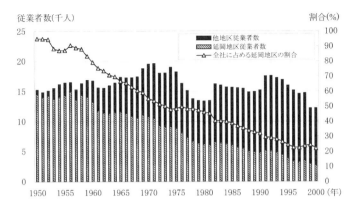

図 4-3　旭化成の従業者数と全社に占める延岡地区の割合の推移
注：旭化成単独の従業者数を示す。1991 年以降の延岡地区の従業者数は大分地区の従業者数を含む。
出所：日本経営史研究所（2002）をもとに作成。

(1) 第1期：旭化成の事業多角化と拠点の拡散 ——1950 ～ 1960 年代

　第二次世界大戦後の旭化成における生産拠点の配置は，延岡地区への集中から太平洋ベルトへの拡散へと変化する（図 4-4）。延岡地区への集中が見られたのは，終戦直後から 1950 年代初めまでの時期であった。この時期には，延岡地区においてレーヨン，ベンベルグといった化学繊維事業を中心に工場が復元・拡張されたほか，1951 年に，火薬製造を目的として大分県坂ノ市町（現・大分市）に工場が建設された。

　一方，1950 年代中期以降，旭化成は事業多角化に伴って，太平洋ベルトへの工場の拡散を進めた。すなわち，1953 年に，旭化成は，塩化ビリニデン繊維「サラン」の製造工場を鈴鹿市に建設した。これはサランの主な用途と見込まれた漁網が，東海地方で需要が高かったためであった。1958 年，旭化成はポリスチレン製造工場を川崎市に建設した。アクリル繊維「カシミロン」の製造工場を富士市（静岡県）に建設し，1959 年から操業を開始した。旭化成は繊維企業から衣食住の総合企業に脱皮するために建材事業に進出し，軽量気泡コンクリート工場を，1963 年，松戸市（千葉県）に建設した。1960 年代にな

図 4-4　旭化成の国内工場の位置（2000 年時点）
注：各工場の括弧内の年は，工場設立年を示す。大分工場は，延岡工場に含む。
出所：旭化成株式会社有価証券報告書（2000 年）をもとに作成。

ると，生産能力が限界に達していたが，既存の川崎工場の増強は敷地が狭く困難であった。そのため旭化成は，西日本市場への供給の必要性の高まりも考慮し，倉敷市水島の石油化学コンビナートへの進出を企て，1972 年からエチレンの生産を開始した。このような立地戦略の変更は，資源指向・労働力指向から消費地指向への転換を意味している。

　旭化成は多角化の過程で他地域に相次いで進出する一方で，延岡地区の工場では，労働集約的な繊維事業の合理化が進められた。旭化成の生産拠点の拡散に伴って，延岡地区の工場で余剰となった労働力は他地区の工場に配置転換された（延岡市史編さん委員会 1993）。ただし，延岡地区の工場は，旭化成にとってマザー工場としての機能もあり，完全にスクラップされることはなかった。延岡地区の工場は，全国にある他の同社工場の製品を一次加工する原料工場が

多く，工場に併設された研究施設において基礎研究が行われてきた。これまでも旭化成が新規に事業を展開する際，延岡地区で実験プラントがつくられ，他地区で量産化されている。

(2) 第2期：構造不況による繊維事業の再編 ――1970〜1980年代

1970年代の国際情勢の変化を契機として，旭化成の繊維事業は再編された。1971年のニクソンショック以降の円高による繊維製品の輸出競争力の低下，1973年の第1次石油危機による原料価格の高騰，1974年の多国間繊維協定（MFA）の発効により，旭化成をはじめ，国内の繊維メーカーは構造不況に陥った。通商産業省は対策に乗り出し，合繊各社が減量経営・合理化など対策を実施した。旭化成でも，1977年の通商産業省の操業短縮勧告に従い，ナイロン，ポリエステル，アクリルの操業を短縮した。1978年，「特定不況産業安定臨時措置法」により構造改善が進められ，延岡カシミロン工場が廃棄された。同様に，地区全体の工場群の稼働率も低下していった。生産力の低下に伴い，旭化成も雇用調整の必要が生じ人員を削減した。高度経済成長期に引き続き他地区への配置転換が促されたほか，新規雇用の停止，関係会社への出向・派遣，希望退職が行われた[8]。

一方で，1968年には延岡地区で医薬品原料の生産が開始され，1978年から旭化成は医薬品事業に参入した。また，1970年代には，人工腎臓（ダイアライザー）の開発に着手し，医療機器事業にも参入した。人工腎臓の研究開発は，恒富地区のベンベルグ工場内にあった研究課で，1971年に透析用中空糸に的を絞って研究を開始したことに始まる。同年末にベンベルグを素材とした中空糸製造技術を国内初で確立し，1974年に製品化に至った。この人工腎臓の製造技術は，医療用ガーゼやウイルス除去フィルターにも応用されていくことになった（宮崎日日新聞社延岡支社取材班 2010）。

(3) 第3期：繊維事業のさらなる再編と新規事業の成長 ――1990〜2000年代

1990年代に，アジア諸国との価格競争により，旭化成の繊維事業は更に再編された。旭化成は延岡地区において，繊維事業を中心に再編を進めた。なか

でもレーヨン事業は，1990年代以降，生産量が増大した中国製品との価格競争に敗れたため，2000年に国内最後のレーヨンメーカーとして，事業の撤収が決定された。旭化成延岡地区において，ベンベルグとレーヨンは，創業当初から生産されてきた歴史のある繊維製品であった。ベンベルグは人工腎臓用途という高付加価値化が図られた一方で，レーヨンは汎用繊維であったため，激しい価格競争にさらされ，両者は明暗を分けることになった。

このように，延岡地区において，繊維事業が減産を強いられる一方で，新たな動きも見られた。1970年代の医薬・医療事業に続いて，1980年に磁気センサとして用いられるホール素子，1991年にコンタクトレンズ[9]，1993年にLSI，2000年に不織布の生産が，旭化成の子会社で開始されている。

これら新規事業は，1990年代以降，おおむね順調に成長していった。旭化成では，同一地区内の主力工場を「母屋工場」と呼ぶが，恒富地区はベンベルグ工場に代わり旭化成電子が母屋に，レーヨン工場が母屋だった岡富地区はLSIを製造する旭化成マイクロシステムが母屋に変わった[10]。とりわけ，レーヨン工場が廃止された岡富地区は，旭化成にとって戦略的投資の対象となった[11]。恒富地区で生産していた人工腎臓を，岡富地区にも工場を建設することを決定した旭化成は，2008年に人工腎臓の紡糸・組立一貫工場を建設し，その後も製造ラインの増設を重ねている。岡富地区では，医療材料研究所の設立や，液晶パネル製造過程で用いる保護膜「ペリクル」の生産ラインの増設なども行われた（宮崎日日新聞社延岡支社取材班 2010）。このように，エレクトロニクス事業と医薬・医療事業が，旭化成延岡地区の新たな2本柱になっている。

この間，旭化成では，「選択と集中」を進め，会社組織の大幅な再編を相次いで実施した。旭化成は，2003年に持株会社制へ移行し，持株会社と，7事業会社（旭化成せんい，旭化成ケミカルズ，旭化成建材，旭化成ホームズ，旭化成エレクトロニクス,旭化成ファーマ）からなるグループ経営体制へ移行した。その後も，事業会社の統合再編を進め，2016年には持株会社が繊維，ケミカル，エレクトロニクスに関わる事業会社を吸収合併した事業持株会社制へ移行した。このような会社組織の大幅な再編の中で，旭化成全体にとってコアな技術をもつ工場と，そうでない工場とが選り分けられてきている。たとえば，東

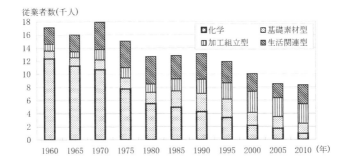

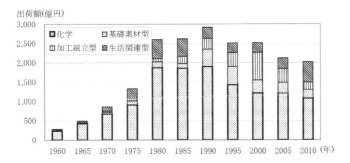

図4-5 延岡市における工業類型別従業者数・出荷額の推移
　　　　上:従業者数
　　　　下:製造品出荷額等
　　注:太枠の範囲は基礎素材型産業のうち,化学の値を示す。
　　出所:経済産業省「工業統計表」をもとに作成。

海地区や長浜地区で生産されてきた火薬や雷管の製造は,日本化薬グループの産業火薬部門と統合して設立されたカヤク・ジャパンへ,2008年に移管されている。

　新規事業の成長は,延岡地区において旭化成本体の,1980年以降の減少分を相殺するほどの雇用を生み出したほか,延岡市の工業構成にも影響を与えている。工業統計表によると,延岡市の工業において化学工業の工場数は7工場(2014年時点)で,それは市内の工場総数のわずか3％であるにもかかわらず,従業者数および製造品出荷額等において圧倒的割合を占めている(図4-5)。しかし,1980年代以降,加工組立型産業の従業者数・出荷額の増加が際立っ

ている。これは，旭化成が手掛けたエレクトロニクス事業などの新規事業の成長を反映したものと考えられる。延岡市の電気機械器具製造業の出荷額は，1980年の14億円から2000年の464億円に成長している。同様に，一般機械器具製造業も成長し，加工組立型産業の成長が著しく，延岡市の工業の新たな核として成長している。

3. 地域経済における旭化成の影響力の低下

　延岡市の雇用や産業構成，市民所得，自治体財政にも大きな影響を及ぼしてきた旭化成の影響力は，この間に大きく低下している。雇用の点から見ると，工業統計表および旭化成の有価証券報告書によると，1960年の旭化成従業者数が延岡市の工業従業者数に占める割合は，8割であったが，2000年には2割に低下している。1980年代以降，旭化成は，工業製品製造に関わるグループ会社を設立しており，そのグループ会社の従業者数[12]を含めても4割に留まる。また，旭化成は1980年代までスーパーマーケットやホテル，進学塾，自動車学校経営など商業・サービス業分野にも進出し，製造業以外の雇用も創出していたが，1990年代に旭化成は事業の「選択と集中」を進め，商業・サービス業分野から撤退している。

　また，産業大分類別に見ると，延岡市の産業構成において，1960年に製造業が32.5%を占めていたが，製造業が占める割合は低下の一途をたどり，2000年に21.1%になっている。1960年と2000年を実数で比べると，製造業は5,491人減少しており，この減少数は旭化成従業者の減少数とほぼ一致する。一方，延岡市は，宮崎県北地域における商業中心地機能も持っており，卸売・小売業やサービス業といった第3次産業が成長していった。卸売・小売業は1960年の17.1%から2000年の23.0%へ，また，サービス業は1960年の12.8%から2000年の27.3%へ上昇した。

　市民所得で見ても同様の傾向が確認でき，特に構造不況を挟んだ1965年から1975年の10年間の変動が大きい。延岡市の市民所得のうち，製造業が総額に占める割合は60.9%から22.6%に大幅に減少した一方で，卸売・小売業は

10.5％から18.4％へ，サービス業は10.6％から25.3％へと伸びている。

　延岡市の財政に占める旭化成の納税額を見ると，その割合は低下している。1967年には固定資産税，法人市民税などを含めて市税収の49.6％を占めていた（奥田1971）。しかし，1970年代の構造不況を境に1978年には23.9％にまで大幅に低下した（日本生産性本部1979）。1986年には33.1％にまで回復する（森戸1988）ものの，2002年では約18％にまで低下している（延岡市史編さん委員会2003）。

第3節　旭化成の再投資と企業文化

　前述したように，1980年代以降，延岡市において旭化成の再投資が行われている[13]。2000年代以降もこのような傾向はさらに強まり，エレクトロニクス事業や医薬・医療事業を中心に投資が活発に行われてきた。

1. 再投資の要因 ――工場敷地，水資源・発電設備，技術蓄積，物流コスト低下

　旭化成グループでは，新規事業の進出先を決める際，人件費や水，電力などの用役費を踏まえた費用対効果を精査した上で最終決定する（宮崎日日新聞社延岡支社取材班2010）。

　再投資の要因として，第1に，「工場敷地」があげられる。旭化成延岡地区は，旭化成最大の生産拠点であるとともに，繊維事業のリストラクチャリングが続いたため，広大な遊休地が発生していた。延岡市内にある1980年代以降の旭化成の新規事業の工場は，いずれもスクラップされた工場や寮の跡地に建設されている。

　第2に，「水資源・発電設備」があげられる。旭化成は，五ヶ瀬川水系に7つの発電所で工業用水の水利権を保持しており，良質で豊富な用水を必要とするコンタクトレンズやエレクトロニクス製品の生産に延岡地区は適していた。発電においても，延岡地区には約22万kWの電力設備がある。自流式による

水力発電は経済性や再生エネルギー価値の面でも依然として価値は高い[14]。また，2006年に新日鐵と共同で建設した5万kW石炭火力発電設備も整っている。

第3に，「技術蓄積」があげられる。延岡地区の工場は，全国にある他の同社工場の製品を一次加工する原料工場が多く，工場に併設された研究施設において基礎研究が行われてきた。これまでも旭化成が新規に事業を展開する際，延岡地区で実験プラントがつくられ，他地区で量産化されている。前述したように人工腎臓の開発は，ベンベルグの応用研究から生まれたものである。化学薬品や繊維事業などで培ってきた技術的な蓄積が，新規事業に活かされている。

第4に，「物流コストの低下」があげられる。旭化成延岡地区は，首都圏などの消費地から遠く，輸送費だけではなく輸送用の梱包をも含めた物流コストが高いという難点を抱えていた。繊維や化学製品に比べて，エレクトロニクス事業や医薬・医療事業の製品は小さくて軽いものが多いため，物流コストの削減につながっている。

2. 再投資の要因 ――企業文化

前項のほかに，再投資の要因になっているものとして旭化成独自の企業文化の存在があげられる。以下に述べる諸点を検討しながら指摘したい。

(1) 経営上層部と延岡

企業において大規模投資の最終的な判断を担うのは，経営上層部である。旭化成の経営上層部における延岡の位置付けについて検討するために，1985年以降の有価証券報告書記載の役員における延岡支社長，宮崎総支社長の位置付けを，表4-1に示した。旭化成の役員として，代表権のある取締役（会長，副会長，社長，副社長）のほか，専務取締役，常務取締役，取締役および監査の役職がある。このうち，副社長以下（監査除く）の役員に，原則として担当の事業あるいは部署が割り振られている。例えば，1990年において，社長（繊維本部長・アイルランド事業推進本部長），副社長A（建材・化薬事業部門長，

住宅事業部門長，バイオ・医薬・医療事業部門長），副社長 B（情報システム企画室長），副社長 C（LSI 事業部門長），副社長 D（担当なし）…といった具合である。国内の「地名」がついた担当として，宮崎総支社長，延岡支社長，水島製造所長（支社長），富士支社長があり，これは延岡とともに，石油化学事業の要といえるエチレンセンターのある水島，ライフサイエンス研究所など研究開発拠点となっている富士は，旭化成の生産拠点で重視されているためと考えられる。

また，宮崎総支社長および延岡支社長は，2002 年まで一部を除いて専務取締役・常務取締役を担当し，水島製造所長（水島支社長）と比べても重要な位置にあることがわかる。延岡支社長は，日窒延岡工場長（1923 年）を起源とし，1946 年に旭化成工業延岡工場長，1959 年に旭化成工業延岡支社長という役職名になったポジションであり，旭化成延岡地区の工場群を統括し，地元官財界と折衝する役割を担う。他方，宮崎総支社は，宮崎県地域（特に，工場・研究所のある日向市や，対外折衝の事務所がある宮崎市）における事業の拡大と，公害防止など企業の社会的責任を果たすため，1973 年に延岡支社内に設置された。1993 年から 1995 年まで宮崎総支社長代行と延岡支社長は兼職になり，1995 年に宮崎総支社の役割は延岡支社に引き継がれた。

旭化成は，2003 年以降，執行役員制度[15]を取り入れ，役員数を大幅に減少させた（表 4-2）。旭化成では，執行役員制度の導入に伴い，副社長・専務・常務を，取締役から外している。延岡支社長は，2003 年から 2006 年まで，執行役員と取締役を兼ね，2007 年に取締役を外れた一方で上席執行役員になっている。以上，現在でも，旭化成の経営の中枢において「延岡支社」が重視されていることが分かる。

(2) 新人研修による企業文化の再生産

経営上層部が有する延岡に対する位置付けが，社員に意識付けされる機会として，入社式および新人研修があり，それには旭化成の経営者を長年務めた宮崎 輝（かがやき）氏の意識が関わっていた。

旭化成の入社式および新人研修は，延岡で行われている。ただし，1978 年

表 4-1 旭化成役員における宮崎総支社長・延岡支社長等の位置付けの変遷

年	代表取締役				専務	専務取締役		常務取締役		取締役		監査役	
	名誉会長	会長	副会長	社長	副社長							常勤	非常勤
1985			1	1	5	7 水島製造所長, 宮崎総支社長		8 延岡支社長		9		3	
1986			1	1	5	7 水島製造所長, 宮崎総支社長		9 延岡支社長		8		3	
1987			1	1	6	5 水島製造所長, 宮崎総支社長		8		9		3	
1988			1	1	5	4 水島製造所長, 宮崎総支社長		8		8		3	
1989			1	2	4	4 水島製造所長, 宮崎総支社長		9		11		3	
1990			1	2	4	7 水島製造所長, 宮崎総支社長		5		11		4	
1991			1	2	3	8 水島製造所長, 宮崎総支社長		4		15 延岡支社長		4	
1992			1	2	4	7 宮崎総支社長	17	4		14 水島製造所長, 延岡支社長		5	
1993			1	1	3	2		7 宮崎総支社長代行兼延岡支社長		19 水島製造所長		5	1
1994					2	5		8 宮崎総支社長代行兼延岡支社長		16 水島製造所長		5	1
1995					2	3		10 宮崎総支社長代行兼延岡支社長		15 水島製造所長		3	1
1996					4	4		11 延岡支社長		14 水島製造所長		3	1
1997				1	1	3 延岡支社長		7 水島製造所長		16 (1名は相談役)		5	1
1998				1	3	8 延岡支社長		8 水島支社長		13		3	1
1999				1	3	7 延岡支社長	13	4				3	1
2000				1	3	7		4 延岡支社長		14 水島支社長		3	1
2001				1	3	6 延岡支社長		4		16 水島支社長		3	1
2002				1	4	2		5		17 延岡支社長		3	1
2003				1						5 延岡支社長		2	2
2004				1						5 延岡支社長		2	2
2005				1						5 延岡支社長		2	2
2006				1						6 延岡支社長		2	2
2007				1						9		2	2
2008				1						8		2	2
2009				1						8		2	2
2010	1			1						7		2	2
2011	1			1						8		2	2
2012	1			1						8		2	2

年	取締役会長	代表取締役社長	代表取締役	取締役	監査役 常勤	監査役 非常勤
2013	1	1		8	2	2
2014	1	1	3	4	2	3
2015	1	1	3	4	2	3
2016	1	1	1	6	2	3

注：各項目の数字は人数を示す。各項目の役職は国内の地名が含まれる担当・部署を示す。
出所：旭化成工業株式会社・旭化成株式会社有価証券報告書をもとに作成。

表 4-2 旭化成執行役員における延岡支社長等の位置付けの変遷

年	社長執行役員	副社長執行役員	専務執行役員	常務執行役員	上席執行役員	執行役員
2003	1			3		14 延岡支社長
2004	1		1 富士支社担当	3		6 延岡支社長
2005			1 富士支社担当	2 富士支社長		7 延岡支社長、延岡支社次長
2006	1		1 富士支社担当	1		7 延岡支社長、延岡支社次長
2007	1		1 延岡支社担当	1 富士支社担当	1 延岡支社長	6
2008		1		3 富士支社担当		6 富士支社担当
2009		2		1	6 延岡支社長、富士支社長	6
2010	1			6	4 富士支社長	5
2011	1		2	4	3 延岡支社長	6 富士支社長
2012	1		2	2	6 延岡支社長	7 富士支社長
2013				4	4	6 富士支社長
2014	1		2	2	4 延岡支社長	3 富士支社長
2015	1		2	3	4 延岡支社長	4 富士支社長
2016	1		5	5	13 延岡支社長	10

注：各項目の数字は人数を示す。各項目の役職は国内の地名が含まれる担当・部署を示す。
出所：旭化成工業株式会社、旭化成株式会社有価証券報告書をもとに作成。

に一度だけ，富士で入社式が行われたことがあった[16]。この前年，石油危機によって旭化成の業績が悪化し，経費節減のため，東京から新幹線で日帰り可能な富士工場で入社式が行われた。しかし，宮崎社長（当時）の「入社式はやはり延岡でなければだめだ」との鶴の一声で，翌年から延岡に戻されたという。延岡で入社式を継続して行うのは，宮崎社長が「延岡はどこの工場より，モラールが高い。これを新入社員に肌で感じてもらいたい[17]」という意識を持っていたためであった。

宮崎氏は，1961年から1992年までの約30年間に渡り，旭化成の経営の中枢を占め（1961～1985年社長，1985～1992年会長），旭化成の「中興の祖」とよばれた人物である。宮崎氏は，もともと労務畑出身で，旭化成の労使関係の基盤となった以下の2つの出来事を延岡で経験し，会社に対するロイヤリティーや帰属意識を高める場として，延岡が重要だという認識を強くもっていた。

1つが，「旭化成大争議」である。1946年に結成された旭化成の労働組合「延岡工場労働組合連合会」は，賃上げ闘争やストライキを重ねていたが，次第に会社側は労務管理を強化するようになった。1948年，強硬路線に批判的な組合員が脱退して，第2組合を結成すると分裂が本格化した。この大争議は流血の事態に至るほどであったが，この結果，労働組合の急進的な勢力は排除された。

もう1つが，1958年と1961年の2度の不況である。争議後，企業業績は順調に成長していったが，1958年に繊維不況（レーヨン不況）に襲われる。景気減速の中で，国内繊維メーカーが設備を増強したところ，過剰供給に陥った。そのため，通商産業省が操業短縮を行政指導する事態になった。国内他社は希望退職による合理化を進めたが，旭化成は雇用を守る意味から一時帰休にとどめた。会社側が再雇用を保証し，労組が組合員を説得するという旭化成ならではの信頼関係によるものだった。その後，全員復職を果たし，これは「労使関係にも組合の組織面でも，団結と信頼を深める大きなでき事」（全旭化成労働組合連合会1980）となった。また，1961年にもカシミロン不況に襲われた。この際，会社側からの資金繰りの要請に対し，労組側も協力した。こうした労働争議や2度の不況によって，労使関係が「対立」から「対等」に転換し，労

使協調路線が確立されたといわれている。

　宮崎氏だけではなく，他の経営上層部にも創業地が重要だという認識があった。例えば，弓倉礼一社長（当時）は，1992年の大学卒新入社員入社式の講話において，「諸君は，延岡の町を大切にしていただきたいということ。ご承知のように，旭化成はこの延岡が発祥の地であり，70年にわたりこの町にお世話になっている。最近ようやく日本で共存共栄という言葉がはやりだしているが，延岡の町が発展することによってはじめて旭化成も存在する。また，延岡の町にとっても，旭化成が発展し続けることによって，本当の繁栄があると確信している。そのために地元の皆さんが町の発展に努力を重ねているが，当社も全面的に応援している。延岡の町も今後さらに発展し，良くなると思っている。」（延岡市史編さん委員会 1993: 770）と語っている。

　旭化成の経営上層部は延岡を「ふるさと」と呼ぶほど，創業地に強い愛着を抱いており，「延岡に対する郷土意識」が確認できる[18]。こうした経営上層部の意識は，延岡で行われる入社式や新人研修を通じて，若い世代にも伝えられ，企業文化が再生産されていると考えられる。旭化成が2003年に持株会社となって以降も，新卒採用と新人研修は共同で手掛けている。現在では，かつて独自に新人研修を行っていた住宅部門も加わり[19]，入社式や新人研修を通じて企業文化が再生産されている。

(3) 地域貢献事業と時間距離の短縮化

　旭化成は，各生産拠点で地域貢献事業を行っている。それらの中で，延岡市に対する地域貢献事業は群を抜いている。旭化成は，創業地を重視するという経営理念の下で，延岡市において積極的に地域貢献事業を手掛けてきた。旭化成は，延岡市に公会堂や図書館を寄贈したほか，1985年には，「あさひ・ひむか文化財団」を設立し，音楽・芸術・演劇などの文化活動の振興を図った。1989年，旭化成は宮崎県北開発構想として「カルチャーアッププラン21」を発表し，海外の大学の日本分校誘致やスポーツ公園の設置，シティホテルの建設，恒富社宅跡地の再開発，武道館の建設，産業科学館の建設を提案した。海外の大学誘致は実現しなかったが，九州保健福祉大学誘致のきっかけになる等，

「カルチャーアッププラン21」の推進は，宮崎県北地域の発展に寄与した。さらに，オリンピックなど世界大会における旭化成陸上部・柔道部の活躍は，延岡市の知名度の向上に貢献してきた。

「カルチャーアッププラン21」の一環で，鉄道の高速化も以下のような経緯で行われた。旭化成は，これまで高速交通手段のない延岡市と本社（東京・大阪）との時間距離を縮めるための努力を続けてきた。交通の不便を感じていた旭化成は，延岡市にヘリポートを整備し，そこから宮崎空港までを往復するヘリコプター便を1989年4月から運行した。ヘリコプター運行に当たり，中村久雄常務（当時）は「延岡と東京など大都市圏の心理的，時間的な距離を縮めるのが最大の課題。そのためのインフラ（産業基盤）はいくらあってもいい[20]」と述べているように，本社のある東京・大阪と，延岡との時間距離の短縮化は，旭化成にとって重要な問題であった。当時，道路・鉄道とも2～3時間近く要していた宮崎市から延岡市までの約90kmが，ヘリコプター便の開設により，わずか25分で結ばれた。

ヘリコプター便のビジネス化が検討されていた矢先，1990年9月にヘリコプター墜落事故が発生し，ヘリコプター便は中止された。旭化成は，鉄道の高速化による時間距離の短縮を目論み，宮崎県・JR九州との共同出資[21]で，JR日豊本線（宮崎駅～延岡駅）の高速化および宮崎空港線の建設に着手し，1994年に完成させた。鉄道の高速化および特急列車の増発により，宮崎空港から延岡市内まで直結し，時間距離が短縮された。このような鉄道高速化による時間距離の短縮は，旭化成独特の企業文化が作用したために行われたと考えられる。

(4) 企業文化と再投資との関係の考察

ここまでの検討から，旭化成は，創業地延岡を重視する独特の企業文化を有していることが分かった。旭化成の経営上層部において「宮崎総支社長」「延岡支社長」は重要な位置にあり，これらの役職は経営の意思決定において重要な役割を果たしていると考えられる。延岡で起こった労働争議や繊維不況を経験した旭化成の経営上層部は，延岡を「ふるさと」と呼ぶほど創業地に対して強い愛着を抱いてきた。こうした上層部の意識は，延岡で行われる入社式や新

人研修を通して，社員にも共有され，企業文化の再生産につながっている。経営上層部が持つ延岡との心理的距離の近さは，鉄道高速化に対する投資という時間距離の短縮化をもたらしている。旭化成にとって延岡は，生産拠点というだけではなく，企業文化を再生産する重要な「場所」であり，それが再投資を促す一因になっているといえるだろう。

第4節　地方政治と自治体の政策転換

　第2節2.で論じた旭化成の立地展開と関連付けながら，地方政治の変容や自治体の政策転換について，同様に以下3つの時期に区分した。

1. 第Ⅰ期：政治活動隆盛期の政策展開 ——1950～1960年代

　1950～1960年代は，延岡市において，旭化成の労働組合連合組織「全旭化成労働組合連合会（以下，全旭連[22]）」の政治活動が活発化し始めた時期であった。全旭連の延岡市政への関わりが顕著になったのは1960年の延岡市長選挙である。その選挙の4年前，1956年の市長選挙では，総評系労働組合が支持する社会党公認の青木善祐氏が当選した。宮崎県史上初の革新首長の誕生であった。当時の旭化成の労働組合は総評系であり，青木市長の当選には，市内の労働組合員の大半を占めていた旭化成の労働組合の支援が大きかった。しかし，青木市長が旭化成に対し電気ガス税を追徴するという事態が発生すると，全旭連出身の議員は反発した（佐藤1988）。全旭連出身の議員は，労働組合出身でありながら，旭化成に関係する問題になると会社側の人間として機能するという「二元的使命」を持っていた（芦谷1960）からである。1960年の市長選挙では，全旭連は前助役折小野良一氏を対立候補に立てて当選させた。これを機に全旭連の活動が目立つようになり，延岡市政の一つの転換点になった。この間，全旭連は，総評を脱退し同盟に加わり，支持政党を社会党から1960年結成された民社党[23]へ変えた。延岡市の他の労働組合でも，同じ流れが相

次いだ[24]。

　全旭連は労使協調的な労働組合であり，地方選挙の際には，企業と労働組合との共同推薦によって候補者を確定していた（旭化成延岡工場1954）。候補者は基本的に労働組合の組織内から選ばれたが，旭化成延岡支社次長という管理職が市議会議員候補者として擁立され，全旭連が支持したこともあった[25]。全旭連の政治活動[26]は，労働組合・旭化成・下請企業の3者の協力関係を核として行われてきた。このような関係を基盤として，全旭連が支持する民社党は，延岡市議会において第1党であり続けてきた（図4-6）。

　全旭連は，延岡市に対する政治的影響力を磐石にするために，職場から地域へ政治活動を拡大させていった。1951年の市議会議員選挙では，組織票を職場単位で割り振るという「職場割り選挙」を行っていた。だが，その後，労働者の福祉の向上には，労働組合内部だけでは解決できず，地域社会全体の発展も欠かせないという認識が組合内で次第に広がった。そのため，全旭連は1954年から主婦会の，1957年から地区会の結成に着手した。主婦会は，旭化成男性従業者の配偶者を対象としたものであり，地区会は主に農業・漁業従事者を対象としたもので，各地区で幻燈会や芝居を行って，支持拡大に努めた。1963年には組合員の家庭へ機関紙「全旭連」を配布し，組合員だけでなく，その家族にも支持を呼びかけた。同年の市議会議員選挙では，組織票を居住地区で割るという「地区割り選挙」を行い，全旭連推薦候補の当選者は増加した。この選挙では，組織外候補6名も推薦した。このことは，地域との結びつきの着実な強化を物語るものだった（全旭化成労働組合連合会1980）。

　全旭連は市議会議員選挙と同様に，市長選挙にも大きな影響を及ぼしてきた。ただし，全旭連は，市長選挙において組織内の候補者を擁立したことはない。折小野氏以降の市長の前職を見ても，延岡市助役（房野博氏），日本道路公団常任参与（早生隆彦氏），宮崎県総務部長（櫻井哲雄氏）というようにいずれも公的機関の幹部を擁立してきた。これは，全旭連に批判的な市民が少なからずいるため[27]，公的機関の幹部であれば抵抗が少なく，広く市民から支持を得られるような人物を市長にすべきである，と全旭連が考えたためであった。

　1950～1960年代は，延岡市において全旭連の政治的影響力が強まった一方

第4章 立地戦略・企業文化・地方政治と企業城下町 123

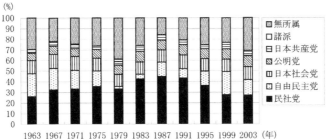

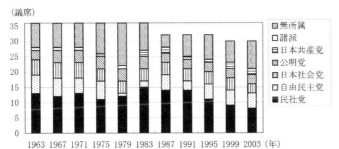

図4-6 延岡市議会議員選挙の得票率と議席数の推移
上:政党別得票率
下:政党別議席数

注:1963年の公明党は公政連。民社党は1991年に新進党に合流。公明党は同年,公明に改称。
公明は1995年に公明党に改称。新進党は同年,民主党に移籍。日本社会党は同年,社会民主党に改称。
出所:延岡市選挙管理委員会『選挙のあゆみ』,「夕刊デイリー」,「宮崎日日新聞」をもとに作成。

で,旭化成は鈴鹿や川崎,富士などに進出し,延岡地区への投資を減少させていた。このため,延岡市の商工業者は,投資の減少が,下請企業や関連企業に影響を及ぼすのではないかという不安が高まっていた(延岡商工会議所1975)。

1960年の市長選挙において当選した折小野市長は1961年に「延岡市工場誘致審議会」を設置するなど工場誘致を積極的に進める意欲を示した。折しも1950年代に繊維不況で苦しんでいた旭化成の業績も1960年代になると回復し,旭化成は同時期以降,延岡地区の工場を積極的に建設・改修した。延岡市当局は,

「工場設置の奨励に関する条例」(以下，工場設置条例)の運用を改めることでこの動きに対応した。当時，延岡市には，宮崎県から出された「工場誘致対策要綱」をもとに1953年に制定された工場設置条例があった。工場設置条例は，①産業の興隆に寄与する工場を新たに設置した場合，奨励金を交付する条例で，②投資額1,000万円以上，常用雇用の従業者数50人以上の工場を対象とし，③当該工場に使用する固定資産に対し，賦課された固定資産税の額を限度とする奨励金が交付された。しかし，条例制定当初，工場新設に限っていたために1953～1959年に条例を適用された工場は3工場に留まっていた。折小野市長は製造設備が大幅に改修された場合においても条例を適用するように運用を改め，こうした工場を次々と条例適用工場とした。1953年から1973年の間に条例の適用を受けた14工場のうち，11工場は，旭化成やその関連企業であった(表4-3)。

　この動きは，当時の延岡市政とも強い関係があった。旭化成とその労働組合及び下請企業は，強固な関係を構築し，延岡市議会や市長にも発言力を持っていた。彼らは，「旭化成の利益が市民の利益につながる」という考えのもとに旭化成を優遇する産業政策を強力に支援した（旭化成労働組合に対する聞き取り調査による）。

表4-3　延岡市における産業政策および条例適用事業所数の推移

年	1950～1954	1955～1959	1960～1964	1965～1969	1970～1974	1975～1979	1980～1984	1985～1989	1990～1994	1995～1999	2000～2004
適用条例名	工場設置条例					企業誘致条例				企業立地促進条例	
条例適用事業所数　基礎素材型	2	1	2	1	4			3		5	9
加工組立型				2	1			1	3	3	16
生活関連型					1			4	3	4	1
観光など他									2	3	3
うち旭化成	(2)	(1)	(2)	(2)	(4)		(0)	(2)	(4)	(18)	

注：表中の「旭化成」は旭化成及びそのグループの条例適用事業所数を示す。条例適用事業所のうち，閉鎖などにより指定の取り消し又は事業の休止を行った事業所を除く。
出所：延岡市史編さん委員会(1983)，延岡市(2007)をもとに作成。

この政策に対して批判も存在した。1968年の市議会で，社会党・共産党議員が急遽「条例廃止」の議案を提出し，議会は紛糾した。延岡商工会議所や青年会議所などは条例廃止に反対する運動を起こし，条例廃止は否決された。1969年に一部改正されたが，その後も，社会党・共産党議員は条例廃止を主張し続け「工場誘致奨励金廃止期成盟会」を結成した。一方，商工会議所・青年会議所も「工場誘致推進連盟」を結成し対抗した（延岡商工会議所 1975; 延岡市史編さん委員会 1983）。

　延岡市では，旭化成を優遇する政策がとられる一方で，中小企業を育成する取り組みも行われた。1963年に「中小企業基本法」が制定され，中小企業の近代化・集団化が全国的に進められる中で，延岡市でも1960年代後半になると，中小企業の育成支援策が検討された。当時，下請企業は市内に分散して立地していたが，下請仕事の能率を向上させ，騒音公害の問題を回避するため，集団化が必要であると，下請企業や延岡市に認識されるようになった（延岡鉄工団地協同組合 1986）。1971年に，延岡市は「中小企業高度化促進条例」を制定し，市当局も集団化を支援した。大武地区の鉄工団地をはじめ，卸商業センター，印刷センター，木工センターなどが造成された。この条例制定とほぼ同じ1970年に延岡市は「延岡市長期総合計画」を策定した。この中で，工業振興の項目では「単核型工業都市から多核型工業都市」（延岡市 1970）への転換を図ることが目標とされ，旭化成だけに依存しない方向性を模索し始めた。「中小企業高度化促進条例」制定の4ヵ月後に，当時の房野市長は，工場設置条例の廃止を表明した。その理由は，市税収入が減少し誘致企業に対する奨励金の支払いが困難になり，他の社会資本の整備に振り替えるためであった（延岡市史編さん委員会 1983）。

2. 第2期：構造不況の影響と延岡市の対応 ——1970～1980年代

　延岡市議会において，民社党の得票率が最も高かったのは1980年代であり，その率は4割を超えていた。1980年代に民社党の得票率が高かったのは，全旭連組織内から国会議員を輩出していたことと関係している。遡る1976年の

衆議院議員選挙において米沢隆氏[28]が初当選していた。全旭連では米沢氏の議席を磐石にするために，地方政治活動を強化させた（旭化成労働組合に対する聞き取り調査による）。その結果として，1980年代の延岡市議会に，全旭連が支持する民社党候補者が一層送り込まれた。

　旭化成の事業再編により旭化成延岡地区の従業者数が減少していく中で，民社党は広く市民へ支持を呼びかけることにより，支持を拡大させていった。その1つに，商業者の支持拡大があった。1981年にダイエーが延岡市への進出を計画した際，商工会議所や商店街は進出反対運動を起こし撤退させた。この時，スーパーマーケット「旭化成サービス[29]」を持つ旭化成も，地元商業者に協力した[30]。このような旭化成の姿勢は，商業者に支持され，結果として延岡市議会における民社党支持の拡大につながった。

　一方，1970年代の旭化成のリストラクチャリングによって，下請企業は大きな影響を被っていた。旭化成による下請企業への発注額は，1978年には1974年の72.9%にまで低下した。旭化成の下請企業は，メンテナンス業務に従事するものが多かったため，製造業のみならず建設業にも悪影響を及ぼした。事業所・企業統計調査報告によると，1972年から1975年にかけて建設業の事業所数は510事業所から429事業所へ，従業者数は7,441人から5,404人へ大幅に減少した。このため，下請企業は，旭化成以外の受注開拓に努力したが，不況下の競争激化の中で，他社からの受注は伸びなかった（日本生産性本部1979）。

　延岡市の建設業者は，主として旭化成から仕事を得てきた。例えば，1984年には旭化成が地元に発注した工事と資材購入，物流の総額が，延岡市が発注した公共工事費と物流費の4倍近くに達している[31]。構造不況以後，建設業者は公共工事に期待をかけたものの，その受注も伸び悩み不満が噴出した[32]。

　1970年代後半の構造不況に対して，延岡市は政府によって「特定不況地域」に指定され雇用対策がとられた一方，延岡市でも中小企業対策を中心に構造不況対策が行われた。具体的には，1976年の「中小企業臨時特別融資制度」の制定，1977年の自民党政経懇話会に対する公共事業早期実施と雇用対策の陳情，1978年の「機械技術指導センター」の誘致などである（日本生産性本部

1979)。だが，このような対策は本格的な不況脱出にはつながらず，建設業者を中心とする不満は，1978年の市長選挙で表出した。市長選挙では，「不況対策」「高速道路の建設」「地場産業の育成」の3つの公約を掲げた日本道路公団出身の早生氏が圧倒的な得票で当選した。市民の多くは，彼が選挙中に掲げた「公共事業の大量導入」に期待をかけ，支持が拡大した。この公約に対し，商工業者をはじめ，農漁業者や建設業者などから推薦が相次ぎ，圧倒的な勝利となった[33]。

　早生市長誕生後，彼の選挙公約に沿って，構造不況対策が検討された。その対策の1つが1984年に制定された「企業誘致条例」であった。条例制定の背景には，宮崎・熊本など近隣の地域がテクノポリスに指定され先端技術産業の誘致が重視されていたことや，九州各地への工場立地が相次ぐ中，延岡市が取り残されていたことがあったと考えられる。この条例は，1983年，市長の諮問機関である「延岡市商工業振興審議会」から，企業立地奨励に関する条例を制定して対応すべきとの答申を受けて提案された。企業誘致条例は，①産業の振興と雇用の拡大に寄与することを目的とする条例で，②新設または増設した投下固定資産の総額が5,000万円以上（中小企業は3,000万円以上），新設または増設によって配置される常用雇用の従業者数が25人以上（中小企業は10人以上）の工場または観光施設を対象とし，③3年間，固定資産税相当額以内で5,000万円を限度とする「企業立地奨励金」と，1年間，事業開始に伴う常用雇用の従業者数に比例して算出される「雇用促進奨励金」が交付される。この条例が審議された1984年7月の延岡市議会において，市議会経済企業委員会委員長が廃止された工場設置条例と企業誘致条例の相違点を説明している。第1に，「廃止した条例は税収を高めることが主な目的であったのに対し，今回制定しようとする条例は，中小企業の誘致に配意した，産業の振興と雇用の拡大を目的とするもの」[34]であり，条例の目的が異なっている。第2に，雇用促進奨励金の有無，企業立地奨励金の上限設置，企業立地奨励金の奨励期間の短縮，といった具体的な施策も異なっている。

　この条例の制定を強く求めていたのは，不況脱出を望む商工・建設業者であった（延岡市議会元議員に対する聞き取り調査による）。不況脱出を望んでいた

商工・建設業者と，石油危機以前から多核的な工業都市形成を模索してきた市当局との思惑が一致し，条例制定につながったと考えられる。条例制定に反対する政党[35)]もあったが，企業誘致条例は，商工業者など広く市民各層から支持されていた民社党をはじめ，民政会（無所属），自民党，無所属クラブの各会派による賛成多数で 1984 年成立した。

その後，企業誘致条例は，1989 年および 1993 年に一部改正された。それにより，情報サービス施設が対象業種に追加されるとともに，用地取得助成金，関連施設整備助成金が新設されるなど優遇措置が強化された。

企業誘致条例の制定以降，延岡市では，条例が適用される事業者も次第に増加した。1980 年代後半には，中小規模の食品製造業者や被服製造業者，ホテルなどの観光業者が条例の適用を受けた。

3. 第 3 期：政治的影響力の低下と旭化成に対する再評価 —— 1990～2000 年代

1990 年代になると状況は一変し，延岡市議会における民社党の得票率は低下していく。民社党得票率の低下は，以下の理由による。

第 1 に，支持組織の弱体化である。全旭連を支える集票マシンとして機能してきた下請企業が減少している。設備工事に従事する企業で構成される「旭化成協力会」と資材納入業者で構成される「旭化成共栄会」は，ともに 1990 年前後をピークに会員数が減少[36)]しており，2000 年に，「より体質の強化を目指す」ために統一した（延岡市史編さん委員会 2003）。繊維事業の設備メンテナンスや部品納入を長年担ってきた地元下請企業は，旭化成の急速な変化についていくことができず，技術分野および技術レベルに乖離が生じている。設備や部品の納入の発注は市外に流出し，下請企業数の減少が続いている[37)]。また，合理化によって旭化成の従業者数は減少を続け，それまで工場ごとに結成されていた労働組合も，組織運営の必要上，合併が不可欠となり，2000 年「旭化成労働組合」に統一された（延岡市史編さん委員会 2003）。1990 年代以降，労働組合員の意識も次第に変化をしている点も見逃せない。旭化成の労働組合は，管理職を除く社員全員が加入するユニオン・ショップ制であるため，組合組織

率の低下という問題は起こらないが，組合の機関紙で組織離れを危惧する文言が掲載される[38]など組合員の意識の上での組織離れも進んでいるのではないかと考えられる。

　第2に，旭化成会長であった宮崎氏の逝去による影響である。宮崎氏は米沢氏を国会議員とするべく政治活動に熱心に取り組んできたといわれている（旭化成労働組合に対する聞き取り調査による）。だが，宮崎氏の逝去によって，米沢氏は企業側の支援者を失うことになった。

　第3に，米沢氏の選挙区移動である。1996年の小選挙区制の導入に伴って米沢氏は，延岡市を含む旧・宮崎1区から，延岡市を含まない新・宮崎1区へ選挙区を移った[39]。米沢氏が延岡市から離れたことで，全旭連は延岡市において地方政治活動を強化する必要がなくなった。

　このように延岡市において旭化成の政治的影響力が低下する中で，同市では新たな産業政策がとられた。それは，次のような状況の変化があったためである。

　1990年代後半以降，延岡市は，工業団地，学術・研究，流通団地を複合的に組み合わせた「クレアパーク延岡」の建設を進めており，そこへの工場建設を促進させることが市政の大きな目標となっている。そこでは，誘致して1999年に開学した九州保健福祉大学を核に，若者の定着を図り，産学官連携によって新たな医療・福祉関連産業が起こることが期待されている。

　また，同時期の政府の産業政策[40]においても，既存産業集積の活用や新産業創出が推進され，新規投資を一層促進させる機運が高まった。

　延岡市は，1996年に「延岡市工業振興ビジョン」を策定し，ビジョンの具現化を図るために翌年，宮崎県工業倶楽部と共同発案で「延岡市工業振興協議会」を設置した。協議会には，旭化成，旭化成協力会や延岡市内の中堅企業が参加し，産学官が連携して医療・介護・健康増進分野の機器やサービスを開発していくための勉強会を続けている。

　延岡市は1997年，企業誘致条例を「企業立地促進条例」に名称を改めるとともに，内容を一部改正した。市議会では，全会一致で採決された。これにより，新規雇用を伴わない事業拡大・転換も適用するように指定要件が緩和された。

　条件の緩和により，大企業，特に旭化成グループ企業の条例適用が相次いで

いる。1995年から2004年の間において，旭化成グループの22工場が条例に適用された。

　この改正の背景には，これまでの政策の成果が現れていないという反省と，旭化成に対する再評価があると考えられる。延岡市では，旭化成の合理化が進んだ1960年代後半以降，旭化成だけに依存しない工業都市形成を模索し，企業の育成・誘致の政策をとってきた。しかし，結果的に，旭化成に代替しうる地域経済の核の育成・誘致ができなかった。1990年代の景気低迷で従来型の企業誘致が難しくなる中で，延岡市は，従来の化学・繊維からの構造転換を遂げ新規事業を展開する旭化成を再評価し，旭化成を核とする産業発展を目指す政策に回帰するという戦略をとった。旭化成に対する再評価は，第4次延岡市長期総合計画における市当局からの工業の現状分析から読み取れる。長期総合計画では，「中核企業においては，近年，成長の期待できる収益性の高い事業への集中的投資や大型の設備投資が相次いでおり，国際競争力の強化と収益力の回復に取り組んでいます」と記述している（延岡市2003）。

　2007年に新たに策定された「延岡市工業振興ビジョン」では，「地場中小企業にとって地域資源の最たるものとして，中核企業がある」（延岡市2007）ことが指摘され，中核企業の競争力を地元に波及させる「延岡版コンビナートの構築」が目指されている。具体的には，グローバル競争に挑む中核企業の技術分野へのキャッチアップや，高度発注案件の獲得，地元中小企業の技術基盤向上と連携強化が目指すべき方向性として示されている。

　旭化成の政治的影響力が弱まる中，旭化成を核とする産業発展を目指す政策への回帰は一見すると矛盾した動きに見える。しかし，上述した戦略判断によるものであり，延岡市政において旭化成の影響力が強かった時代とは，その政策意図が異なる。

第5節　東九州メディカルバレーと延岡市

　2010年代に，宮崎県・大分県では，東九州メディカルバレー構想（東九州

地域医療産業拠点構想）のもとに，地域の産学官連携を核とした医療機器産業の拠点化が図られてきた。この構想には，延岡市や旭化成が関わっており，延岡市の新たな動向を把握するために，論じておきたい[41]。

1. 東九州地域の医療機器産業と東九州メディカルバレー構想

　東九州地域で製造される人工腎臓をはじめとする血液回路，血管用カテーテル等の製品は日本一のシェア，アフェレシス（血液浄化）製品は世界一のシェアとなっている。厚生労働省の薬事工業生産動態統計調査（2014年）によると，医療機器の都道府県別生産額において，大分県が全国8位（966億円），宮崎県が全国25位（154億円）となっている。この地域の主要な企業として，①旭化成グループ，②メディキットグループ，③川澄化学工業がある。旭化成は，人工腎臓に関して，延岡地区で部品生産から組立まで一貫生産するものと，延岡地区で部品生産をしたものを大分工場で最終加工・出荷を行うものがあり，両県で一体となった産業集積地域を形成している。

　東九州メディカルバレー構想は，2010年10月に宮崎・大分両県により策定された。この構想は，2011年12月に国により地域活性化総合特区に指定されている。この構想では，企業（旭化成メディカル，メディキット，川澄化学工業），大学（宮崎大学，大分大学，九州保健福祉大学，立命館アジア太平洋大学），行政（宮崎県，大分県）からなる「東九州メディカルバレー構想推進会議」を中心に様々な取り組みが展開されている。この構想では，(1) 研究開発の拠点づくり，(2) 医療技術人材育成の拠点づくり，(3) 血液・血管に関する医療拠点づくり，(4) 医療機器産業の拠点づくり，という4つの拠点づくりが柱として位置づけられている。

2. 東九州メディカルバレー構想における産学官の取り組み

(1) 大学の取り組み
　東九州地域における医療機器に関わる高等教育機関として，まず延岡市にあ

る九州保健福祉大学があげられる。同大学では，2007年に保健科学部臨床工学科が開設され，ここを中心に，東九州メディカルバレーのプロジェクトとして人材育成や医療機器開発が進められてきた。人材育成では，タイの先端医療機関や医療系大学から医療職を，同大学を含む東九州地域で研修させる取り組みが続いている。これは，日本の医療機器を用いた技術研修を通じて，医療機器取り扱いの東南アジアでの国家資格化，日本製医療機器の国際的な販路拡大を狙っており，タイを手始めにASEAN諸国への拡大が意識されていることが特徴である。

　また，研究開発・産業振興を目的として，医学部を有する宮崎・大分両県の国立大学に，寄附講座が開設された。宮崎大学医学部には，2012年2月から，宮崎県と延岡市の寄附による「血液・血管先端医療学講座」が開設されている。同講座は，大学の臨床現場ニーズと県内ものづくり企業シーズを個別マッチングするとともに，医療関連機器等の研究開発や市場化に向けた足がかりに繋げる場ともなっている。一方で，大分大学医学部にも，2011年10月から2015年3月まで，川澄化学工業と大分県の寄附による「臨床医工学講座」が開設されていた。この寄附講座を発展改組して，2015年4月に大分大学医学部附属臨床医工学センターが新設された。

(2) **地方自治体の取り組み**

　宮崎県・大分県では様々な取り組みが行われている。宮崎県では「宮崎県医療機器産業研究会」が，大分県では「大分県医療ロボット・機器産業協議会」がそれぞれ結成され，これらの協議会・研究会を基盤に，医療機器開発に乗り出す企業に対して，マッチング支援，コーディネート・製品化支援，販路開拓支援などが各県で行われている。また，研究開発に対する補助事業として，国の医工連携事業化推進事業を活用した研究開発や，大分県の医療関連研究開発補助金，宮崎県の産学官共同研究開発補助金が用意され，中小企業を中心とした医療機器開発への参入を支援してきた。このほか，両県で医療・福祉機器開発を促す様々な取り組みが実施されている。

　東九州メディカルバレー構想では，延岡市の役割も重要である。延岡市では，

2010年に策定された東九州メディカルバレー構想と連動させて,「延岡市メディカルタウン構想」を2011年に策定した。メディカルタウン構想では,①医療機器の研究開発の促進,②地場企業の医療関連産業参入の支援,③医療技術者の育成と交流促進,④医療関連企業の誘致,⑤健康長寿施策の研究等の5つを主な取り組みとして掲げている。延岡市にとっては,この構想は産業振興政策であると同時に,2004年度から始まった研修医制度によって派遣医師が不足し,地域の中核病院であった県立延岡病院で19の診療科のうち4科が休診に追い込まれる事態が生じたため,医師不足を解消したいという意図もあった[42]。延岡市はメディカルタウン構想を策定したり,宮崎大学の寄附講座に関与したりするなど,東九州メディカルバレー構想に対して積極的に行動している。これは,延岡市にとって,旭化成が医療機器事業に投資を続ける中で,九州保健福祉大学を活用した産業振興策にもつなげられるという意向があるためと考えられる。この構想は,これまで述べてきた延岡市の産業政策の延長上にあるといえ,医療・福祉産業という新たな産業創出を図るとともに,旭化成の医療機器事業への投資にも関係する政策となっている。

(3) 企業の取り組み

東九州メディカルバレー構想による両県の後押しもあって,異業種から医療機器産業へ参入する中小企業[43]があらわれている。宮崎県・大分県内で医療機器製造業登録を行う企業は,それぞれ増加を続けている。

延岡市では,「延岡共同受注グループ（NEFグループ）」に所属している中堅企業の多くが,医療機器開発への参入を積極的に進めている。たとえば,鉄工団地に立地し,金属部品特殊加工を行っているS社は,もともと旭化成一社依存的な下請企業であった。1990年代以降,取引先・営業範囲の拡大に努めるとともに生産設備の投資を積極的に進め,一社依存から脱却してきた。さらに,東九州メディカルバレー構想による機運の高まりや各種行政の支援を活用して,宮崎大学などと連携して福祉・医療機器の開発を行ってきている（S社に対する聞き取り調査による）。

鉄工団地が設立された1972年当時には,旭化成関連の受注が団地全体売上

高の8割を占めていたが，2007年には4割までに下がっている（宮崎日日新聞社延岡支社取材班2010）。S社のように，市内外の企業との取引を増やしたり，大学との産学連携を図ったりするなど，旭化成一社依存から脱却する動きは今後も続いていくと思われる。

第6節　本章の結び

本章では，旭化成の企業城下町である宮崎県延岡市を事例として，企業文化と地方政治に注目し，長期間にわたる中核企業と地域との関係の変化を検証してきた。

第1に，中核企業の立地戦略の変化およびそれと企業文化との関係に焦点を当てた。1980年代以降，旭化成は繊維事業の再編を継続する一方で，医療機器事業やエレクトロニクス事業などの新規事業に進出した。この要因として，工場敷地や水資源・発電設備，技術蓄積，物流コスト低下のほかに，企業文化を再生産する重要な「場所」として，創業地延岡を認知する旭化成の企業文化の存在を指摘した。

第2に，地方政治や産業政策をめぐる主体と主体間関係の変化に焦点を当てた。1950～1960年代に，旭化成は生産拠点を拡散させる一方，繊維事業を主力とする同社延岡地区は事業の縮小・再編を余儀なくされた。このころ延岡市において，労働組合・旭化成・下請企業の協力関係を基盤とした政治活動が活発化し，市政に強い発言力を持っていたため，旭化成を優遇するという「中核企業の投資を促し，撤退を防ぐ方向」の政策がとられた。1970～1980年代に，旭化成延岡地区は構造不況により縮小・再編が相次ぎ，下請企業は深刻な影響を被った。その後，構造不況対策として企業誘致条例が制定され，「中核企業一社依存から脱却する方向」が指向された。1990年代以降，旭化成の新規事業の進展に対応した産業政策に変わり，旭化成とそのグループ企業の条例適用が相次いでいる。中核企業のもつポテンシャルを再評価し，その投資をひきつける政策に変わり，「中核企業の投資を促し，撤退を防ぐ方向」に回帰したと

いえる。下請企業や労働組合といった支持組織の弱体化などに伴い旭化成の政治的影響力は低下しており，1950～1960年代とは状況が異なる。

2010年代に進められている東九州メディカルバレー構想にも延岡市は積極的に関与している。これは，延岡市の産業政策の延長上にあるといえ，医療・福祉産業という新たな産業創出を図るとともに，旭化成の医療機器事業への投資にも関係する政策となっている。

旭化成と地域との関係は，1990年代以降に大きく転換を遂げてきた。支持基盤の弱体化や企業が政治に関わる姿勢を変えたことなどにより，旭化成の政治的影響力は低下している。一方で，企業文化を再生産する「場所」として創業地延岡を重視する経営上層部の意識は，再投資の活発化にあらわれている。延岡は旭化成にとって中核地域で一貫してあり続けているが，主力生産拠点であるというだけではなく，企業文化の再生産にとって重要な「場所」として創業地を認識しているとみることができる。

これまでの議論を踏まえて，中核企業・地域の進化過程に着目して考察したい（図4-7）。

中核企業旭化成の技術軌道を見ると，旭化成の工場進出以来，延岡地区で生産されてきた繊維や化学薬品等の技術が，この地域に蓄積されている。ベンベルグ繊維の技術は，人工腎臓をはじめとする医療機器開発に活用された。1950～1960年代に旭化成は生産拠点を全国に拡散させる一方で，繊維事業を主力とする同社延岡地区は事業の縮小・再編を余儀なくされた。1980年代以降，エレクトロニクス製品の開発・生産も進み，医療機器開発とあわせて，旭化成延岡地区のリストラクチャリングの進展に貢献している。一方で，旭化成は創業の地として延岡を重視するという企業文化をもっている。これは旭化成の地域貢献事業が集中的に延岡で行われる一方で，1980年代以降の延岡での再投資の一因にもなった。

他方，地域の進化過程を見ると，1950年代において，中小企業は親企業である旭化成の生産に対応した下請仕事を担っていた。下請企業は旭化成に対する依存意識を有し，旭化成と下請企業との下請関係が強固に構築され，技術的・関係的にロックインされていった。さらに，旭化成・労働組合・下請企業の3

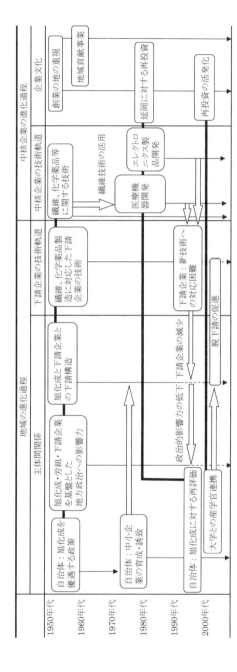

図 4-7 宇部市における地域・中核企業の進化過程

注:細線の矢印はロックインの継続状況を,細破線はロックインの弱化・衰退を,太線は事象同士の相互関係を,白抜きの矢印はロックインによる事象・ロックインへの影響を示す。ロックインは,第二次世界大戦以前から始まっているものもあるが,事象やロックインを捉えやすい1950年代以降を図に示す。

者を核とした地方政治への影響力も有し，旭化成を優遇するという自治体の産業政策にも反映された。しかし，1980年代以降，延岡で医療機器やエレクトロニクス事業が活発化するが，技術的にロックインされていた下請企業は新たな技術に対応できる能力に乏しく，下請企業の数は減少を続けている。下請企業数や旭化成従業員数の減少などの要因で，地方政治への影響力も弱まってきている。近年では，1999年に開学した九州保健福祉大学を核に，医療・福祉関連産業を創出しようとする取り組みが続いており，延岡市は宮崎県・大分県で進めている東九州メディカルバレー構想にも積極的に関与している。これは，産学連携という新たな主体間関係を構築することで下請企業の技術的なロックインのアンロックにつなげると同時に，旭化成が医療機器事業に投資を続ける中で大学・自治体・企業が新たな関係的ロックインを構築しているとみることができる。

今後，旭化成の下請企業がとりうる戦略は，2つ考えられる。1つは，医療機器やエレクトロニクスなどの旭化成の新規事業に対応した技術力を獲得し，中核企業と下請企業とで乖離した関係性を再び強化することである。そのためには，下請企業が連携した技術学習や，それに対する中核企業のサポートが必要になるだろう。もう1つは，旭化成との下請関係から徐々に脱却することである。大学との産学連携や域外企業との関係構築によって，従来生産してこなかった製品を開発する企業も徐々に現れてきている。新たな技術を身につけたり，これまでにはない様々な関係性を構築していったりしなければ，今後の展望は開けないだろう。

今後の地域の動向として注目されるのが，第1に，延岡・日向の合併論議である。旭化成は，1960年代に日向・延岡新産業都市に指定されたころから，日向市の細島港付近に土地を確保しており[44]，これまでにもウラン濃縮研究所（現在廃止）などが置かれてきたが，十分に活用が進まず広大な遊休地を抱えている。旭化成延岡地区における新規事業への投資により，2008年までに旭化成が延岡市内に所有する工場用地は充たされた状態にあり，まとまった土地を必要とする新たな工場は日向市の遊休地を活用する方針となっている。最近では，日向市内で，電池用材料「ハイポア」工場が建設され，2010年から

生産が開始された。旭化成にとっては，延岡・日向を一体的に捉えているため，延岡市・日向市・門川町の合併論議を加速させたいという意向がある[45]（宮崎日日新聞社延岡支社取材班 2010）。旭化成の企業戦略にまたも地域が同調していくのか，延岡市の発足経緯を振り返ると歴史は繰り返されるのかもしれない。

　第2に，防災対策も旭化成延岡地区にとって重要な問題である。東日本大震災以降，沿岸部の津波対策が，政府・企業等でそれぞれ進められている。日向灘に面した臨海部に多くの工場を抱える旭化成でも，2013年に延岡地区で津波避難タワーを建設するなど対策を進めている。南海トラフ巨大地震のリスクがある中で，一時的な避難所の設置とともに，サプライチェーンを寸断しない対策も求められるだろう。

［注］
1) 延岡市は，2006年2月に北方町・北浦町を，2007年3月に北川町を編入した。本章で用いる延岡市の統計は，統計作成時点の市域を対象とする。
2) 夏目漱石の『坊ちゃん』（1906年）には，「延岡と云えば山の中も山の中も大変な山の中だ。赤シャツの云うところによると船から上がって，一日馬車へ乗って，宮崎へ行って，宮崎からまた一日車へ乗らなくっては着けないそうだ。」や，「延岡は僻遠の地で，当地に比べたら物質上の不便はあるだろう。」という記述がある。小説の中の記述ではあるが，「陸の孤島」という当時の表象があらわれているとみてよいだろう。
3) 当初，余剰電力の送電先として，石灰石産地である天草諸島の対岸にある鹿児島県の米ノ津（現・出水市）が最も有力な工場建設候補地であったが，熱心な誘致運動の結果，熊本県水俣に工場が建設されることになったという（宮崎日日新聞社延岡支社取材班 2010）。
4) カーバイドは，水に触れるとアセチレンガスを発生し，燃焼させると強い光を安定的に発生するため，電池や自家発電のない時代に照明装置として用いられた。さらには空気中の窒素を固定することで化学肥料の原料である石灰窒素にもなる（宮崎日日新聞社延岡支社取材班 2010）。
5) 旭化成の事業展開に関する様々な文献では，「芋づる式」あるいは「ダボハゼ」経営などという言葉がこれまで頻繁に使われてきた（梅沢 1985; 荒川 1990）。
6) 2017年現在でも，延岡市内において，「レーヨン」行きや「雷管」行きなどという行先の宮崎交通の路線バスが数多く運行されている。レーヨン工場は廃止になったものの，バス停の名称として2017年現在も残っている。旭化成グループの各工場が市街地外縁部に立地し，さらに各工場の位置が延岡市民に広く定着しているため，このような行先の路線バスが存在している。
7) 日窒コンツェルンは，財閥解体後，旭化成のほか，チッソ，積水化学工業，信越化学工業，

第 4 章　立地戦略・企業文化・地方政治と企業城下町　139

センコーなどの企業に分かれた。センコーは，2017 年現在でも旭化成の物流業務を担っており，同社の東九州主管支店が延岡市に置かれている。
8) 1972 年に設備建設，設計，施工，保全を行う旭化成エンジニアリングへ 700 人が出向した。その他，延岡新港への荷揚げ，食堂経営，清掃など関係会社へ 1,887 人（1975～1978 年の合計）が異動した。
9) 需要の縮小に伴い，コンタクトレンズの生産は，2013 年で終了した。
10) 日本経済新聞 1998 年 4 月 8 日付による。
11) 九州経済調査協会（1980: 118）によると，1980 年当時，人工皮革や人工腎臓の事業化について，「いずれも延岡で開発されているが，事業化にあたっては延岡には大型設備投資を行うスペースが十分ないようである。周辺を山で囲まれ，都市計画でいう工業用地がなく，地価は坪十万円もするし，住工隣接して工場をつくるには不向きとなっている。したがって新しいプロジェクトは延岡以外にもっていかざるをえない。」と述べられている。レーヨン工場の廃止によって，旭化成は新規事業用の広大な土地を確保することができた。
12) 延岡市史編さん委員会（2003）によると，延岡地区の旭化成グループ子会社の従業者数は，旭メディカル株式会社（医療機器）が約 380 人，旭化成電子株式会社（ホール素子）が約 1,000 人，旭化成アイミー株式会社（コンタクトレンズ）が約 70 人，旭化成マイクロシステム株式会社（LSI）が約 500 人，旭化成エルタス株式会社（不織布）が約 40 人であった。
13) 旭化成延岡支社の米川滋支社長（当時）は「生産を開始してから還暦を過ぎたベンベルグやレーヨンの繊維事業を合理化して続ける一方，新規事業を立ち上げてきた。社内でも石油化学に傾斜した川崎や水島に比べ，延岡は事業構造転換がうまく軌道に乗ってきた」と述べている（日本経済新聞 1998 年 4 月 8 日付けによる）。
14) 旭化成の今度和雄理事・エネルギー総部長（当時）は，「五ケ瀬川水系の発電所は旭化成のルーツとして，事業性，採算性だけで測れない価値がある。先人が山を人手で切り開き，自然のエネルギーを非常に上手に活用してきた DNA を，後世に受け継いでいくための大切な資産」であると述べている（電気新聞 2006 年 8 月 16 日付けによる）。
15) 執行役員制度とは，肥大化し形骸化する取締役会を是正し，迅速な意思決定を目指すために設けたものであり，日本では 1997 年にソニーが初めて導入した。執行役員は，取締役の監督責任を負わない（株主代表訴訟の対象にならない）ため，業務の執行に専念することができる。
16) 日経産業新聞 1982 年 5 月 13 日付けによる。
17) 日経産業新聞 1982 年 5 月 13 日付けによる。
18) 日本経済新聞 1991 年 7 月 5 日付けによる。
19) 日経産業新聞 2005 年 6 月 29 日付けによる。
20) 日本経済新聞 1989 年 6 月 23 日付けによる。
21) 総事業費 24 億 5,800 万円を，宮崎県（50%），旭化成（12%），JR 九州（38%）の 3 者が共同で出資した。
22) 1987 年，旭化成労働組合連合会に改称した。
23) 民社党結党以前は，全旭連内部の対立もあり左右両派の社会党から候補者を出していた

が，結党以降は足並みを揃えるようになった（全旭化成労働組合連合会 1980）。
24) 当時，宮崎県北労評（総評系）議長であった人物は，総評から同盟へと次々と労働組合が移っていくことに対して「引き止めましたが，『地区労（総評）にいる限り，旭化成が仕事を回してくれない』と労使双方から泣きつかれましたよ」と述懐している。（朝日新聞 1985 年 8 月 31 日付けによる）。
25) 1971 年 4 月延岡市議会議員選挙。
26) 宮入（1991）によると，企業による地方政治に対する関与の形態は，大企業が労使協調的な労働組合を支配下に組みこんで労組の地域活動を前面に押しだし，これを企業が裏からバック・アップする「東海市型」と，「ゆたか会」のように直接労使一体組織で実行する「豊田市型」とがあるとされる。延岡の事例は前者に該当するであろう。
27) 当時，市民の一部に「市会議員までたくさんとつて，市長までとる気か」（原文ママ）といったアンチ全旭連的な意識が存在していたという（全旭化成労働組合連合会 1963）。
28) 米沢氏は全旭連教宣部長，書記長を歴任し，全旭連組織内から初めて輩出された国会議員であった。
29) 旭化成サービスは，もともと「供給所」とよばれ，1923 年に設けられた日窒社員向けの会社直営の購買会であった。市価より安価で販売するという供給所は市内の小売商業を圧迫していたため，地元商店主らの批判は強く，1955 年には「市内商店死活問題対策協議会」が結成され，旭化成に従業員外への販売禁止を申し入れるほどであった。だがその後，1959 年に地場のアヅマヤ百貨店，1969 年に壽屋という大型店の進出により情勢は一変した。1968 年に供給所は「旭化成サービス」として独立し，その性格も福利厚生施設から営利会社組織に変わった。旭化成サービスは店舗を増やし，市内最大のスーパーマーケットとなった。商店街は大型店との対立をやめ，柔軟戦術に転回して共存共栄の道を模索した。1981 年に，延岡にダイエーが進出するという計画が突如として示されると，商店街，既存大型 3 店舗，消費者をも含めた市民ぐるみの反対運動が展開されるほどだった。旭化成サービスは，延岡市内だけではなく，都城市にも店舗を構えていたが，1996 年に全店舗が閉鎖され，ジャスコを核とした延岡ニューシティショッピングセンター（現・イオン延岡ショッピングセンター）になった。
30) 朝日新聞 1985 年 8 月 23 日付けによる。
31) 朝日新聞 1985 年 8 月 20 日付けによる。
32) 朝日新聞 1985 年 8 月 31 日付けによる。
33) 宮崎日日新聞 1978 年 11 月 6 日付による。
34) 延岡市議会 1984 年 7 月 10 日における高橋勝経済企業委員会委員長による発言である。
35) 工場設置条例を，大企業（旭化成）を優遇する政策として批判してきた社会党・共産党は，同様の論理で企業誘致条例に対しても反対した。
36) 1979 年当時，協力会企業数は 59 社（鉄工 11 社，電機 12 社，土建 7 社，塗装 6 社，外装 6 社，払下 7 社，その他 10 社），共栄会企業数は 124 社（原料荷材 15 社，事務用品 13 社，日用品 22 社，燃料薬品 14 社，機械金属 13 社，汎用機器 19 社，建機 14 社，電気 14 社）の計 183 社であった（日本生産性本部 1979）が，2000 年 4 月に両会は合併し，2006

年 4 月時点の会員数は 76 社（鐵工 20 社，電計 15 社，土建 18 社，資材 23 社）であった（旭化成協力会ウェブサイト http://www.asahi-kyo.jp による）。
37) 宮崎日日新聞 2008 年 11 月 14 日付けによる。
38) 旭化成労働組合の機関紙「旭化成労組」2001 年 8 月 1 日号では，「労働組合の必要性」という項目の中で，「旭化成労組内にあっても潜在的組合離れが進んでいるかも知れません」と記述されている。
39) 延岡市を含む新・宮崎 2 区は選挙区域の変更で，農村部の比率が高くなり，自民党候補が有利と考えられた。そのため，都市部の無党派層を取り込める宮崎 1 区へ選挙区を移った（旭化成労働組合に対する聞き取り調査による）。
40) 1997 年制定の「地域産業集積活性化法」では，B 集積（特定中小企業集積）として企業城下町や産地を支援する方向が示された。
41) 本章では，主に延岡市の動向を中心に論じる。東九州メディカルバレーの全体的な動向は，外枦保（2017）を参照。
42) 「医療産業＜東九州メディカルバレー構想＞"総合特区"に認定された県境越えの産学官連携発展可能性に期待も『いまだ道半ば』」財界九州 2012 年 9 月号：62-65.
43) 半導体産業や自動車産業が集積している大分県内でも，太陽電池や半導体関連装置を製造している企業が医療機器製造に参入するなど，同様な動きが進んでいる。
44) 日向・延岡新産業都市における企業の動向について，上野（1965），船橋（1968），鷹取（1972），宮町（1995）で検討されている。
45) 旭化成の水永正憲延岡支社長（当時）は，「少なくとも沿岸部の 2 市 1 町（注：延岡市，日向市・門川町）で合併しないと力にならない。沿岸部が一緒になって産業を発展させてほしい。細島港は日向市という行政単位の中にあり，延岡市は関与できないというふうな明確な線があるように映る。」と述べている（宮崎日日新聞社延岡支社取材班 2010：74）。

第5章　産学官連携の進展と企業城下町
——宇部興産と山口県宇部市

第1節　本章の目的

　近年, 経済のグローバル化が進展する中, 日本の製造業では, 競合する国々との差別化を図るために, 高付加価値な製品の開発・製造が求められており, イノベーションや知識創造に高い関心が集まっている。このような状況の下, イノベーションの源泉としての大学と産業界とを連携させる産学連携が推進されている。1995 年の科学技術基本法の制定を皮切りに, 1998 年には大学等技術移転促進法, 2000 年には産業技術力強化法[1]が制定される等, 産学連携の促進に向けた法制度・政策支援が進められてきた[2]。さらに最近では, 産学連携に「官」が積極的な関与をする「産学官連携」が推進されている。

　産学官連携の代表的な事例がクラスター戦略である。クラスター戦略は, Porter (1990, 1998) の議論をもとに, 各国で進められた。日本でも, 経済産業省[3]は「産業クラスター計画[4]」を, 文部科学省は「知的クラスター創成事業[5]」を推進し, 大学が持つシーズを活用したクラスターの形成を目指した (石倉ほか 2003; 松島ほか 2005; 外枦保 2011a; 車 2011; 野澤 2012; 松原 2013)。

　このような政策動向の一方で, イノベーション創出や知識創造をめぐって多数の理論的・実証的研究が蓄積されてきた。知識・学習に着目して企業間関係とその技術的存立基盤を議論した研究 (藤田 2007) もみられる一方で, 自治体や大学, 公設試験研究機関 (以下, 公設試) 等の非企業的主体が産業集積の発展に果たす役割が注目されている。

　本章では, 産業集積地域における産学官連携の進展について取り上げ, その主体間関係の変化を, 以下 2 点に留意して検討する。

第1に，企業の規模による産学官連携の差異に留意する。産業集積地域における産学官連携の進展に関する実態研究は，徐々に進んでいる（堂野 2004; 松橋 2004; 末吉・松橋 2005; 岡本 2007）。その多くは，産学官連携の支援システムに主眼が置かれており，企業に対する実態調査に基づいた研究は少ない。本章では，産学官連携が産業集積の質的変化に果たしつつある役割を明らかにするために，企業に対する実態調査を行った。その際，自社内に研究開発機能を持つことが少ない中小企業と逆にそれが多い大企業とでは，産学連携の有り様が異なると考えられるため，企業の規模による差異に留意した。

　第2に，地域的コンテクストに対する考慮の必要性である。産業集積地域の産業支援システムを検討した末吉・松橋（2005: 38）は，「支援システム自体が，地域産業と同様に，経路依存的な存在」であり，地域的コンテクストを考慮することの必要性を主張している。地域で形成されている主体間の関係は一朝一夕に築かれたものではなく従来築かれてきた主体間関係，例えば産学官連携においては企業間関係や，大学と企業・自治体との関係を基盤としていると考えられ，本章でもこの点に配慮する。

　以上を考慮し本章では，産学官連携による主体間関係の変容に関する実態解明を通じて，産学官連携が産業集積の質的変化に果たしつつある役割について考察する。

　本章では，企業城下町である山口県宇部市を事例に取り上げる。企業城下町は，多数の中小企業が集積する大都市型産業集積地域や産地とは異なり，単独あるいは少数の中核的な大企業と多数の中小企業という明らかに規模の異なる企業が一体となり形成されている。このため，企業城下町は中核企業と下請企業との間で歴史的に構築されてきた関係や，産学連携の有り様に対する大企業と中小企業との差異の考察に適していると考えられる。

　対象地域である宇部市[6]は，宇部興産の企業城下町[7]として知られる都市である（図5-1）。宇部市には，山口大学[8]工学部・医学部や宇部工業高等専門学校[9]（以下，宇部高専）等の学術機関がある。山口大学の産学連携は積極的に展開されており，宇部市における産学官連携の取り組みは，産業集積地域におけるその先駆的事例としてみることもできる。宇部市に関する既存研究と

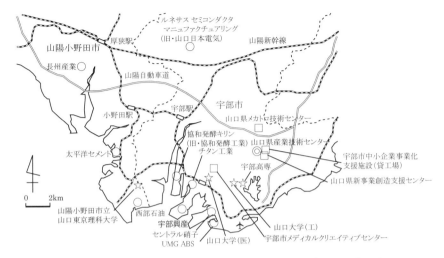

図 5-1　宇部市における主要企業，大学・研究機関等の分布（2017 年現在）

して，石炭産業が隆盛を誇った明治期から戦前を対象とした研究（上田 1972; 森 1977; 太田 1998, 1999; 武田 2000）や第二次世界大戦後の工業都市としての変容を記述した研究（林 1968; 北田 1991; 岩間 1991, 1992; 三浦 2004, 2017; 稲葉 2006）がある。

　本章では前述した目的を明らかにするために以下のように議論を進めた。第 2 節では，石炭産業の盛衰と中核企業の設立の経緯や企業戦略の動向について概観した上で，従来の主体間関係について，企業間関係および大学と企業・自治体との関係を中心に検討した。第 3 節では，1990 年代以降の産学官連携による主体間関係の変容について論じた。具体的にはまず，大学や自治体が産学官連携に取り組む要因に注目して産学官連携支援システムの形成過程を検討した。次に，宇部市における代表的な産学官連携「知的クラスター創成事業」を取り上げ，地域的な連携の形成過程を明らかにした。さらに，企業規模による産学官連携の差異を分析した。これら産学官連携の進展と産業集積の質的変化について，産学官連携の地域的コンテクストに留意しながら考察した。第 4 節では，これらの分析をまとめ結論を述べた。

本章の執筆において，前述した宇部市に関する既存研究のほか，宇部市史（宇部市史編纂委員会 1966; 宇部市史編集委員会 1993）や宇部興産社史（宇部興産株式会社 1998），有価証券報告書および様々な統計を用いた。また，宇部興産をはじめとする産学連携に関わる企業のほか，山口大学，山口県商工労働部，宇部市工業振興課，宇部商工会議所，山口県産業技術センター，やまぐち産業振興財団に聞き取り調査を実施し情報を収集した。

第 2 節　産業構造の転換と従来の主体間関係

1．産業構造の転換と中核企業の変化

（1）企業城下町形成期：石炭産業の盛衰と中核企業の形成

　宇部[10]は，近世以降石炭の産出地として栄え，そこで蓄積された財が近代工業の礎となってきた。ここでは，企業城下町宇部市が形成された時期について，石炭産業史や中核企業設立の経緯と合わせて振り返っておきたい。

　宇部で石炭が採掘され始めたのは，近世元禄期頃からだといわれている。当初は家庭用燃料のために採掘されていたが，製塩事業に利用されて以降，本格的に採掘され，当時の長州藩も産業として育成を図った。幕末に長州藩は石炭局を設けて管理運営した。ところがその後，明治維新後の廃藩置県により藩の石炭局は解体され，さらに日本坑法が施行されると，旧石炭局にいた役人が宇部の鉱区を含む厚狭郡内の鉱区を独占的に取得し，石炭を採掘する際に宇部村民から高額の料金を徴収した。このような事態を重く見た旧領主福原芳山は，私財を投じて鉱区権を買い戻し，低額で炭鉱開発に当たらせた。ただし，福原家がすべての鉱区を管理することは事実上困難であったことから，村民の有志により 1886 年「宇部共同義会」が結成され，福原家所有の 9 鉱区 15 万坪が無償譲渡された。宇部共同義会は，石炭鉱区の管理と社会事業を 2 本柱とする組織であった。さらに，1888 年には擬似村議会的な自治組織「宇部達聡会」が結成された。達聡会は，政治的世論の結集や地域開発・自治制の円滑化を図る

政治結社であった。この両組織の顔ぶれはほぼ共通しており，共同義会は達聡会に掛かる費用をまかなうなど，相互に強い結びつきがあった。このような名望家層を中心とした地縁・血縁的な共同体[11]が宇部の政治・産業の発展において，主導的役割を果たした。共同義会による鉱区の統一・管理によって秩序を回復した宇部の石炭産業は，1890年代に確立期に入った。1897年には，共同義会や達聡会で中心的メンバーの1人であった渡邊祐策を組合長とする匿名組合組織[12]「沖ノ山炭鉱組合」（以下，沖ノ山炭鉱という）が結成された。沖ノ山炭鉱は，今日の宇部興産の前身にあたる企業である。沖ノ山炭鉱は，共同義会が所有する鉱区を借り受け，開坑に着手した。1908年には海底採炭の新坑に着手し，この海底採炭の成功により沖ノ山炭鉱は地域最大の炭鉱となった。このような石炭産業の隆盛により地域の姿は大きく変わった。一寒村であった宇部には，域外からも炭鉱労働者が職を求めて流入し，1890年代には市街地が形成された。人口が急増した宇部村は，達聡会への諮問を経て1921年に市制に移行した。山口県内では下関市に次いで2番目の市制施行で，町制を経なかったのは異例である。市制施行後も，宇部市は鉱工業地域や社会基盤の一体的な整備のために，藤山村（1931年）や厚南村（1941年）などを編入していった。

　宇部の石炭産業は，1910年代に飛躍的に成長した。渡邊は，石炭産業で蓄積した資金をもとに，1914年に宇部新川鉄工所[13]，1917年に宇部紡績所，1923年に宇部セメント製造を相次いで設立した。さらに1933年，本格的に化学工業へ参入し，宇部窒素工業が設立された。こうした事業の多角化は，「有限の石炭から無限の工業へ」という渡邊の考えに基づいていた。大正から昭和初期にかけて，臨海部は地元資本による企業の他に，宇部曹達工業（現・セントラル硝子）やチタン工業なども進出し工場地帯が形成された。これら工場の用地は石炭産出の際に出るボタで埋め立てられて造成されたものであった。工業従業者数は，1912年〜1932年の間に約4倍に増加した。工業の需要増大により，石炭の出炭量も増加し，宇部の工業化がさらに促進されていった。また，渡邊は企業と地元の発展を同軸で捉える「共存同栄」を経営理念に掲げ，電力，上下水道，鉄道，港湾などの社会基盤整備や病院，学校の建設にも尽力し今日の宇部の発展の基礎を築いた。図5-2は，1930年頃の宇部市の地形図であり，

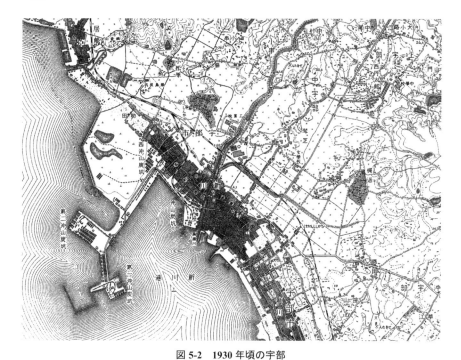

図 5-2　1930 年頃の宇部
出所：2.5 万分の 1 地形図「宇部」(1927 年鉄補，1930 年発行)，「宇部東部」(1927 年測図，1930 年発行)。

当時，沿岸部の「沖ノ山炭坑」周辺に都市中心部が形成されていたことが確認できる。

1942 年に，戦時産業再編政策に応じて，沖ノ山炭鉱，鉄工所，セメント，窒素の 4 社を合併し，宇部興産株式会社が設立された。第二次世界大戦後しばらくの間，石炭部門は活躍したが[14]，1960 年代後半以降，石炭需要の減少に伴い炭鉱の閉山が相次いだ。

企業城下町である宇部市の特徴は，中核企業が地元資本[15]により形成されたことである。宇部市について，和田（1966）は中核企業が地元資本によって形成された「民族資本型」の企業城下町と位置付け，森（1977）は「本社を『発祥の地』に固定させた企業」の企業城下町と位置付けている。

(2) 企業戦略の変化

　宇部興産の基幹事業であった石炭部門が斜陽化する中，同社は高度経済成長期以降，企業戦略を転換し，新事業・他地域へ進出した。すなわち，同社はセメント等の建設資材部門を積極的に拡大するとともに，石油化学事業や金属成形事業への進出を図った。市原市（1964年設立）および堺市（大阪府）（1971年設立）のコンビナートに石油化学工場を新設した。同社が宇部以外の地域に進出した理由として，大消費地に近く新たな需要を見込め，在京・在阪の他企業との相乗効果によって技術革新・製品開発につながる期待があった（宇部興産株式会社1998）。また，同社は1980年代後半以降，アメリカ，タイ，スペイン等に進出し，石油化学や金属成形の工場を建設した。

　同社は生産拠点を拡散させる一方で，本社機能を宇部本社から東京本社へ移転した。宇部興産の登記上の本社は，2017年現在も，宇部市に置かれているが，1980年代以降，経営上の重要な決定事項は東京本社でなされるようになったといわれており（岩間1991），本社機能の中枢である管理機能は東京本社に置かれている（田中2002）。現在，東京本社は管理・営業機能を，宇部本社は生産・労務・研究開発機能を担っている。

　このように同社は，生産拠点の拡散や本社機能の東京移転によって「宇部からの離陸」を進めてきた。しかし，生産拠点の拡散が進展したとはいえ，宇部地区にある同社事業所の従業員数は同社総従業員数の69％を占め（2005年時点），同社の研究開発機能の中枢である宇部研究所や高分子研究所が宇部市に存在するように宇部市は同社にとって現在でも重要な「中核地域」である。1980年には，美祢市にある石灰石鉱山・セメント工場と宇部市の工場・港湾とを全長28.2kmにもおよぶ私道「宇部・美祢高速道路」（通称・宇部興産道路）で結び，宇部市・美祢市で一体的な生産体系を構築している。

　宇部興産では，東京本社と宇部本社・宇部地区[16]との間で，航空機を利用した出張移動は相互に頻繁に行われているという（宇部興産に対する聞き取り調査による）。1966年に開港した山口宇部空港は，中安閑一社長時代に誘致活動が行われた（中安閑一伝編纂委員会1984）。1994年～2000年に東京本社[17]のおかれていた天王洲アイルも，羽田空港へのアクセスを考慮した立地であっ

た。このように，宇部興産が行った空港誘致活動や東京本社の立地選定では，東京から1,000km以上離れた，宇部興産にとっての中核地域である宇部との時間距離を短縮するために意識的に行動してきたといえる。

2. 主体間関係の形成と展開

(1) 企業間関係

宇部市において大規模工場の設立・進出が顕著であったのは，石炭産業が隆盛を極めていた大正期～1950年代と，1970年代後半～1980年代とに分けられる。前者の時代には，宇部興産，セントラル硝子，協和発酵工業（現・協和発酵キリン）をはじめとする大規模工場が同市臨海部に設けられた。後者の時代には，山口日本電気（現・ルネサスセミコンダクタマニュファクチュアリング）をはじめとする大規模工場が，同市郊外の丘陵地に造成された工業団地に建設された。

産業集積として企業城下町をみた時，「生産工程統合型」と「下請分業型」とがあるが（第1章を参照），中核企業である宇部興産は，化学，セメント，機械等の多様な事業を展開しているため，宇部市の下請構造は両類型の中間に位置付けられる。

宇部商工会議所（1996）によると，宇部市内の中小製造業者の多くは，戦前から1950年代に創業し，宇部興産や中小炭鉱を取引相手とした炭鉱機械製作・補修業を起源としている。その後，鉱業の衰退，化学工業の発展とともに，親企業の要請に応えたプラント向けの製造装置の製作，組立，据付，メンテナンス等を行い，個別受注生産形態をとってきた。そのため中小製造業者は，専属下請的色彩が強い。特に宇部興産の下請企業が多く，それらの企業は宇部興産の事業部門ごとに，安全協力活動等を行う協力会を結成している（図5-3）。下請企業のほとんどは宇部市およびその周辺に立地する中小企業である。1995年に行われた「宇部市工業実態調査」では，市内中小製造業の約半数の企業が出荷額の50％以上を親企業に依存しており，親企業に50％以上依存している企業のうち，「現状程度の依存度を維持したい」「さらに依存度を増やしたい」

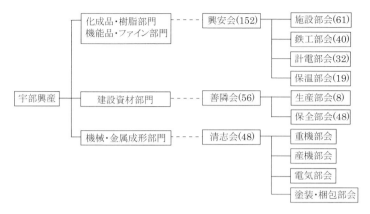

図 5-3　宇部興産の協力会組織（2005 年時点）
注：括弧内の数字は，企業数を示す。
出所：宇部興産に対する聞き取り調査をもとに作成。

とする企業が 64.6％を占め，「取引先を増やし一社あたりの依存度を減じたい」とする企業は 35.4％であった。これは，この地域で数十年間にわたり構築されてきた仕事の受注の方法や下請企業において形成されてきた意識に起因すると考えられる。つまり，「専属下請企業は親企業の指示通りに品質・納期・価格を守っていれば自動的に仕事は与えられ，情報力・営業力を充実し積極的に営業活動をする必要」（宇部商工会議所 1996: 25）がほとんどなく，「長年企業城下町として下請企業が安定的に発展してきたため，その意識が濃厚に定着している」（宇部商工会議所 1996: 25）。このように従来の主体間関係は，宇部興産とその下請企業から構成される垂直的な構造であった。

　情報獲得力や営業力の欠如といった下請企業の課題は，中核企業の業績が悪化した時に顕在化することになる。1990 年代後半，宇部興産は業績が悪化したため，構造改善を迫られた。同社は，収益構造の改善を目指して，1999 年度〜 2001 年度の中期経営計画「21・UBE 計画」を策定し，機械・エンジニアリング部門のうち，大幅赤字の続くエンジニアリング事業から撤退し，機械事業を分社化した。また，公共事業削減で受注が減少した建設資材部門の合理化を図った。一方，今後も収益力向上が見込める金属成形や化学部門では，事業

が拡大された。

　1990年代の宇部興産の業績不振は，宇部市の製造業全体にも影響を与えた。「宇部市統計書」によると，1990年には349工場があり1万3,246人が働いていたが，2002年には228工場，従業者数1万693人となり，「工場数」で35%，「従業者数」で19%減少した。規模別で見ると，従業者数4〜9人規模の工場で「工場数」,「従業者数」とも最も減少率が高い。「製造品出荷額等」で見ると，1990年から2001年まで漸減傾向が続いていたが，2002年に大企業を中心に進められた構造改善が結果として現れ始めている。

　このように宇部市では1990年代に，大企業，中小企業ともに厳しい状況に陥ったため，地域全体で危機感が形成されていった。この危機感は，産学官連携を進展させた背景の1つになったと考えられる。

(2) 大学と企業・自治体との関係

　宇部市は，企業城下町であると同時に大学を有する都市でもある。これまで構築されてきた大学と企業・自治体との関係は，今日の産学官連携の基盤となっている。

　1940年前後に，宇部市に現在の山口大学の前身となる学校が設立[18]された。1938年に，官立高等学校の設立が計画された際に，当初設立予定であった山口市が財政上，資金・学校用地を提供できなかったため，工業都市として成長著しい宇部市が学校の誘致に成功し，沖ノ山炭鉱組合等の地元企業の多額の寄付金を受けて，宇部高等工業学校（現・山口大学工学部）が設立された。また，1944年に政府の要請により，山口県立医学専門学校（現・山口大学医学部）が宇部市内に設立された。同校は県内各地から誘致されたが，渡邊剛二宇部興産社長の尽力により，宇部市に決定された（宇部市史編集委員会 1993; 松野 2005）。第二次世界大戦後，宇部高等工業学校は新制山口大学に組み込まれ，山口県立医科大学[19]も山口大学医学部に移管された。このほか，1960年に宇部短期大学[20]，1962年に宇部高等工業専門学校が開学した。このような学術機関の充実化は，この規模の地方都市としてあまり例がなく，特異な状況といえる。

宇部市では，1950年代に公害対策を通じて産学官連携が構築された。宇部市は，戦前から煤煙問題を抱えていたため，1950年，当時の山口県立医科大学に委嘱しその実態を調査した。その調査結果をもとに，宇部市は降灰の取締り条例を制定し，企業は集塵装置を取り付け，徹底的な汚染対策に着手した。山口大学工学部も公害対策の技術指導に協力した。この宇部市の産学官が連携した大気汚染対策は「宇部方式」とよばれるほど先進的なものであり，その後の公害対策のモデルとなった（師井1967; 林1968; 森1977）。
　また，宇部市およびその周辺市町村はテクノポリスや頭脳立地地域に指定され，産学官連携の基盤作りが進められた。1984年に宇部市を母都市とする4市4町は，テクノポリス地域に指定され，1992年に宇部市および周辺の3市1町は，頭脳立地地域に指定された。テクノポリス計画は，1984年から2000年にかけて進められた。1992年から2000年までの山口地域集積促進計画（頭脳立地計画）とあわせて，2005年まで山口地域高度技術産業集積活性化計画が経過措置として行われた。この間，宇部市内に大学や研究機関が誘致された。1987年に東京理科大学山口短期大学が開学し，県メカトロ技術センターが設置された。1990年に超高温材料研究センター[21]が設置された。1999年に県産業技術センターが山口市から宇部市に移転した。国勢調査報告によると宇部市内の科学研究者は，1980年に110人であったが，1990年に369人，2000年に480人に増加した。宇部地域におけるテクノポリスは，工場の誘致による工業振興という点では目標に達しなかったが[22]，学術・研究機関の充実化が図られ，今日の産学官連携の基盤形成に寄与している。
　宇部地域のテクノポリス計画指定の際に，山口大学工学部が，「学」の中核として位置付けられたことを契機に，1980年代後半以降，山口大学は地元企業と共同して多様な研究を進め，商品化・事業化につながる産学連携に取り組み始めた（山口大学工学部1990）。山口大学工学部は，1985年に土木・建設工学科の研究者が科学技術を解説した公開講座「工学部市民セミナー」を開設し，同年以降も各学科持ち回りで公開講座が開かれた。1986年，地元中小企業と大学の研究者が意見交換する産学合同懇談会が開催された。1989年，山口大学工学部に，地域の企業との接点となる科学技術相談室が設置される等，徐々

に大学と地元企業との交流が進められた。

　宇部興産も，このテクノポリス計画に対して強い関心を寄せていた。1983年，同社は社長直属のテクノポリス対策室を設け，政府指定の段階から全面的に協力した。同社はテクノポリス計画の中枢組織であった山口県産業技術開発機構に出資し人材を派遣した。さらに同社は電気機器メーカーや東京理科大学，超高温材料研究センター等の誘致にも積極的な役割を果たした。同社がここまでテクノポリスに関わったのは，地域貢献であると同時に，同社製品の高付加価値化を進める戦略と符合したためであった（宇部興産株式会社 1998）。同社は，山口大学工学部の基礎研究力に期待して，同社の研究補完や両者の研究促進を図るため1980年代から共同研究を実施してきた。両者間の共同研究は，1982年から1998年まで87件実施された。この間，同社は，山口大学工学部に対して奨学寄附金を支出し，共同研究による特許を22件出願した。同社は，山口大学医学部に医薬品の研究開発のため研究員を派遣したこともあるが，共同研究は工学部との間でのみ行われた。

　1980年代から1990年代前半において，大学と企業とが共同研究を行う際は，個々の大学の研究者と個々の企業との間で，共同研究の成果の取り扱いに関する契約が結ばれていた。個別対応ではなく全学的組織による対応は，1990年代後半以降であった。

　以上のように，第1に1940年前後に，宇部市に現在の山口大学の前身となる学校が設立されたこと，第2に1950年代に産学官が連携して公害対策に取り組んだこと，第3に1980年代にテクノポリスに指定され，学術・研究機関の充実化が図られるとともに，大学と地元企業との交流が始まったことが，今日の産学官連携の基盤となっている。

第5章　産学官連携の進展と企業城下町　155

第3節　産学官連携による主体間関係の変容

1．産学官連携支援システムの整備

(1) 大学の産学官連携支援システムの整備

　1990年代以降，山口大学では，広中平祐学長を中心に，先駆的な産学官連携支援システムを急速に整備してきた。1991年に「地域共同研究開発センター」が，1995年に「ベンチャー・ビジネス・ラボラトリー」が設置された。また，山口大学の教員の出資による研究成果の特許出願を目的とする山口TLOも1999年に設立された。2002年には産学連携の対外的な窓口の一本化と関係組織の一元化のため，「産学公連携・創業支援機構」が設けられ，2003年にインキュベーション施設や知的財産本部も設置された。2017年現在では，大学内組織の改組により2012年に設置された「大学研究推進機構」の中で，産学官連携センターや知的財産センターなどが位置付けられている。

　この間，山口大学は1997年に地元民間企業との共同研究の推進のために，地域共同研究開発センター内に「研究協力会」を設立した。山口大学の研究協力会は，地元中小企業が多数参加し地域との結びつきが強いという特徴があった[23]。研究協力会は業種ごとに，環境，生産・情報，有機材料，セラミックス材料，真空技術・薄膜プロセス，建設，医療・福祉，フード・バイオ，メディア・ネットワーク，MOT（技術経営）の10部会があり，各部会では年に数回，先端技術に関する講演会や発表会が実施されていた。研究協力会は，2009年に「山口大学教育研究後援財団」（現・山口大学後援財団）に統合されている。

　このような整備に伴い，山口大学は，山口県内の地元企業との共同研究数を増やして総件数を伸ばしてきた。山口大学の共同研究相手企業を本社所在地別に見ると，1980年代はほとんどが東京都であったが，1990年代前半から山口県に本社を置く地元企業との共同研究が増加した（図5-4）。これは当初，主に東京都に本社を置くような域外の大企業との共同研究が多かったが，連携支援システムの充実や中小企業の産学連携に対する意識の高まりにより，地元中

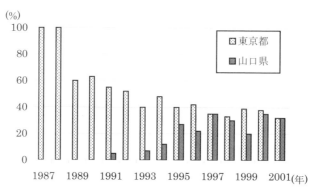

図 5-4　山口大学の共同研究相手企業の本社所在地別推移
出所：文部科学省科学技術政策研究所（2003）。

小企業との共同研究が増えているためである。特許出願においても，地元企業との結びつきの強さが確認できる。図 5-5 は，国立大学法人山口大学における企業等との共同特許出願件数の発明人所在地域別分布を示したものであり，山口大学は県内企業との共同出願件数が最も多くなっている。県内で見ても，宇部市内の企業との出願件数が多く，産学連携支援システムの充実や中小企業の産学連携に対する意識の高まりにより，地元中小企業との共同研究や特許出願は増加してきた。

　山口大学が産学連携に取り組んでいる最大の要因は，国立大学の法人化に伴う新たな研究資金の確保である。2004 年，国立大学が法人化され，大学は自助努力によって外部資金を確保する必要に迫られている。その有効な手段として産学連携が注目されている。しかし，地方圏の大学は産学連携を行いたくても大学周辺に共同研究の相手となるような大企業が少なく，大企業が大学周辺に多い大都市圏のそれと比べて困難な状況にある。このため，山口大学は後述するように地元大企業と包括的に連携するとともに，地元中小企業と多数の共同研究に取り組む戦略をとった[24]。今後も運営費交付金の減少が予想されているため，産学連携による外部資金の導入は今後一層重要な意味を持つ。もちろん，資金的な動機だけではなく，社会貢献のため自らの研究成果の提供に協

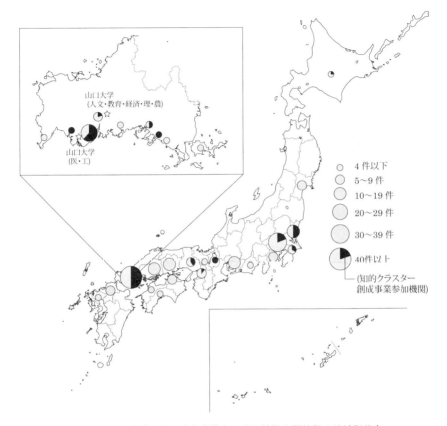

図 5-5　山口大学における企業等との共同特許出願件数の地域別分布
注：2005 年～ 2010 年 7 月。全国は都道府県別件数，山口県内の拡大図は市町村別件数を示す。
出所：（独）工業所有権情報・研修館「特許電子図書館」公報テキスト検索ウェブサイトを
　　　もとに作成。

力的な大学の研究者も増加している。

(2) 自治体の産学官連携支援システムの整備

　宇部市でも産学官連携支援システムが整備されてきた。1993 年～ 2009 年に宇部市長を務めた藤田忠夫氏は，初当選時から大学を活用した新産業創出を選挙公約に掲げていた。1996 年に宇部商工会議所がまとめた工業振興ビジョン

に新産業創出の方向性が示されたことや，1997 年に国連環境計画より 1950 年代の公害対策「宇部方式」に対して宇部市が表彰されたこと[25]が契機となり，支援システムの整備が本格化した。1998 年，宇部市が主導して，医療福祉，環境，情報の 3 分野にわたる「産学官による分野別研究会[26]事業」が始まった。その後，研究会や協力会，協議会が相次いで設立され，補助金・助成金制度や施設の整備も進んだ。

　山口県においても産学官連携支援システムが整備されてきた。山口県は 2002 年に「産学公連携イノベーション創出推進委員会」を設立し，連携推進に向けた計画を策定した。山口県と連携しながら，「やまぐち産業振興財団」や公設試「山口県産業技術センター」は，「知的クラスター創成事業」（以下，知的クラスター）およびその後継事業[27]の運営に関わるとともに，大学との連携が困難な小規模企業に対する技術力の底上げ支援を行った。

　山口県や宇部市といった自治体が産学官連携に取り組む要因として，第 1 に財政状況の悪化があげられる。「宇部市統計書」によると，宇部市における一般会計の歳入のうち，市税は 1988 年度以降，20～24 億円程度で伸び悩んでいる。これは 1990 年代以降の法人市民税の落ち込み[28]のためである。1990 年代以降，市税の減収分を埋め合わせるために，市債や地方交付税に対する依存が高まっている。1990 年代後半以降，市債，地方交付税ともに歳入総額に占める割合がそれぞれ 10%を超えている。税収の増加が期待される産学官連携による新産業創出に対して注目されている。第 2 に，基礎素材型産業に特化した産業構造である。工業統計表の「製造品出荷額等」を業種別に基礎素材型，加工組立型，生活関連型に三分すると，2000 年時点で，全国では基礎素材型が 33.3%，加工組立型が 46.0%，生活関連型が 20.7%であるのに対し，山口県では基礎素材型が 70.2%，宇部市では基礎素材型が 77.8%と，山口県，宇部市ともに基礎素材型産業に特化していた。基礎素材型産業は機械化が進みやすく雇用の増大が見込めないため，山口県および宇部市は，産学官連携の進展によって，加工組立型産業を創出・育成し，雇用の増大につながる産業への転換を進めることを目指した。

(3) 産学官交流会の開催

大学や自治体で産学官連携支援システムの整備が進む一方で，それ以外の主体[29]の中にも産学官連携を円滑に進める仕組みを形成しようという機運が高まった。その動きの一つが「産学官の有志が気軽な雰囲気で宇部の活性化について話し合う場を設けること」[30]を目的とする産学官交流会「キューブ(C-UBE)サロン」である。このサロンの特徴は，企業の規模や業種に捉われず宇部市内の産学官連携に関わるあらゆる主体が参加していることである。サロン参加の条件は，宇部市およびその近郊に事業所をもつ企業であり，幹事会社の推薦が必要である。参加企業の資格は，設立当初，中小企業に限定していたが，2005年3月から大企業も参加できるように改め，宇部興産も参加している。2017年現在の会員数は，民間企業が41社，官公庁・公的団体等が16団体，大学・高専が7団体である。交流会は，前半・後半の2部から構成され，前半は各回特定のテーマに関する専門家の講演会が，後半は産学官が名刺を配り互いの情報を交換する交流会が開かれている。キューブサロンでは，新市場の開拓に必要な情報や産学連携支援制度に関わる情報のほか，先端的な技術が紹介される。それ以上にこのサロンの重要な役割は，地域全体の意識の共有である。このサロンは，業種や規模に関わりなく多様な主体が参加しているので，各参加者が地域内の動きを知るとともに地域全体の方向性を共有できる。産学官交流会の開催により，宇部市における産学官連携は，「地域ぐるみ」の動きとなっている。

2. 知的クラスター創成事業

宇部市の山口大学を中心とした産学官連携は，数度にわたって，文部科学省の知的クラスターに採択されてきた。これらはLED（発光ダイオード）技術で継続しているものの，医療機器用途にLED技術開発を目指したものと，省資源・省エネルギーグリーン部材用途にLED技術開発を目指したものという，大きく分けて2つの方向性があるため，前者を知的クラスター（医療機器用LED），後者を知的クラスター（グリーン部材用LED）として紹介する。

(1) 知的クラスター（医療機器用 LED）の取り組み

　宇部地域では，1990年代後半以降，医工連携を核とした医療・福祉分野の製品開発に関わる連携が重点的に取り組まれてきた。山口大学では，1997年頃から先端的な医療に積極的な医学部スタッフが工学部に対して医療機器開発の共同研究を申し入れたことを契機に，医工連携が始まった（日本政策投資銀行中国支店 2002）。1998年，山口大学地域共同研究開発センターの研究協力会に，医療・福祉部会が設置された。それまでの研究協力会は工学部の研究者と地元企業との連携の場であったが，同部会には医学部の研究者が加わり，医学・工学・企業の3者連携が実現した。その後も両学部の研究者は議論を重ね，医工連携に関わる研究教育組織の構築を模索した。その結果，2001年，医学と工学とを融合した大学院医学研究科応用医工学系（独立専攻）が開設された。

　医工連携は，2000年前後から自治体が支援し地元企業が連携に加わることで輪を広げていった。山口大学内で進展していた医工連携に注目した宇部市は，これを新産業創出に波及させるため，「産学官による分野別研究会事業」の一つとして，1999年「うべ医療福祉産業研究会」を発足させた。この研究会の目的は，市が持つ企業とのネットワークを使い，医学部や付属病院が持つ先進医療情報・ニーズと工学部が持つ技術，地元企業が持つ技術とをマッチングさせる場の提供である。約2ヶ月に1回開催の研究会に，自治体，地元企業，山口大学医学部・工学部の研究者，山口県産業技術センター，医学部付属病院の看護師等が参加している。また，1999年度から2002年度の間に，文部科学省の地域研究開発促進拠点支援事業[31]（RSP事業）が山口県内で実施された（中国産業活性化センター 2001）。この事業のうち医療・福祉分野では，地元企業と連携した医療福祉機器の研究開発が行われ，知的クラスターにつながったものもある（三木 2003）。

　医工連携は，病院用ベッドの改良といったローテクなものから最先端技術を駆使したハイテクなものまで様々なレベルで行われた。このうち，事業化できる有望な研究が LED を用いた医療機器開発であった。2001年，文部科学省からの知的クラスター募集の際に，山口大学や自治体は，この研究を軸にしたクラスター創成を目指した（三木 2003）。その後，宇部地域[32]は 2002 年度お

および 2003 年度に試行地域[33]に指定され，2004 年度～ 2008 年度に事業実施地域に指定された。この事業は，「高輝度・高演色性 LED 等光技術を活用して，次世代医療機器を開発し，新産業の育成を図る」という構想のもと，「高輝度 LED 技術を基盤とする医療用光源システムの開発」を基幹として，医療光源システム，低侵襲治療機器，高性能診断機器に関する研究開発を進めて，2005 年時点で企業 19 社と大学，公設試が参加していた（表 5-1）。企業の内訳は，県外企業が 9 社，県内企業が 10 社である。LED の研究開発の実績がある企業が県内に少なかったため，宇部興産を除く県内企業はすべて中小企業であり，県外企業のほとんどは LED に関する技術を有する大企業[34]であった。このように，宇部市における医工連携を核とした医療・福祉分野の製品開発に関わる連携は，大学や域外企業が有する知識や技術を活用して進められた。

　山口県は，2003 年度から「知的クラスター研究成果事業化促進補助金」制度を設けた。この制度は，知的クラスターの研究開発に関わる試作機製作等に要する経費の一部が補助されるものであり，山口県単独事業として実施された。また，2003 年に，宇部市は医療・福祉分野の新産業創出促進のために，山口県および経済産業省の支援を受け，山口大学医学部隣接の市有地に，医療・福祉分野の研究開発に特化したインキュベーション施設「メディカルクリエイティブセンター[35]」を建設した。

(2) 知的クラスター（グリーン部材用 LED）の取り組み

　その後，山口大学の LED 技術を核とした産学官連携の取り組みは，医療機器開発から省資源・省エネルギーグリーン部材へと目的を移行することになった。2009 年度～ 2013 年度において，「省資源・省エネルギーグリーン部材の世界最先端拠点（グリーンバレー）」を目指す，知的クラスターグローバル拠点育成型に採択された。

　知的クラスター（医療機器用 LED）では，山口県外にある大手医療機器メーカーが主な参画者であり，山口県内には必ずしも，十分な波及効果が及ばなかった[36]。そこで，知的クラスター（グリーン部材用 LED）では，知的クラスター（医療機器用 LED）および都市エリア産学官連携促進事業[37]で培った LED や

表 5-1 知的クラスター（医療機器用 LED）の参加組織（2005 年時点）

	組織の名称	所在地	資本金（円）	従業員数（人）	共同研究 A	B	C	D	E	F	G
産	宇部興産	山口県宇部市	485 億	3,361	○						○
	AL 社	東京都三鷹市	64 億	1,113				○			
	AM 社	山口県宇部市	4,000 万	90				○		○	
	CS 社	山口県山陽小野田市	3 億 6,000 万	500	○	○			○	○	○
	DR 社	東京都千代田区	1 億 5,000 万	20	○	○					
	EM 社	山口県宇部市	300 万	8					○		
	ET 社	山口県宇部市	1,000 万	4	○						
	FD 社	山口県宇部市	3,000 万	75	○		○				
	FN 社	埼玉県さいたま市	5 億	1,237	○						
	HS 社	東京都品川区	341 億	5,406							○
	MD 社	大阪府門真市	1,383 億	13,991	○						
	NA 社	東京都新宿区	50 億	1,539					○		
	SH 社	山口県宇部市	1,000 万	51	○						
	SS 社	山口県美祢市	6,000 万	170				○			
	TB 社	大阪府大阪市	433 億	3,183							○
	WJ 社	大阪府大阪市	23 億	1,400							
	YD 社	東京都武蔵野市	323 億	5,112							○
	YO 社	山口県下関市	1,000 万	20				○		○	○
	YU 社	山口県下関市	1,500 万	5				○			
公設試	産業技術総合研究所	茨城県つくば市・佐賀県鳥栖市								○	○
学	山口大学医学部	山口県宇部市			3	4	3	5	3	3	5
	山口大学工学部	山口県宇部市			12	3	1	2	5	7	4
	山口大学理学部	山口県山口市							2		
	山口大学大学院医学研究科応用医工学系専攻	山口県宇部市							3	2	
	山口大学　その他	山口県山口市						2			
	名古屋大学大学院工学研究科	愛知県名古屋市									1

注：（共同研究の研究課題）A: 高輝度 LED 技術を基盤とする医療用光源システムの開発。B: 高演色性白色 LED を用いた内視鏡の開発と消化器疾患の診断・治療への応用。C: 高照度白色 LED 照明装置の開発と精神疾患の診断・治療への応用。D:LED の低侵襲手術ナビゲーションシステムへの応用。E: 近赤外線，超音波等を利用する高性能動脈硬化診断システムの開発。F:LED 等を利用する高感度血管病病診断機器の開発。G: 蛍光量子ドット，LED を利用する高精度・高速細胞解析システム及び免疫診断機器の開発。
「産」「公設試」の〇印は，その組織が参加していることを示す。「学」の数字は，参加研究者数を示す。
出所：『知的クラスター創成事業事業成果報告書 2004 年度版』をもとに作成。

ナノ粒子の基盤技術を活かすとともに，多くの県内企業が参画できる事業を目指すことにした。このため，宇部興産に加えて，山口県周南市の大手化学メーカー「トクヤマ」も参加することになり，事業対象地域も，知的クラスター（医療機器用 LED）の宇部市を中心とした「宇部地域」から，知的クラスター（グリーン部材用 LED）では宇部市・山陽小野田市・周南市を中心とした「山口地域」へ拡大している。知的クラスター（グリーン部材用 LED）の具体的な研究課題は，①高効率 LED 用部材開発，LED 応用製品開発，②廃 Si の減量・再生プロセス開発，③ナノ粒子応用グリーン部材開発である。①は知的クラスター（医療機器用 LED），③は都市エリア産学官連携促進事業を発展させたものであり，②は新規のプロジェクトである。特に，①を重点的に進めている。知的クラスター（グリーン部材用 LED）は，山口県内の大手化学メーカーが開発した素材を活用できる取組となっている。

3. 企業規模による産学官連携の差異

産学官連携の具体的な事例を通じて，産学官連携の要因と企業にとっての産学官連携の意義を，企業規模ごとに分析する。

(1) 大企業にとっての産学官連携

大企業として宇部興産の産学官連携を取り上げる。2000 年代以降，宇部市において，大学と大企業・自治体との包括的連携が締結されている。包括的連携とは，研究室あるいは学部単位ではなく，機関対機関の連携であり，研究分野を限定せず，研究や教育等多方面にわたる連携を目指すものである。国立大学の法人化前後から，全国の大学と企業・自治体・金融機関との間で，相次いで包括的連携が結ばれている。山口大学は，2004 年に宇部興産，国際協力銀行，トクヤマ徳山製造所，山口銀行，宇部市，2005 年に宇部高専，山口市，2006 年に国土交通省中国地方整備局との間で包括的連携協定を締結した。山口大学の包括的連携の特徴は，地元の金融機関や自治体，地元に所縁のある企業等，地域との結びつきの重視である。一方，宇部興産は，これまでの信頼関係や，

地の利，同社の経営理念である「共存同栄」等を総合的に考慮した結果，山口大学と包括的連携を締結した。包括的連携の締結により，主体間の関係は一層強化されている。山口大学・宇部興産株式会社（2006）によると，山口大学と宇部興産とは，包括的連携協定の締結以後，主に以下3点の連携に取り組んできた。第1に，研究開発の連携である。両者は，「炭酸ガス抑制・削減技術の開発」を中長期的な特定テーマとして取り上げており，山口大学が有する化学や環境共生工学の保有技術と，宇部興産が有する「C1ケミストリー（一酸化炭素利用技術）」や廃棄物リサイクル技術とを融合させている。両者は特定テーマ以外の多様な研究開発テーマにも取り組んでおり，それらの成果に基づき，当初計画数を超える特許が生み出された。第2に，技術・人材の交流である。両社の研究交流会「RT（研究・技術）プラザ」をはじめとする交流により，包括的連携締結後の共同研究数（2006年）は，締結前の2003年の5倍以上に及んだ。第3に，人材育成である。宇部興産の協力により山口大学で「知的財産インストラクター養成講座」を開講した他，大学院生の企業内長期インターンシップを共同研究に関連させて実施した。包括的連携の締結によって，山口大学と宇部興産は，組織間で秘密保持の覚書を結び，通常の連携では踏み込めない情報も互いに開示している。

　このほか，産学官連携のコーディネーターに多くの宇部興産退職者が着任している点にも注目したい。大学や自治体等の産学官連携支援機関には，大学・企業間の連携を円滑に進めるため，コーディネーターが配置されている。2004年時点で，宇部市で活動するコーディネーター17人のうち12人が宇部興産退職者であった[38]。各機関は，コーディネーターに研究開発や経営管理等に経験豊かな人材を起用したいため，この地域でそのような人材を求めると，結果的に宇部興産退職者が多くなったという[39]。宇部興産は，長年，工場や研究所を宇部市に置いてきたため，そうした人材が退職しても市内に居住していることが多い。宇部興産の拠点配置とそれにともなう人材の蓄積が，結果として産学官連携の推進に寄与しているといえる。

(2) 中小企業にとっての産学官連携

産学官連携の進展が進み中小企業に果たした影響が比較的明らかな知的クラスターの参加企業と，連携構築が産業集積にとって意義深いと考えられる宇部鉄工業協同組合医療福祉部会の事例を取り上げる。

① 知的クラスターの参加企業

知的クラスター（医療機器用 LED，グリーン部材用 LED）には，地元中小企業も参加している。その参加企業は，「LED に関する研究開発の実績があった企業」もしくは「これまでにも数度，産学連携を経験し，産学連携に意欲的であった企業」のいずれかであった。

前者は FD 社や ET 社のように知的クラスターで研究開発が続けられてきた LED 技術と自社保有技術が密接な企業である。このうち FD 社は，電気工事業で蓄積されてきた自動制御技術を生かして 1990 年代後半にプラズマ溶射装置や LED 装置を製造・開発してきた。この事業を契機に，山口大学工学部と共同で，省エネ性能に優れた熱プラズマの溶射装置を開発した経験を有する。これらの企業は，事業のテーマと自社保有技術が密接に関係しているため，技術の深化に力点が置かれている。

他方，後者は医療機器や LED と関係のなかった企業である。このうち，金型・精密加工製造業を営む AM 社は，1997 年度に宇部高専と鏡面研磨砥石を開発して以来，山口大学工学部，山口東京理科大学等と産学連携による製品開発を行ってきた。当初は，金属・精密加工分野での産学連携が専らだったが，「うべ医療福祉産業研究会」の参加によって，異業種の企業だけではなく大学・病院関係者との接触の機会を得ることができ，医療現場のニーズを知ることができた。精密加工技術に長けていた AM 社は，2001 年に山口大学医学部消化器・腫瘍外科学と共同で手術用鉗子を開発し，その後も医療機器の開発を続けている。また，住宅機器や半導体製造装置メーカーである CS 社も，1990 年頃から，海苔の湿度コントローラを下関市の水産大学校と連携して開発して以降，山口大学，宇部高専，山口東京理科大学等との産学連携を行ってきた。CS 社も，当初は工学部の研究者との産学連携が専らで，自社製品に関連した液晶・ディスプレイ関連機器や高効率のインバータ回路を用いた機器を開発していたが，

2000年代以降，医療機器市場への参入を狙って医学部の研究者や医師との連携が増え，内視鏡の先端加工やステントの研究開発等も行っていた。このように従来とは異なる市場への参入を目的として産学連携に積極的な企業も存在する。

産学連携によって新たな製品を開発することで，取引相手も徐々に拡大している。大学の研究者を通じて接触できた域外企業のような従来とは異なる企業との取引もみられるようになっている。一方，メディカルクリエイティブセンターの入居企業間での研究開発の共同化[40]等，経済的取引だけではない関係も宇部市内で構築され始めている。

このほか，中小企業が産学連携に取り組んでいる要因として費用的な要因もある。第1に，研究開発費を抑えて新しい技術を獲得できる。産学連携を進める企業に対して，国や自治体から様々な補助金・助成金制度が用意されているため，企業は産学連携に取組みやすい。第2に，知的財産の登録・管理に伴う体制が大学に整備されているので，これを利用することで費用的にメリットがある。

② 宇部鉄工業協同組合医療福祉部会

宇部興産の下請企業の中にも，産学連携をベースに新製品の開発に取り組む企業が現れている。宇部鉄工業協同組合は，製缶・金属機械加工を行う中小企業で組織され，そのほとんどの企業は宇部興産から受注の大半を受ける下請企業で構成されている。同組合は，戦前，宇部地域の鉄工業者11社で結成されていた同業組合を発展的に解消し，1955年に31社で発足した。高度経済成長期に参加企業が増加し，1985年時点で37社にまで拡大したが，2005年時点で26社に減少している。業種別に，製缶，仕上げ，鋳鍛造の3部会に分かれ，それぞれの部会で企業視察旅行や親睦会を開き，交流を図っている。

1990年代後半以降，宇部興産の機械・エンジニアリング部門の不振により組合内で廃業・倒産が相次いだため危機感が高まり，2002年度から国・県の助成金を受けた新分野への挑戦を続けている。その取組みの一つが，学術機関及び異業種とのコラボレートによる医療機器の開発である。切削加工技術に実績のある企業6社が組合内に医療福祉部会を設け，「パーキンソン病の定位的

外科手術における微小電極把持及び微動装置」の開発に着手した。企業6社は，精密機械加工技術，歯切・フライス加工技術，鍛造技術，溶接技術・試作品の製品化，金属加工材質情報の提供・営業ノウハウ，介護福祉機器の販売という自社が保有する経営資源・技術をそれぞれ持ち寄って役割分担を行った。パーキンソン病治療機の製造によって，医療機器市場に参入する足掛かりを得ることができた。こうした動きには，医療ニーズと中小製造業者の保有技術とをマッチングした医療業界に人脈を持つ地元企業や，助成金の情報提供やその申請に伴う煩雑な手続きを支援した商工会議所や市の支援が欠かせなかった。

ただし，この医療福祉部会の各企業の取引相手・取引金額が大幅に転換したといえるほどではなく，従来の取引関係はほとんど維持されているのが現状である。下請企業において，中核企業との下請関係を基調としながらも，様々な主体や異業種により構成される関係が新たに構築されつつあり，これは脱下請の萌芽と見ることができよう。

4．産学官連携の進展と産業集積の質的変化

宇部市において，1990年代以降の産学官連携の進展にともない，主体間関係は変容した（図5-6）。従来の主体間関係の中核は宇部興産であったが，産学官連携の進展により宇部興産に加えて，技術協力や知識の波及において重要な役割を果たす山口大学が主体間関係の中核となっている。山口大学と宇部興産とは，1980年代から産学連携を行っていたが，包括的連携締結後，さらにその結びつきは強くなった。

産学官連携の進展により，産業集積に変化が生じた。従来，中小企業が技術を獲得するためには独力で獲得するか公設試の助力を得るしか方法がなかったが，産学官連携により技術を獲得するとともに，取引相手や共同研究相手を獲得できるようになった。産学官連携の過程の中で，これまで関係のなかった企業間で共同研究を行うような集積内の企業間関係の再構築も始まる一方で，城外の企業との取引関係も徐々に構築されつつある。

特に宇部興産の下請企業にとって，産学官連携の進展は今後，脱下請の手段

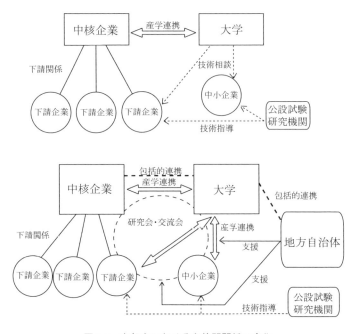

図 5-6　宇部市における主体間関係の変化
上：従来の主体間関係（1980年代）
下：1990年代後半以降の主体間関係

になりうると考えられる。中小企業単独では資金・人材・技術的に困難な新事業への進出も，新たな関係を構築することによって，親企業以外から技術を獲得できるとともに，コーディネーターや交流会等を通じて親企業以外の新たな取引相手・共同研究相手を見つけることができ，脱下請化を促進できる。つまり，宇部市における産学官連携は，従来の宇部興産とその下請企業から構成される垂直的な構造から，域内・域外の企業や大学，公設試等と，取引や共同研究の関係を構築する水平的な構造に転換させる役割がある。

　こうした連携の進展は，以下の地域的コンテクストの上に成り立っている。まず，学術・研究機関の存在とその関係があげられる。宇部市は，その都市形成の中で学術・研究機関を複数有してきたが，これは地方都市の中では稀である。これら学術・研究機関は単に存在していたのではなく，地域の他の主体と

の関係を構築してきた。特に山口大学の組織の中で，医学部と工学部だけが宇部市にあり近接していたことが，医工連携進展の促進に影響していたと考えられる。また，中核企業の性格も，域外資本が進出した他の企業城下町と異なる。宇部興産は，地元で形成された企業であるため，地元を重視する「共存同栄」の経営理念が現在でも継承され，産学官連携においても地元の大学を重視している。また，宇部興産は主力拠点を市内に留めていたため，そうした人材が蓄積し，コーディネーターとして連携の進展に寄与している。

第4節　本章の結び

　本章では，宇部興産の企業城下町である山口県宇部市を事例として，主体間関係を変容させている産学官連携の進展について考察してきた。

　宇部市は，石炭産業の衰退以後，化学工業が地域産業の牽引役となってきた。地元資本により設立された宇部興産は，高度経済成長期以降，生産拠点の拡散や本社機能の東京移転によって「宇部からの離陸」を進めてきたが，現在でも宇部市を重要な中核地域としている。宇部市では，宇部興産を核に中小企業がその下請仕事に従事するという企業間関係が構築されてきた。下請企業はこの関係に長期間に渡り安住してきたため，情報獲得力や営業力の欠如等の問題を抱えており，1990年代後半の宇部興産の業績悪化時に顕在化した。一方で，宇部市では，第1に1940年前後に現在の山口大学の前身となる学校が設立されたこと，第2に1950年代に産学官が連携して公害対策に取り組んだこと，第3に1980年代にテクノポリスに指定されたことが，今日の産学官連携の基盤となった。1990年代以降の産学官連携の進展により，従来の宇部興産に加えて，山口大学が主体間関係の中核になっている。宇部興産は，大学との連携強化によって，製品開発の高付加価値化を進めている。一方で，下請企業は宇部興産に対する依存意識を有していたが，1990年代後半における危機感の高まりによって変化が見られ，脱下請へ向けた取り組みも進んでいる。このように宇部市における産学官連携は，従来の宇部興産とその下請企業から構成され

る垂直的な構造から，域内・域外の企業や大学，公設試等と，取引や共同研究の関係を構築する水平的な構造へ転換させる役割がある。このような宇部市の産学官連携は，学術・研究機関の存在とその関係，地元を重視する中核企業の経営理念とその人材蓄積という地域的コンテクストを反映して進展してきたといえる。

　これまでの議論を踏まえて，中核企業・地域の進化過程に着目して考察したい（図 5-7）。

　中核企業宇部興産の技術軌道を見ると，第二次世界大戦以前から生産されている化学，セメント，機械の技術が，当地に蓄積されている。1980 年代に，宇部興産は山口大学との産学連携を開始し，現在でも産学連携等を活用しながら製品の高付加価値化を進めている。企業文化を見ると，宇部興産は，高度経済成長期以降,生産拠点のグローバルな展開や本社機能の東京移転によって「宇部からの離陸」を進めてはいるものの，宇部は現在でもなお同社にとって中核地域であり続けている。宇部興産は，地元資本により設立された企業であるため，経営理念である地域との「共存同栄」を意識して，1980 年代のテクノポリスや 1990 年代後半以降の産学官連携にも，積極的に関与してきた。

　他方，地域の進化過程を見ると，もともと中小企業は炭鉱機械の製作・補修といった宇部興産の事業に対応した下請仕事を担っており，石炭産業が衰退すると，プラント用の機械の製作・補修あるいは宇部興産の化学，セメント事業に対応した仕事に従事していた。このように産業集積構造がロックインしていた時代は長く続いた。しかし，1990 代後半に，宇部興産の業績悪化に伴いリストラクチャリングが相次いで実施されると，下請企業は厳しい状況に陥ったため，地域全体で危機感が形成され，アンロックする必要に迫られた。一方で，宇部市には 1940 年前後に現在の山口大学工学部と医学部の前身となる学校が建設され，1950 年代には企業・大学・自治体による公害対策が行われ，さらに 1980 年代にはテクノポリスに指定されたことで，学術・研究機関が増加し研究者が増加するとともに，大学と地元企業との交流が始まるなど，大学と企業・自治体との関係が徐々に築かれ，産業集積構造とは異なる主体間関係が構築されていた。1990 年代以降の産学官連携の進展により，従来の宇部興産に

第5章　産学官連携の進展と企業城下町　171

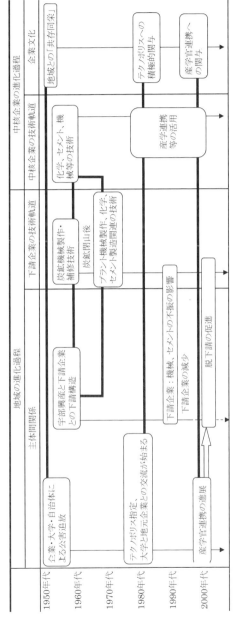

図5-7　宇部市における地域・中核企業の進化過程

注：細線の矢印はロックインの継続状況を，細破線はロックインの弱化・衰退を，太線は事象同士の相互関係を，白抜きの矢印はロックインによる事象・ロックインへの影響を示す。ロックインは第二次世界大戦以前から始まっているものもあるが，事象やロックインを捉えやすい1950年代以降を図に示す。

加えて，山口大学が主体間関係の中核になっている。下請企業は宇部興産に対する依存意識を有していたが，1990年代後半における危機感の高まりによって変化が見られ，脱下請へ向けた取り組みも進んでいる。宇部市における産学官連携は，従来の宇部興産とその下請企業から構成される垂直的な構造から，域内・域外の企業や大学，公設試等と，取引や共同研究の関係を構築する水平的な構造に転換させる役割があり，従来の関係的・技術的ロックインをアンロックさせることに一定の貢献をしているといえる。

　今後の地域の動向として注目されるのが，第1に，宇部市における産学官連携の方向性である。本章で述べたように，山口大学の産学官連携の取り組みは，当初，医工連携を中心としたものであったが，LED技術を核にグリーン部材の開発を目指すようになった。宇部市のメディカルクリエイティブセンターは継続的に活用されるなど医工連携の取り組みが続いているものの，ややトーンダウンしている感は否めない。医療機器開発は，一般的に長期間の時間や資金が必要になるため，成果を出しにくいという事情もその1つの要因だろう。山口大学の産学官連携は，知的財産管理のシステムを先駆的に構築するなど，全国の大学の中でも特色ある地位を築いている。今後も，地域の産業集積や主体間関係の経路依存性や特徴を捉えながら，特色ある取り組みを展開していくことが求められる。

　第2に，宇部市の広域化に関わることである。宇部市は，これまでも隣接する小野田市と一体的な都市圏を形成しているといわれていたが（林1971），もともと小野田セメント（現・太平洋セメント）の影響力が強かった小野田市との合併には至らなかった。「平成の大合併」を契機として，2001年に，宇部市，小野田市，美祢市，阿知須町，楠町，山陽町，美東町，秋芳町の3市5町により合併調査研究会が設置され，検討が進められた。2002年には，藤田宇部市長により，経済的にも住民の生活圏においても関連が深い2市3町（宇部市，小野田市，阿知須町，楠町，山陽町）での枠組みが表明されたものの，小野田市が山陽町と1市1町の合併（現・山陽小野田市）を選択したため，宇部市は2004年に楠町を編入するに留まった[41]。宇部市と山陽小野田市との広域合併は，将来的な課題として残されている。

[注]
1) 産業技術力強化法施行により，大学及び大学の研究者に対する特許料等の軽減，民間企業の役員兼業規約の緩和，資金助成等が可能になった。
2) 1964年に奨学寄附金制度，1970年に受託研究制度，1983年に共同研究制度がつくられ，また，1980年代後半から，全国の国立大学に産学連携のリエゾンオフィスとしての共同研究センターが設置される等，産学連携に関する制度・施設は以前から存在していたが，産学連携が積極的に取り組まれたのは，1990年代以降である。
3) 細谷（2009: 37-38）によると，第二次世界大戦後から現在までの通商産業省・経済産業省の地域関連政策は，企業（や研究機関など）が活動を行う拠点（事業所など）の空間的配置を人為的にコントロールする「産業立地政策」と，(地域産業の自律的発展を図るため)地域が既に備えている資源（＝地域資源）の活用を促す「地域産業政策」があり，1970年代までの産業立地政策から，1980年代以降の産業立地政策と地域産業政策の混合へと変化し，ウェイトが後者にシフトしてきたという。
4) 経済産業省は，産学官ネットワーク形成や新産業・新事業の創出支援を図るために，2001年から「産業クラスター計画」を実施した。この計画は，基本的に各地方の経済産業局単位で計画され，第1期（2001年度〜2005年度）に19のプロジェクト，第2期（2006年度〜2010年度）に17のプロジェクトが進められた。
5) 文部科学省は，大学を核とした技術革新型のクラスター形成を目指して，2001年から「知的クラスター創成事業」を実施した。全18地域が事業実施地域として指定された。
6) 宇部市は，2004年11月に楠町を編入した。本章で用いた宇部市の統計は，統計作成時点の市域を対象とする。
7) 2005年時点において，宇部市の工業全体に占める宇部興産の割合は，従業者数で22%，製造品出荷額等で40%であった。宇部市の工業全体は2004年12月実施の工業統計表，宇部興産（2005年3月現在）は聞き取り調査による。
8) 山口大学は宇部市に工学部と医学部，山口市に人文学部，教育学部，理学部，農学部がある国立大学法人である。
9) 本章では，産学連携が活発な山口大学を中心に取り上げる。宇部高専における産学連携の状況は，木村（2004）を参照されたい。
10) 本節における「宇部」とは，現在の宇部市に相当する範囲である。
11) 上田（1972）によれば，宇部で地縁・血縁的共同体が結成された背景として「宇部モンロー主義」があり，その理由を次のように説明している。明治新政府発足時に，萩を中心とする長州藩士は要職に就くことができたが，宇部出身者は排除されてしまったという。その理由は，宇部に知行地を有していた長州藩家老であった福原越後が「蛤御門の変」の責任を取って切腹させられると，その家臣団は幕末の討幕運動に消極的になり，高杉晋作の挙兵にも参加しなかった。このことが宇部出身者の境遇に影響することになり，明治維新後，政府に職を求めても宇部出身者というだけで門前払いさせられ旧長州藩の中で孤立した。加えて，もとより山陽道から外れた交通不便の地であったことから閉鎖的な傾向は強まったとされる。「宇部モンロー主義」は，強い郷土愛を基盤としていたが，域外の人

からは排他的に見られた。
12) 宇部の石炭産業は，独特の匿名組合組織によって運営されてきたことが特色として挙げられる。匿名組合の運営方法は，事業を企てる者が集まって各自応分の資金を拠出し，出資者自らが採炭，販売などの業務に従事するというものである。宇部では匿名組合の最高経営者を頭取と呼び，頭取は代表権・所有権を一身に集中して，一切を取り仕切る責任と権限をゆだねられた。
13) 当初は炭鉱機械の修理・製造を目的としていた。
14) 1950年における宇部興産の石炭部門の売上高は，全部門のうち4割を占めていた（宇部興産株式会社 1998）。
15) 宇部興産では，企業設立時以来の宇部市在住の個人株主が近年でも比較的多く，株主総会への参加も目立つという（宇部興産に対する聞き取り調査による）。
16) 宇部興産宇部地区は，宇部市のほかに周辺市町村の同社の事業所も含んでいるが，大半は宇部市内に立地している。
17) 東京本社は，1962年から千代田区永田町の自社ビルを用いていたが，組織の肥大化に加え，社内ネットワーク化やOA化に備えるために1986年に六本木のアーク森ビルに移転した。バブル経済期に都市再開発が盛んになると，同社は三菱商事，第一ホテルエンタープライズとともに品川区の天王洲開発に関わった。天王洲には，宇部興産関係会社の生コン工場があり，その工場周辺は，急激な都市化により，交通渋滞が激しく工場適地とはいえなくなっていたという事情があった。3社の負担により東京モノレールに天王洲アイル駅を設けるとともに，同社はその工場跡地にビルを建設して計画段階ではテナントを募集するはずであった。しかし当時，オフィスビルの競合が激しく，テナント募集が困難と判断されたため，六本木に移転して間もなかったが，自社ビルであれば長期的に事務所経費を大幅に削減できることから，1992年に天王洲へ移転した（宇部興産株式会社 1998）。天王洲への移転に当たって，事務所経費に加え，東京モノレールを利用した羽田空港への近接性も重要な選定ポイントになったという。2000年に，宇部興産は，事業再構築の一環で東京本社ビルを売却し，浜松町駅（JR・東京モノレール）近くのビルに移転している。
18) 地方工業都市において高等工業学校が設置され第二次世界大戦後に国立大学の工学部に転換した事例は，山口大学のほかに数例ある（外枦保 2011b）。
19) 第二次世界大戦後，山口県立医学専門学校は大学に昇格し，山口県立医科大学となった。
20) 宇部短期大学は，2002年，4年制の「宇部フロンティア大学」に改組した。
21) 1990年，超高温材料研究センターは，新エネルギー・産業技術総合開発機構（NEDO），山口県，岐阜県，宇部市，多治見市および企業45社による第3セクター方式の共同出資により設立され，宇部市，多治見市（岐阜県）に事業所を置いた。
22) 宇部テクノポリスの目標達成状況をみると，目標年次1995年度時点において，工業出荷額が目標値の78.6％，工業付加価値額が72.9％，工業従業者数が100.8％であり，目標年次2000年度時点において，工業出荷額が91.4％，工業付加価値額が76.5％，工業従業者数が89.9％であった（宇部市役所提供資料による）。
23) 2005年時点の研究協力会参加企業（企業・団体104社）のうち，企業情報を得ること

ができた97社すべてが山口県内に事業所（本社，支店，工場等）をおく企業であり，中小企業53社，大企業44社であった。これらのうち，宇部市内に事業所のある企業は45社であった。

24) 文部科学省（2005）によると，2004年度における山口大学の共同研究の研究費が総額2億8,143万円，受託研究の研究費が総額6億7,256万円で，共同研究相手先機関別の1件当たりの平均研究費が130万円，受託研究相手先機関別の1件当たりの平均研究費が756万円である。全国の国立大学の平均値は，共同研究相手先機関別の1件当たりの平均研究費が233万円，受託研究相手先機関別の1件当たりの平均研究費が986万円であり，山口大学は共同研究数が多いものの，1件あたりの金額は全国に比べて低い。これは，山口大学が中小企業との共同研究が多いことが影響しているためと考えられる。

25) この表彰は，産学官の関係を当たり前のように思っていた大学の存在を，市当局が再評価する契機になった（宇部市役所に対する聞き取り調査による）。

26) 同研究会は，各分野に関心のある企業や大学の研究者が参加し，新技術の勉強会や講演会を定期的に開催している。

27) 知的クラスター創成事業は，2010年度にイノベーションシステム整備事業「地域イノベーションクラスタープログラム（グローバル型）」に引き継がれ，さらに，2011年度に同プログラムは「地域イノベーション戦略支援プログラム（グローバル型）」に名称を変更した。本章では，これらの事業を一括して，知的クラスターとして扱う。

28) 特に1990年代後半，法人市民税の落ち込みが激しく，1999年の宇部市予算案では，法人市民税は前年に比べて32.2%減少した（日本経済新聞1999年2月20日付けによる）。

29) このサロンは，藤田市長の発案によって設立された。1990年代前半まで，宇部市において異業種間や産学官の交流は様々な形で行われてきたが，地域全体に波及しなかった。そこで藤田市長は，産学連携に関わる経営者や研究者・行政関係者が交流できる場をつくることを発案した。ただし，市役所や商工会議所の主催では堅苦しく長続きしにくいことが想定されたため，民間企業が主導し市が後援する形態にした。宇部市長は，宇部市内で産学連携に理解・実績のある企業に対して，サロンの取りまとめ役である幹事会社となるように依頼し，サロンの設立を実現した。

30) 「キューブサロン設立趣意書」（2003年8月策定）による。

31) RSP事業では，地域ニーズ・研究シーズと研究情報の整備状況の調査，研究成果の実用化可能性試験，地域におけるコーディネート機能の構築が行われる。RSP事業は都道府県単位で行われ，山口県では，やまぐち産業振興財団を拠点機関として実施された。

32) 知的クラスターにおける「宇部地域」「山口地域」は，明確な空間的範囲を定められていない。

33) 知的クラスター創成事業が本格実施された事業実施地域では5年間，各年5億円が文部科学省から補助されるが，試行地域では1～3年間，各年3億円が補助される。

34) DR社はLED開発・製造・販売部門を分社化して設立された。

35) 入居の条件として，医療・福祉分野の研究開発を行う企業に限った。

36) 知的クラスター創成事業自己評価報告書（宇部地域）
http://www.mext.go.jp/component/a_menu/science/micro_detail/__icsFiles/afieldfile/2009/12/25/

1288209_11.pdf
37）2006 〜 2008 年度には，山陽小野田市の山口東京理科大学を中心に，「新規ハイブリッド・ナノ粒子を用いた高機能デジタル素材の開発と省エネルギー型液晶ディスプレイへの応用」を目指した，都市エリア産学官連携促進事業「小野田・下関エリア」の取組が行われていた。
38）機関によって役職名が異なるため，本章では中国地域産学官コラボレーションセンター（2004）において紹介されている人物をコーディネーターとした。
39）宇部興産に対する聞き取り調査によると，退職者に対するコーディネーターの斡旋は行っていないという。
40）AM 社と LG 社は，両社ともメディカルクリエイティブセンターに入居しており，病態特異的 DNA の解析に基づくがん悪性度診断システムを共同で開発した。
41）宇部市役所ウェブサイト「合併までの経過」
http://www.city.ube.yamaguchi.jp/shisei/gappei/keika/index.html

第6章 製品転換による生産拠点・研究開発拠点の再編と企業城下町
——富士フイルムと神奈川県南足柄市

第1節 本章の目的

　日本の製造業大企業は，経済のグローバル化が進展する中で，新興国へ積極的に進出した。一方で，事業の「選択と集中」を行う企業も相次ぎ，事業再構築に伴って，生産拠点の再編も行われた。2000年代に入り，新興国の技術向上が進んでいる。こうした中で，日本国内の生産拠点や研究開発拠点は，これまで以上に高付加価値な製品の生産・開発が求められており，イノベーションの創出が重要な課題となっている。このような状況を踏まえて，日本国内の生産拠点・研究開発拠点の立地再編を捉える必要がある。生産拠点・研究開発拠点の立地再編は，当該企業の労働者にとどまらず，下請企業や自治体など地域の様々な主体に影響を与えることが想定される。

　これまで大企業の再編と地域との関係を扱ってきた研究は，経済地理学を中心に数多く蓄積されてきた。大企業の再編を国レベルでマクロ的に把握した研究として，構造アプローチによりエレクトロニクスや衣服産業などの空間的分業を論じたMassey（1984）や，特定の業種に注目し大企業の再編を企業横断的に検討した研究として，繊維工業（合田1985）や造船業（村上1985; 堂野1992），石油化学工業（富樫1986），鉄鋼業（山口1988）などの研究がある。また，特定の大企業に注目し，「企業の地理学」の立場から，新日本製鐵（山川1992, 1995a）やソニー（青木2000），松下電器（近藤2007）などを事例に企業内地域間分業と再編との関係を論じた研究がある。

　このような大企業の再編と地域との関係を扱った既存研究では，生産拠点の再編を中心に焦点が当てられており，研究開発拠点[1]の再編を論じたものは

鎌倉（2014c）など少ない．近年，企業の競争力向上のために研究開発の重要性が増し，イノベーションの促進にとって企業内あるいは企業間の近接性が重視される中において（水野 2005, 2007），生産拠点とともに研究開発機能の強化を意図した研究開発拠点の再編にも焦点を当てる必要があろう．

　生産拠点や研究開発拠点の再編が地域に与える影響は，とりわけ企業城下町において，より一層大きくなると考えられる．しかし，これまでの企業城下町研究では，当該地域の実態解明に力点がおかれるあまり，中核企業全体の戦略や空間行動を重視した研究は少なかった．企業城下町において，中核企業の動向や戦略による地域への影響は，一方的なものではなく，地域の諸主体（自治体，下請企業等）が中核企業に働きかけ，その企業戦略に影響を及ぼすこともあり，中核企業と地域の諸主体との相互作用を考えることが重要となる．

　中核企業と地域の諸主体とが生じる相互作用を考察するためには，まず中核企業の空間行動や企業戦略を把握する必要がある．これまで「企業の地理学」とよばれる一連の研究成果では，大企業の行動や企業組織，企業戦略などと，企業内地域間分業とが，関連付けて議論されてきた．企業内地域間分業の実態を解明した研究では，単なる生産品目の違いだけではなく，中枢管理機能，研究開発機能，試作型生産機能，量産型生産機能といった諸機能の分散配置や，各拠点の位置付けにも注意が払われてきた．このうち，試作型生産機能を担う拠点が，マザー工場である．マザー工場とは，「生産階層の上位機能を有していて，なおかつ海外を含めた他工場に対して管理面で影響力を及ぼしている工場」（近藤 2004a: 235）であり，「基礎研究の成果を取り入れて製品化するまでの応用研究」（近藤 2004a: 234）を行うため，研究開発拠点との近接性が不可欠となる．

　既存生産拠点の機能変化や閉鎖，子会社化，海外移管のような，企業内地域間分業の再編に対する研究も進んだ．北川（2005c）は，複数立地企業の工場展開を分析し，生産工場の機能的な変化を考察した．近藤（2004b）は，製品間分業や工程間分業の関係を超えて経営組織の再編をともなう大規模な再編では，当該企業にとって各生産拠点の位置付けも変わらざるをえないことを示している．中核企業と地域の諸主体とが生じる相互作用を考察するためには，中

核企業の空間行動や企業戦略によって，生産拠点の位置付けがどのように変化したのかを捉えることが必要となる。

他方，地域の諸主体として，本章では，自治体と下請企業をとりあげる。第1に，地域の産業発展に大きな役割を果たしている自治体の行動に着目する。1990年代後半以降，国の産業立地政策の理念が「公正的基準」から「効率的基準」へ大きく転換を遂げ（小田 1999），自治体の産業政策も従来と大きく変化し，実証研究も徐々に蓄積されている（鹿嶋 2004; 佐無田 2007; 河藤 2008b, 2015; 植田・立見 2009; 植田ほか 2012; 佐藤 2014）。第4章で論じたように，企業城下町における自治体の産業政策は，「中核企業一社依存から脱却する方向」と，「中核企業の投資を促し，撤退を防ぐ方向」とに分けることができる。産業政策の方向性は自治体の置かれた状況に左右されており，本章の事例では，自治体がどのような背景のもとでどの方向性を指向したのか議論したい。

第2に，産業集積を構成する下請企業の特徴についても着目する。本章では事例に基づいて，生産統合型の産業集積となっている企業城下町における構造的課題の特性を考えたい。これら自治体や下請企業が求められている課題に対して，自治体や下請企業がどのような対応をするのかが，中核企業と地域の相互作用を捉える上で重要になる。

以上を踏まえて，本章の目的は，生産工程統合型の産業集積となっている企業城下町において，中核企業の事業再構築とそれに対する地域諸主体への対応の実態解明を通じて，企業内地域間分業の再編をめぐる中核企業・地域の相互作用の意味について考察することである。これにより，今日の生産統合型の企業城下町がどのような特質を抱えているのか，明らかにしたい。

本章では生産拠点・研究開発拠点ともに再編が進展している，富士フイルムの企業城下町[2]である神奈川県南足柄市において，中核企業の事業再構築とそれに対する地域諸主体への対応の実態解明を通じて，企業内地域間分業の再編をめぐる中核企業・地域の相互作用の意味について考察する。

富士フイルムの生産・研究開発拠点は南足柄市および開成町にまたがる場所に立地しているため，本章では南足柄市および開成町を「足柄地域」とよび，開成町についても適宜言及する。この地域では，中核企業の製品転換に伴って，

生産拠点・研究開発拠点ともに再編が進展しており，本章では，中核企業の製品転換・研究開発機能強化に焦点を当てる。足柄地域には，南足柄市に富士フイルムの工場があるほか，富士ゼロックス株式会社（以下，富士ゼロックス）の竹松事業所[3]や富士フイルムの2つの研究所，情報システム機器を製造する富士フイルムの子会社「富士フイルムテクノプロダクツ」，社宅や職域生協のような富士フイルム関連の福利厚生施設が立地している。このため，足柄地域の中でも富士フイルムの生産拠点が集中している南足柄市を中心に分析する。

以下，第2節において，富士フイルムにおける創業から1990年代までの立地展開を概観した上で，写真感光材料市場や液晶部材市場の変化によって，富士フイルムの組織再編がどのように進み，足柄地域の生産拠点・研究開発拠点にどのような位置付けの変化をもたらしているのか実態を明らかにする。第3節において，富士フイルムの事業再構築による自治体・下請企業への影響と対応を考察する。第4節において，本章の議論をまとめ，結論を述べる。本章のうち，富士フイルムおよび南足柄市の動向について，新聞・雑誌記事及び富士フイルム社史（富士写真フイルム株式会社1960, 1984），プレスリリース，有価証券報告書などの文献資料を参考にした。これら文献資料から把握できなかった諸動向の要因について，南足柄市役所，富士フイルム及び富士フイルムの下請企業に聞き取り調査を実施し情報を収集した。

第2節　富士フイルムの事業展開と企業内地域間分業の変容

1. 企業城下町形成期から1990年代までの立地展開

まず，企業城下町南足柄市が形成された時期から1990年代までの富士フイルムの立地展開について概観する。

南足柄市・小田原市をはじめとする神奈川県西部は，写真感光材料の製造上必要とされていた豊富で良質な水を入手しやすく，空気も清浄であったため，日本の写真感光材料生産の中心地となってきた（神奈川県高等学校教科研究会

社会科地理部会 1996: 217)。1934年にフィルムベース，フィルム，乾板，印画紙を生産する足柄工場が操業を開始し，1938年に写真感光材料の原料薬品の安定供給を確保するために小田原工場が建設された。

　南足柄の工場用地買収には，南足柄村（当時）の積極的な関与があった。富士写真フイルム株式会社（1984）によると，工場の進出にあたって企業側が協力を要請したところ，村長らは，村の発展のためにフィルム工場の誘致に協力するとの姿勢を示し，用地あっ旋委員を選任して，村民への協力を求めた。買収価格は，当初，用地あっ旋委員から1反歩当たり1,100円が示されたが，数回にわたる話し合いの結果，1反歩当たり950円で合意した。このうち，650円は企業側が支払い，300円は村が補償することに決定した。ただし，村の補償分は会社が一時立て替えて支払い，その代償として，会社が操業開始後4年間村税を免除することで申し合わせが成立した（富士写真フイルム株式会社 1984: 14）。このように，本来企業側が負担すべき工場用地費用の一部を村が肩代わりしたのは，農村地域であった南足柄への大工場の進出が，当時の地元有力者にとって熱望されていたためであり，南足柄が企業城下町となる素地は工場設立当初からみられるのである。工場設立後，生産の増加に伴って労働力が必要になると，工場周辺の農村地域からの労働力を吸引していくことになった（合化労連富士フイルム労働組合 1962）。図6-1は，1950年代の南足柄町の地形図であり，富士フイルムの大規模な工場が立地し，工場周辺の農村集落が徐々に都市化していった時期を示している。

　高度経済成長期の写真需要の伸びによって，富士フイルムは順調に成長し，雇用も増えていった。会社全体の従業員数は，1945年の約1,400人から1956年の約4,700人（うち足柄工場に約3,700人）へ増加した（富士写真フイルム株式会社 1984: 99）。1958年時点で従業員の89%が作業員として雇われており，中でも女性従業員が多かった[4]（富士写真フイルム株式会社 1960）。これは加工包装工程の大半を人海戦術に頼っていたためである。1970年代になると，機械化が進んだことで仕事内容が変化し，従業員構成も変化した。このころ，カラーフィルムや印刷製版用フィルムの新加工工場が設立され各種自動機械の導入によって，従来，日勤の女性従業員を主体としていた加工部門も，男性従

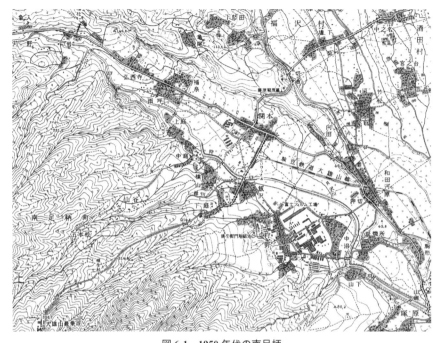

図 6-1　1950 年代の南足柄
出所：2.5 万分の 1 地形図「関本」(1954 年二修, 1957 年発行)。

業員の 3 交代連続 24 時間作業の職場に変わり,生産性は飛躍的に向上した(富士写真フイルム株式会社 1984)。また,グループ会社である富士ゼロックスの工場も南足柄に 1968 年に建てられ,南足柄の雇用拡大に寄与することになった。

富士フイルム関連の従業員増加を主因として人口は増加し,1972 年に南足柄市として市制を施行した。南足柄市は,神奈川県西部の中心都市である小田原市が近接しており,小田原市の都市機能を利用することができたため,延岡市や宇部市の状況と比べると,富士フイルムが行った福利厚生施設や社会基盤の整備は必要最低限度にとどまったといえる。

写真需要の伸びに伴って,富士フイルムは神奈川県西部以外の地域へも工場を展開させていった。富士フイルムは,印画紙の支持体であるバライタ紙の工場を 1963 年に富士宮市(静岡県)に建設した。また,オフセット印刷に用い

る刷版材料 PS 版の需要が急増したため，同社は 1972 年，静岡県吉田町に，PS 版を製造する吉田南工場を建設した[5]（図 6-2）。富士フイルムは，1970 年代半ば以降，日本国内にとどまらず海外にも生産拠点を拡大し，日米欧の「グローバル 3 極生産体制」を構築してきた。

　研究開発拠点は，1938 年に足柄工場の敷地内に設立された「足柄研究所」のように，各生産拠点に併置され，生産拠点に対応した研究開発が行われてきた。一方で，全社的な研究開発を行う拠点も整備され，1965 年に，朝霞市（埼玉県）に「中央研究所」が設立された。だが，1979 年に「朝霞研究所」に改名されるとともに，1981 年に，富士ゼロックス竹松事業所の北隣に，「宮台技術開発センター」が開設され，朝霞から宮台を中心とした南足柄地域へ多くの研究室は移転し，朝霞には生化学分析装置関連の研究室だけが残った。1992 年，「朝霞技術開発センター」に再度，名称が変更され，ライフサイエンスに加えて，電子映像事業部，光学機器事業部開発部が開設された[6]。

　創業当初から営業活動は東京を中心に行われている。同社の登記上の本社は南足柄市に置かれていたものの，中枢管理機能は東京本社に置かれ，全社的な経営の意思決定が行われていた。

　富士フイルムは，日本国内をはじめとする写真感光材料市場で圧倒的に優位に立ち[7]，1990 年代まで安定的に利益を確保してきた。その間，足柄工場は，主力事業である写真感光材料の生産を担う拠点として機能していた。

2. 市場変化に伴う組織再編

　1990 年代後半以降，デジタルカメラが急速に普及する一方で，写真感光材料市場は縮小し，メーカー各社は事業の再構築を迫られた[8]。富士フイルムにおいても，連結の部門別[9]営業利益で見ると，堅調な「インフォメーション」部門や「ドキュメント」部門と異なり，写真感光材料やデジタルカメラを含む「イメージング」部門は，2004 年以降，営業損失を計上している。写真感光材料市場の縮小に加え，多くの電気機器・精密機器メーカーが参入し価格競合が激化しているデジタルカメラ事業で利益が確保しにくい状況になっている。

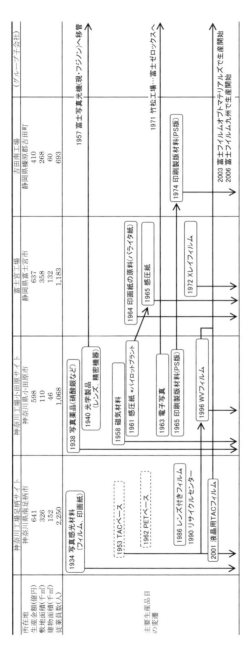

図 6-2 富士フイルム各工場の概況と主要生産品目の推移

注：各工場・サイトの従業員数は、生産子会社（富士フイルムマニュファクチャリング、富士フイルムメディアマニュファクチャリングなど）の従業員数を含む。神奈川工場足柄サイト・小田原サイト、富士宮工場の生産金額等の数値は、2016 年 3 月時点。吉田南工場の生産金額等の数値は、2013 年以降公開されていないため 2012 年 3 月時点の数値。
出所：富士写真フイルム株式会社 (1984)、富士フイルム株式会社各工場「サステナビリティレポート」をもとに作成。

一方で，富士フイルムは，写真用フィルム事業で培われた精密薄膜を塗布する技術を次世代ディスプレイや高密度記録媒体に応用し，事業構造の転換を推し進め，「第2の創業」を目指した。その筆頭に上げられるのが，液晶部材の生産・開発である。液晶部材の中で，偏光板は最も基本的な部材とされる。この偏光板を構成する偏光子フィルムを保護する支持体として「TAC（トリアセテートセルロース）フィルム」が利用されており，TACフィルムの世界シェアは，2006年時点で，富士フイルムが78%を占めていた（シーエムシー出版 2007）。

富士フイルムにおいて，TACフィルムをはじめとする液晶部材は新たに開発された製品ではない。TACフィルムは，1950年前後に開発[10]され，フィルムの支持体（ベース）として利用されてきた。TACフィルムは，美しい表面性や透明性に加え，電気絶縁特性に優れていたため，事業拡大の一環として，1958年に「フジタック」の商品名で発売され，アニメーションの原画製作など多用途で利用されてきた（富士写真フイルム株式会社 1984）。その後，素材特性から液晶部材として注目が集まった。写真用フィルム以上の品質を求められたため，1970年代後半以降，富士フイルムは偏光板メーカーと共同開発し品質を磨いてきた[11]。1990年代後半以降，液晶用フィルムの需要が高まる中，富士フイルムは蓄積された技術の優位性があったため，前述したシェアを確保できた。

市場変化に伴う製品転換により，富士フイルムは，2000年代に入り大幅に組織を再編する事業再構築を行っている。会社全体及び中枢管理機能の変化として，同社は2006年に持株会社制に移行し，「富士フイルムホールディングス株式会社」の下に，事業会社である「富士フイルム株式会社」と「富士ゼロックス株式会社」を配置させた。

また，富士フイルムの生産拠点の再編が進んだ。液晶用フィルム需要の上昇に伴って，1990年代後半以降，同社は小田原工場や足柄工場，富士宮工場において，その増産を続けている。さらなる新たな生産拠点として，静岡県吉田町に「富士フイルムオプトマテリアルズ」吉田北工場を建設し，2003年に操業が開始された。西日本や韓国・台湾にある偏光板メーカー工場との近接性や自然災害のリスクを考慮し，熊本県菊陽町に「富士フイルム九州」熊本工場が

建設され,2006年に操業が開始された(山口2006)。

従来,足柄工場では写真用フィルム・印画紙を,小田原工場では写真用薬品,ビデオテープなどの磁気記録製品を,製造してきた。しかし,市場変化に伴う製品転換によって,両工場とも生産体制を効率化するため,運営を一体化し,2005年に名称を神奈川工場とし,足柄工場は神奈川工場足柄サイト,小田原工場は同小田原サイトになった[12]。

同様に,研究開発拠点においても組織が再編されている。これまで朝霞技術開発センターや宮台技術開発センターのほか,研究開発拠点は工場に併置され,「地名+研究所」という名称の研究所が地域ごとに置かれていた。しかし,研究開発拠点間での調整はされておらず,例えば富士宮と吉田南で同様の偏光フィルターを開発するといったような,重複する研究開発が行われることもしばしばあった(富士フイルムに対する聞き取り調査による)。そのため,「R&D統括本部」の下,事業分野毎に研究所が置かれるようになった(表6-1)。再編の一環として,富士フイルムの研究開発組織は,全社共通の技術基盤を蓄積する「コーポレートラボ」と,短中期的な目標を持って,各事業部に直結した製品開発が行われる「ディヴィジョナルラボ」に分けられた。足柄地域には,コーポレートラボに属する研究所が多く配置されている。

このように,富士フイルムの事業再構築では,市場変化に対応させて,組織のスクラップアンドビルドが行われ,特に写真フイルムの生産拠点であった足柄地域では抜本的に実施された。

3. 足柄地域における事業再構築

(1) 研究開発機能の強化

足柄研究所は,富士フイルムにとって「写真感光材料研究の総本山」であった(桑嶋2005:4)。しかし,2000年代に入ると,製品転換に対応して,足柄研究所や宮台技術開発センターは,有機合成化学や光学デバイス・画像技術などへ軸足を移し,変化が見られた。例えば,「ポリマーフィルムを製膜し,塗布でより高機能化する」(桑嶋2005:3)技術を有してきた足柄研究所は,その

表 6-1 富士フイルムの研究開発拠点の分布（2011 年時点）

群	研究所名	研究所		工場併置			その他
		開成	宮台	足柄	小田原	吉田南	
コーポレート群	先端コア技術研究所	○					
	有機合成化学研究所	○					
	アドバンストマーキング研究所	○					
	解析技術センター			○			
	生産技術センター			○			
	ソフトウェア開発センター						横浜
	画像技術センター		○				
ディヴィジョナルラボ群	医薬品・ヘルスケア研究所	○					
	メディカルシステム開発センター		○				
	グラフィック材料研究所				○		
	電子映像商品開発センター						さいたま
	光学デバイス開発センター						さいたま
	フラットパネルディスプレイ材料研究所			○			
	記録メディア研究所				○		
	エレクトロニクス　マテリアルズ研究所					○	

注：太枠は，足柄地域にある研究開発拠点を示す。
出所：富士フイルム株式会社ウェブサイト（http://www.fujifilm.co.jp/corporate/aboutus/offices/index.html）をもとに作成。

一部門を改組し，2003 年に「フラットパネルディスプレイ材料研究所」が新設された[13]。このように，足柄研究所を中心に培われてきた技術が液晶用フィルム製造に活用されている。

また，2006 年，全社横断的な先端研究，新事業・新製品の基盤となるコア技術開発を推進することを目的に，「富士フイルム先進研究所」が新たに設立された（富士フイルム株式会社 2007）。これは，富士ゼロックス竹松事業所の東隣（神奈川県開成町）に建設され，2009 年時点で，富士フイルムの研究開発拠点で働く約 6,000 人の 15％にあたる約 900 人が勤務している（富士フイルムに対する聞き取り調査による）。縮小が続く，朝霞技術開発センターの一部は，この研究所に移転している（富士フイルムに対する聞き取り調査による）。

富士フイルムに対する聞き取り調査によると，この研究所の立地要因は，第

1に自治体による誘致策があったことである（後述）。第2に他の生産・研究開発拠点との近接性を重視したことである。富士フイルムの主要な生産・研究開発拠点は，神奈川県西部から静岡県に分布しており，それらへのアクセスが容易である。第3に研究員の居住移動に配慮したためである。既存の研究組織から新研究所へ転勤する持家のある研究員にとって，転勤に対する抵抗感を低減させるためであった。

この研究所は，富士フイルムホールディングスにおける富士フイルムと富士ゼロックスとのシナジー効果が発揮される場として期待されている。例えば，先進研究所内の「アドバンストマーキング研究所」では，インクジェット方式のデジタル商業用印刷機の開発が進んでいる。富士ゼロックスのシステム設計力と，インクジェットの性能を左右する富士フイルムのインク材料技術が活用されている[14]。

足柄地域には，富士フイルムの研究開発拠点が集積しており，富士フイルム全体の研究開発機能にとって中核的な位置を占めている。

(2) 製品転換に伴う生産拠点の変化

足柄サイトは，創業以来，写真用フィルムや印画紙などの写真感光材料の主力生産拠点であったため，大幅な再編を迫られた。足柄サイトは，写真感光材料の製造ラインのうち，人員削減策として，社員の早期退職を進めるとともに，一部の製造工程を子会社に移管した。従業員約900人（うち富士フイルムからの出向は約300人）を抱える生産子会社「富士フイルムフォトマニュファクチャリング」には，2005年に裁断，梱包工程が，2006年に塗布工程が移管された。富士フイルム国内4工場の出荷額の推移を見ると，4工場すべてにおいて出荷額の減少傾向が続いている中でも，とりわけ足柄サイトの減少幅は大きく，最も影響を受けたことがわかる（図6-3）。

一方で，液晶用フィルムの生産量は増加している。2001年，70億円を投じて足柄工場内にある映画用フィルムの工場棟を衣替えした一貫生産プラントを建設した。さらに，240億円を投じてTACフィルムの新工場が足柄サイト内に建設され，2008年に稼動を開始した。富士フイルムに対する聞き取り調査

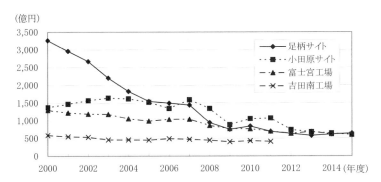

図 6-3　富士フイルム各工場の生産額の推移
注：吉田南工場の数値は，2013 年以降公開されていないため，不明。
出所：富士フイルム株式会社各工場「社会・環境レポート」「サステナビリティレポート」各年版をもとに作成。

によると，新工場の立地要因は，研究所との近接性や後述する自治体による誘致策のためであるという。足柄サイトの新工場は，同サイト内にある「フラットパネルディスプレイ材料研究所」との近接性を活かした新たな生産技術や新フィルム開発のためのパイロットラインとしての役割も担うことになる。

「フジタック」は，足柄サイトと富士フイルム九州熊本工場において生産されているが，その機能に差異がある。すなわち，製造ラインの増設が続く熊本工場ではそれを量産する一方で，足柄サイトの製造ラインでは，研究所との近接性を活かして高付加価値な製品である横幅 2m に達する超広幅の TAC フィルムを生産する。これは，従来品の 1.5 倍の大きさであり，需要が伸びている大型液晶テレビに適した，張り合わせ継ぎ目のない偏光板製造を目的としている。

このように，写真感光材料の開発に注力してきた足柄研究所で培われてきた技術が活かされ，TAC フィルムの生産においても，足柄サイトはマザー工場としての位置を占めるに至った。

(3) 足柄地域の位置付けの変化

2000 年代の富士フイルムの事業再構築により，企業内地域間分業も大きく

様変わりした。従来、足柄工場は、小田原工場や富士宮工場から供給される原料薬品や印画紙の原料を供給されて写真感光材料の最終工程を担う工場であったが、製品転換に伴い、液晶用フィルム生産の量産機能を担う熊本工場とは対照的に、高付加価値な液晶用フィルム開発を行う工場へと変わりつつある。

このように足柄地域の拠点は、富士フイルムにとって、一貫してマザー工場であり続けるものの、2000年代の事業再構築により、その意味が質的に変容しつつある。すなわち、従来、主力事業である写真感光材料の生産を担い、安定的に利益を生み出すという意味で足柄地域は中核地域であったが、写真感光材料市場の急激な縮小による製品転換に伴い、現在では、「第2の創業」を推進し、高付加価値な製品を創出する生産拠点・研究開発拠点という意味で中核地域となっている。

足柄地域において、研究所・工場が新設された要因をまとめると、第1に、従来の生産拠点・研究開発拠点との近接性が重視されたためである。高付加価値な製品の生産において、富士フイルムが足柄研究所を中心に従来培ってきた技術蓄積が活用されるとともに、将来的には新設された研究所で生み出されるイノベーションとの融合が期待されている。第2に、自治体による誘致策が奏功したことである。この点については、第3節でみていくことにしよう。

第3節　富士フイルムの事業再構築による自治体・下請企業の対応

1. 自治体に対する影響と政策展開

南足柄市は、1990年代まで富士フイルム、富士ゼロックスからの税収を中心に、財政状況は極めて良好であった。豊かな財政状況に加え、まとまった工業用地も少なかったため、南足柄市は企業誘致に対してあまり積極的でなかった。1990年代前半に、神奈川県が主体となって造成された「南足柄東部工業団地(テクノネット湘南)」や、みかんの転作事業に伴って新設されたアサヒビール神奈川工場[15]の企業誘致に対して、主導的な役割を果たしていたのは神奈

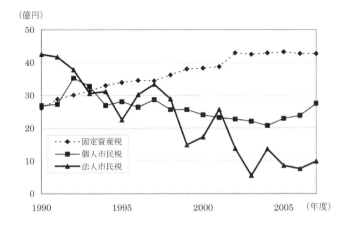

図 6-4 南足柄市の財政歳入における固定資産税，個人市民税，法人市民税の推移
出所：南足柄市役所提供資料をもとに作成。

川県であった。

ところが，富士フイルムの事業再構築に伴って，こうした状況は一変する。開成町では，2006 年の研究所の新設により法人町民税が，3 億 4,600 万円（2006 年度）から 8 億 200 万円（2007 年度）に増え，研究所新設の効果が現れている。一方で，富士フイルムの創業以来，同社から多額の税収を得てきた南足柄市は，2000 年代に入り，財政難に苦しんでいる。すなわち，個人市民税や固定資産税は堅調に推移する一方で，法人市民税は大幅に減少した（図 6-4）。資本金別法人市民税調定額を比較すると，資本金 50 億円超の大企業の法人市民税が 2000 年度に比べ 2003 年度には，75％減少している。こうした事態は，中核企業 1 社の動向により税収が大きく左右されるという企業城下町特有の財政構造が原因であるといえる。以下，厳しい財政に陥った南足柄市の政策展開を考察する。

市の財政再建が深刻な問題となり始めた 2003 年に，3 期市長を務めた鈴木佑氏が引退を表明し，3 人が立候補する市長選挙が行われた。立候補者 3 人は，それぞれ観光事業活性化や，定住人口増加，企業誘致による産業振興といった持論を展開し，自立したまちづくりの実現を訴えた[16]。このうち，富士フイ

ルム出身の沢長生氏は,民間経営管理手法の活用や産業振興を前面に打ち出し,支持を集めた。産業振興では,「既存の企業に対し,地元での新規投資や新製品生産立ち上げなどを積極的に働きかける[17]」ことや,成長分野の新企業誘致を訴えた。

選挙の結果,沢氏が当選した。沢氏は,当市初の富士フイルム出身の市長である。企業城下町の中には,中核企業の社員やOBなど企業出身者が,中核企業,労働組合や下請企業等の強い支援により市議会議員の多数を占めたり,市長に就任したりする自治体はある(第4章を参照)。しかし,南足柄市議会議員になった富士フイルム社員は,過去最大で3人であり,議員定数約25人の中で多数派を形成したことはなく,市長を輩出したこともない[18]。これは,豊田市や延岡市などと異なる状況である。富士フイルムやその労働組合は,これまでも市議会議員選挙や市長選挙において目立った支援をせず,当市において中核企業と地方政治との関係は希薄であった。2003年の市長選挙においても,富士フイルムの労働組合は候補者3人いずれとも支援する立場をとらなかった。沢氏は,地元出身であったため地縁血縁を活かすとともに,富士フイルム社員時代の同僚やOBら支持者の結束を活かして選挙活動を展開した[19]。中核企業の強い後押しにより市長に送り込まれたわけではないが,結果的に富士フイルム経営者と強いパイプを持つ市長が誕生したことになった。これにより,富士フイルムの意向が南足柄市政に反映されやすくなったといえる。

市長選挙直後,富士フイルムの大幅減益が報道された[20]。このため,南足柄市が将来の財政状況を推定したところ,何も手段を講じない場合,2006年度,2007年度に多額の赤字を計上し,財政再建準用団体に転落する可能性があると判明した。そこで,市は2005年に,既存事業の廃止や見直し,人件費・補助金の削減,ゴミ袋の有料化により歳入を確保する「財政健全化プログラム」を策定した。

2006年2月の南足柄市議会において,沢市長は,「70年以上の企業城下町という在り方を見直し,南足柄の持っているいろいろな財産をいかし,新しい街の将来像を作っていく必要があります。その意味で,今年度が見直し元年であります。」と答弁する「脱企業城下町宣言」を発表した。ただし,この宣言は,

富士フイルムだけに頼る政策からの転換を意味するものであり，富士フイルムとの関係を断ち切ることを意味するものではない．実際，富士フイルムに対する引き留め策は，これまで以上に行われるようになっている．富士フイルム在籍時に本社広報部主席であった沢市長のパイプを活かして，富士フイルム社長との会合が頻繁に行われている（沢市長に対する聞き取り調査による）．誘致に当たって，地価の安い地方圏の地域と競合したものの，沢市長が富士フイルムに働きかけることにより，足柄地域への再投資が実現した．

　研究所を新設するためのまとまった用地が南足柄市内になかったため，沢市長は，土地区画整理により発生していた開成町内の空地を紹介した．このような働きかけは，南足柄市内の下請企業への仕事の受注増加や，研究員が市内に居住することによる波及効果を期待したため行われた．また，南足柄市は，富士フイルムから長年要望のあった，大型トレーラーで通行可能な，足柄サイトから東名高速道路大井松田I.C.までを結ぶ道路を建設し，インフラストラクチャー整備に尽力した．これらの南足柄市の誘致策が奏功した結果，足柄サイト内の新工場建設や研究所新設に伴う独身寮の建設が南足柄市内で実現した．

　さらに大型の投資をひきつけるための政策も進行しており，2006年に「足柄産業集積ビレッジ構想」が打ち出された．この構想は，南足柄市と開成町との合併協議の中で，市町境界付近の振興のため生まれたものである．南足柄市と開成町との合併協議は頓挫したが，この構想は両市町で引き続き進められている．「足柄産業集積ビレッジ構想」は，南足柄市と開成町，企業，教育・研究機関などが協力し産業集積を進め，足柄地域全体の発展・活性化を図ることを目的としている．

　「足柄産業集積ビレッジ構想」が進展する中，2007年に「企業の立地の促進等に関する条例」が制定された．この条例制定により，工場の新設・拡大再投資に対して，固定資産税の減免，都市計画税の減免，雇用促進の補助金といった優遇措置が行われる．2008年に，足柄サイトの工場新設に対して，この条例が適用されている．

　富士フイルムの事業再構築に対して，南足柄市の他に神奈川県の産業政策「インベスト神奈川[21]」も，富士フイルムの投資誘引に関係している．「インベス

ト神奈川」により，2004年に投資額460億円の研究所新設に対して69億円が助成され，2006年に244億円を投じた足柄サイト内のTACフィルム工場新設に24億円が助成された。このような県の政策は，南足柄市からの働きかけが影響していたという。南足柄市から，県に対して大型投資を誘致するための政策を出してほしいという要望や，工場建設時に従来3年間要する県の環境調査を1年間に短縮するといった働きかけがなされた（南足柄市役所に対する聞き取り調査による）。富士フイルムは急激な市場変化の中，短時間での事業再構築を求められていたため，南足柄市は富士フイルムの意向を汲んで，スピーディな政策対応を行った。

南足柄市では，2000年代に，富士フイルムの投資をひきつける政策整備を図った。これは，従来の技術を活かした形で，短期間で業績の改善を図りたい富士フイルムと，新たに企業を誘致するよりも継続的な関係を保ってきた富士フイルムの誘致により財政悪化を食い止めたい市との両者の思惑が一致したことによる。

このように南足柄市は，中核企業の雇用減少という企業城下町の危機に対して，「中核企業の投資を促し，撤退を防ぐ方向」を目指した。この方向性は，1990年代後半以降の延岡市と同様であるが，その背景はそれぞれ異なっている。延岡市では，中核企業労働組合の政治的影響力が低下する中において，延岡に再投資を続ける中核企業を再評価する動きが高まり，この方向性が選択された（第4章を参照）。一方で，南足柄市は，中核企業出身の市長が中核企業社長とのパイプを活かして，その再投資を促している。南足柄市の方が，企業の意向が自治体政策に強く反映されやすい状況である。

2. 下請企業に対する影響とその対応

企業・事業所統計および経済センサス基礎調査によると，南足柄市の製造業者は2000年代に入り，事業所数，従業者数ともに減少が続いている。これは，富士フイルム足柄サイトの人員削減によるところも大きいが，小規模な下請企業でも廃業や人員削減が行われているためと考えられる。すなわち，29人以

下の製造業者では，事業所数が117工場（2001年）から94工場（2009年）に，従業者数が767人（2001年）から594人（2009年）に減少している。

富士フイルム神奈川工場足柄サイトと取引のある業者のうち，労働災害対策として構内外注に入る企業を中心に「安全協力会」が組織されている。この安全協力会に所属する会員企業のうち，南足柄市に担当事業所をおく企業の所在地の分布を示したものが図6-5である。この「安全協力会」は，富士フイルムと取引関係のある全ての企業を示したものではないため，企業の空間的分布を示すものとしては限界があるが，目安の1つとなる。「安全協力会」は，機械，空調，土建，電気，運輸・環境の5部門があり，全88社で構成されている。そのうち，30社が南足柄市，32社が小田原市に担当事業所を設けている。図6-5を見ると，足柄サイトの物資搬入口である南門付近に，空調部門所属企業

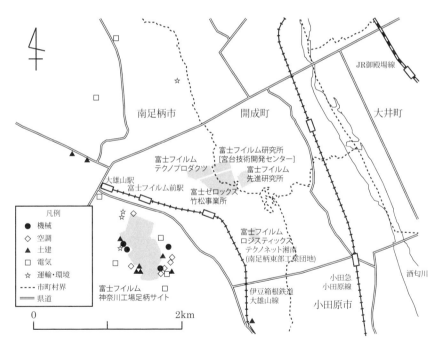

図6-5　富士フイルム安全協力会所属企業の分布（2007年時点）
　　　出所：富士フイルム株式会社提供資料より作成。

を中心に集積していることが分かる。

　さらに，富士フイルムの事業再構築が下請企業に与えた影響やその対策について，具体的な企業の実態分析を通じて考察する。富士フイルムは，自社の工場内で生産が完結するため，取引関係は一定程度の技術力を持った企業に限定されており，生産工程統合型の産業集積を形成している。このような産業特性を鑑み，小規模零細企業が携わる設備工事や運送ではなく，製品加工や薬液回収のような生産工程に直接関わる業務に従事する企業について考察する。以下，南足柄市において富士フイルムとの取引関係を有する下請企業 N 社と P 社[22]を取り上げる。

　両社とも，富士フイルムが排出する写真感光材料のリサイクル事業を契機に取引関係を構築した。1969 年に創業した N 社は，富士フイルムの原料リサイクルの孫請けから出発し，徐々に富士ゼロックス，富士フイルムとの取引関係を拡大させてきた。1984 年からカラーフィルムの包装加工を，1986 年から「写ルンです」の包装加工を開始した。その後，中国や米国，メキシコにおいても富士フイルム関連の部品製造やリサイクル業務を行っている。一方，P 社は 1943 年に南足柄市に工場を建設し，工場敷地内の湧水を活かした「洗浄剥離技術」を核に業務を拡大してきた。TAC フィルムや PET フィルムの再生回収，含銀フィルム屑の焼却灰回収などで富士フイルムと取引関係がある。両社とも富士フイルムの構内外注業務にも従事しており，研究所において実験補助や調合・調液などの業務を請け負った経験を有している。

　富士フイルムとの関係では，両社に対応の違いが見られる。N 社は，製造機械の設計や立ち上げ段階に関わるなど富士フイルムとの関係は極めて密であり，富士フイルムに対する依存が強い。一方，P 社は，1980 年代まで富士フイルムから技術指導や設備の無償貸与を受けていたが，徐々に自社対応を始め，1990 年代にはコニカ日野事業所との取引関係を構築し依存脱却を進めてきた。

　両社とも富士フイルムの事業再構築の影響が強く現れているが，上述した富士フイルムとの関係により状況が各社で異なる。N 社の売上高は,68 億円（2005 年），55 億円（2006 年），47 億円（2007 年）と減少が著しく，その影響を強く受けている。これは,同社が写真用フィルムや「写ルンです」の包装加工など，

富士フイルムが事業を縮小している仕事に大きく依存してきたためである。一方P社では，売上高に占める富士フイルムの割合は，全盛期の1990年代前半には約95％であったが，徐々に縮小し約50％になっている（2007年時点）。

両社とも，取引先を拡大する努力を続ける一方で，富士フイルムが足柄サイト内の新たなTAC工場の動向に注目し，下請業務の発生を期待している。N社は，ペットボトルのリサイクルなど産廃関連事業を拡大していく方針である。N社の海外生産拠点では，今後も富士フイルムを中心に据える一方で，電気機器・自動車メーカーの業務も請け負っており，今後も取引先を拡大する方針である。一方P社は，ポリカーボネートや銀関係の買い入れ・販売事業などの新事業を進めるとともに，樹脂メーカーとの取引拡大を目論んでいる。このように，下請中小企業は，富士フイルムだけに頼らない取引先の拡大や新事業展開，技術力の強化が課題となっている。

南足柄市は，富士フイルムに対する引き留め・再投資を積極的に促す一方で，販路開拓や新事業展開，技術力強化が求められている中小企業に対しては，そのような課題克服のための直接的な支援を行っていない。富士フイルムの再投資の波及効果により中小企業への発注増加を期待するという間接的な支援に留まっている。

例えば自動車工業の企業城下町であれば，部品を製造する下請中小企業の衰退は，中核企業の競争力低下に直結する問題となる。しかし，化学工業のような生産工程統合型の企業城下町では，中核企業のパフォーマンスこそが何より重要である。そのため，下請中小企業が地域経済においてもつ意味は相対的に低く，自治体の支援対象となりにくい。生産工程統合型の企業城下町では，構造的に中核企業の投資意向に左右されやすく，投資をよびこむ地域間競争に巻き込まれやすい。南足柄市の状況は，グローバルに活動する企業の競争優位を確保する競争に地域が巻き込まれた典型例であり，企業城下町であるが故に顕在化したといえる。

第4節　本章の結び

　本章では，富士フイルムの企業城下町である神奈川県南足柄市を事例として，製品転換にともなう中核企業の事業再構築とその地域的影響を考察してきた。

　2000年代に，富士フイルムは，不振に陥った写真感光材料事業の再編を推進してきた。足柄工場は，創業以来，その主力生産拠点であったため，リストラクチャリングを迫られた。富士フイルムは，写真感光材料事業を縮小する一方で，足柄地域において，研究開発機能を強化するとともに，高付加価値な液晶用フィルムを生産する工場を新設し，生産拠点を機能転換させた。これらが新設された要因は，従来の生産拠点・研究開発拠点との近接性が重視されたことと自治体の誘致策が奏功したことである。足柄地域の拠点は，従来，主力事業の生産を担うという意味で富士フイルムの中核地域であったが，現在では，「第2の創業」を推進し，高付加価値な製品を創出する生産拠点・研究開発拠点という意味で中核地域となっており，富士フイルムにとって，一貫してマザー工場であり続けるものの，2000年代の事業再構築により，その意味が質的に変容しつつある。

　富士フイルムの事業再構築が自治体・下請企業に及ぼした影響とその対応についても検討した。南足柄市は，1990年代まで富士フイルムからの税収が莫大であったため，財政状況は極めて良好であった。しかし，法人市民税が大幅に減少するなど富士フイルムの事業再構築の影響を強く受けている。中核企業出身の市長が誕生したことにより，富士フイルムの意向が自治体政策に反映されやすくなった。中核企業出身の市長は，富士フイルム社長とのパイプを活かして，短時間での事業再構築を求められていた富士フイルムの意向を汲み，研究所・工場の誘致に尽力した。このような政策は，富士フイルムの企業内地域間分業の再編に寄与した。

　一方で，下請企業についても検討した。富士フイルムの下請企業は足柄工場周辺に集積しており，企業城下町型産業集積構造を形成してきた。下請企業は，富士フイルムの事業再構築の影響を被ったため，富士フイルムだけに頼らない

取引先の拡大や新事業展開，技術力の強化が課題となっている。しかし，南足柄市は，課題克服のための直接的な支援を行っていない。財政危機に陥った南足柄市は，その打開策を中小企業の技術力強化や取引先拡大ではなく，富士フイルムの再投資に求めた。つまり，「中核企業の投資を促し，撤退を防ぐ方向」を選択したのである。化学工業のような生産工程統合型の企業城下町では，下請中小企業が地域経済においてもつ意味は自動車工業のそれと比べると相対的に低く，自治体の支援対象となりにくい。このような産業構造の企業城下町では，構造的に大企業の投資をひきつける地域間競争に巻き込まれやすい。南足柄市の状況は，グローバルに活動する企業の競争優位を確保する競争に地域が巻き込まれた典型例であり，企業城下町であるが故に顕在化したといえる。

これまでの議論を踏まえて，中核企業・地域の進化過程に着目して考察したい（図6-6）。

中核企業富士フイルムの技術軌道を見ると，同社は写真感光材料生産に従事し，その生産技術・研究開発能力を足柄研究所で磨いてきた。1970年代以降，写真感光材料の技術を液晶部材開発にも応用し，液晶部材メーカーと共同開発を行ってきた。液晶部材用のフィルム生産は1990年代後半以降，急速に拡大するが，これまで主力であった写真感光材料生産の凋落を穴埋めしており，技術的なロックインが事業再構築にポジティブに寄与したといえる。足柄地域では，1980年代の技術開発センター設立に続いて，2000年代にも新たな研究所が設立され，研究開発機能はさらに強化されている。富士フイルムは，創業以来，南足柄市を登記上の本社としていたが，富士ゼロックスとの統合の中で，実質的な本社機能のあった東京へ，名実ともに本社が移された。研究所の新設や高付加価値な液晶部材の生産工場に投資するなど，富士フイルムは，首都圏近郊にある南足柄市を，企業戦略上の中核地域とみなしていると考えられ，今後も投資は継続されると見込まれる。

他方，地域の進化過程を見ると，下請企業は，フィルムからの銀回収などを中心に業務を拡大してきた。1990年代まで堅調に推移してきたことから，富士フイルムと下請企業との下請関係はこれまで比較的安定し，下請企業による富士フイルムへの依存意識は強かった。技術的，関係的にもロックインが機能

200

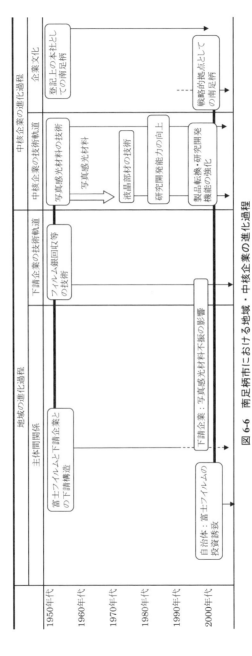

図 6-6 南足柄市における地域・中核企業の進化過程

注：細線の矢印はロックインの継続状況を，細破線はロックインの弱化・衰退を，太線は事象同士の相互関係を，白抜きの矢印はロックインによる事象・ロックインへの影響を示す。事象やロックインは，第二次世界大戦以前から始まっているものもあるが，事象やロックインを捉えやすい1950年代以降を図に示す。

していた時代は長く続いた。しかし，2000年代の写真感光材料生産の減少に伴って，下請企業では，労働集約的な業務を中心に下請仕事が減少し，これまでのロックインをアンロックする必要に迫られ，富士フイルムだけに頼らない取引先の拡大や新事業展開，技術力の強化が課題となっている。一方で，法人市民税が大幅に減少するなど富士フイルムの事業再構築の影響を強く受けた南足柄市は，富士フイルム撤退を防ぎ投資をひきつけるための産業政策をとり，関係の再構築を図っている。このような南足柄市の政策によって，中核企業と自治体の関係性を再び強めており，関係的ロックインを強化する動きとなっている。

　南足柄市の事例では，中核企業へのスピーディな対応が投資を引き付ける決め手の1つとなったことがわかった。今後，グローバル化の進展に伴う市場競争の更なる激化によって，製品のライフサイクルの短縮化がさらに進むことが予想されている。製品のライフサイクルの短縮化にあわせて企業組織を適時に再編するという企業の意向が，いっそう自治体政策に影響を及ぼすようになってきたことが，今日の生産工程統合型の企業城下町が有する特質の1つであると考えられる。

　また，南足柄市の事例は，企業城下町からの脱却が容易でないことを物語っている。南足柄市は，1990年代まで企業城下町であったし，富士フイルムの事業再構築以後もそうであるけれども，その意味合いは変わった。逆説的ではあるが，南足柄市は，自治体財政が悪化し企業城下町として危機的状況になったにもかかわらず，結局のところ，中核企業との結びつきを強め，企業城下町として生き残る道を選択したのである。南足柄市は，2000年代の中核企業の雇用減少という企業城下町の危機に対して，「中核企業の投資を促し，撤退を防ぐ方向」を選択した。中核企業のもつポテンシャルを，下請企業にも波及させる仕掛けづくりが求められるだろう。

　今後の地域の動向として注目されるのが，第1に富士フイルムの投資動向である。南足柄市が将来的にどのように変貌を遂げていくのかは，富士フイルムがどの程度，投資をするかに関わっている。現在のところ，足柄サイトでは液晶用フィルムの生産・研究開発が活発であるが，有機EL等との競合の中で，

液晶自体の市場が将来どうなっていくのか不透明である。このような状況に対して，富士フイルムは，ポスト写真感光材料の新事業として，化粧品や医薬品事業への本格的な参入に向けた投資を続けている。これら新事業の生産拠点をグローバルにどのように立地させていくのかということによって，地域に与える影響も変わってくるだろう。

また，第2に，隣接する小田原市との合併論議である。本章で言及した沢市長は，2期市長を務め，3選を目指して2011年4月に市長選挙に臨んだ。その市長選挙では，沢市長が選挙公約として訴えた「小田原市との合併」が大きな争点となり，新人3人との競合の結果，市長選挙に敗れた[23]。南足柄市は，もともと小田原都市圏の一部であり，南足柄市の財政再建に注力していた沢市長が，両市の財政状況を考慮して小田原市との合併を主張したとみられる。市長交代により合併論議は一度収束したものの，2016年10月に両市による「小田原市・南足柄市『中心市のあり方』に関する任意協議会」が設置され，再び両市の合併をめぐって目下議論が続けられている[24]。今後の議論の行方を見守りたい。

[注]
1) 日本において大企業の研究開発拠点は，東京大都市圏への集積が指摘されてきた（中川 1996; 木村 1990; 中澤 2001）。これには，情報源への近接立地や高度人材の労働市場など生産拠点とは異なる研究開発拠点の特性が関係していることが示されている（中島 1989; 中澤 2001）。
2) 工業統計において，南足柄市の化学工業の数値は，富士フイルム足柄サイトの数値に近似しているとみてよい。工業統計表によると，2010年時点で，南足柄市の全58工場のうち化学工業は6工場（全体の10％）に過ぎないが，化学工業の従業者数は市全体の53％，その製造品出荷額等は市全体の38％を占めているように富士フイルムが南足柄市の工業において圧倒的影響力をもっているため，南足柄市は富士フイルムの企業城下町であると考えられる。
3) 1962年，富士写真フイルムと英国ランク・ゼロックス社は合弁会社「富士ゼロックス」を設立した。当初，製造を富士写真フイルムが，販売を富士ゼロックスが担当していたが，電子複写機「ゼロックス」の出荷量が急成長を遂げたため，1968年に建設された富士写真フイルム竹松工場（現・竹松事業所）は，1971年に富士ゼロックスに移管された。
4) 富士フイルムは，かつて女性従業員が多かった時期があったため，1976年の育児休業法制定以前から育児休業制度を整備している（河島 2004）。

第6章 製品転換による生産拠点・研究開発拠点の再編と企業城下町 203

5) このほか，富士フイルムは，光学機器等を製造する子会社も設立している。
6) 「富士フイルム株式会社朝霞技術開発センター社会・環境レポート2007年版」による。
7) 例えば，2001年におけるカラーフィルムの日本国内の市場シェアは，富士写真フイルム（当時）が69％，コニカが20％，日本コダックが10％であった（シーエムシー出版2003）。
8) 日本国内において，コニカミノルタホールディングスは，カメラ事業（2006年）と一般写真感光材料事業（2007年）から撤退した。世界的に見ても同じ状況がみられ，米国コダック，富士フイルムと並ぶ世界3大メーカーの1つ，ドイツのアグファ・フォトは2005年に倒産し，世界最大手のコダックも2004年から，大規模再編に取り組んでいる。
9) 富士フイルムホールディングスの事業は，「イメージング」部門に，カラーフィルム，デジタルカメラ，フォトフィニッシング機器，現像プリント用のカラーペーパー・薬品・サービス等の事業，「インフォメーション」部門に，印刷用・医療診断用・情報システム用の各種システム機材，フラットパネルディスプレイ材料，記録メディア等の事業，「ドキュメント」部門に，オフィス用複写機・複合機，プリンター，プロダクションサービス関連商品，用紙，消耗品，オフィスサービス等の事業が含まれる。
10) TACフィルムは，20世紀前半まで利用されてきたセルロイドの代替として開発された。発火性のあるセルロイドは，映画館の火事の原因として問題視されていたため，不燃性のTACフィルムが開発された。
11) 日経産業新聞2007年4月23日付けによる。
12) 日経産業新聞2005年9月2日付けによる。
13) フラットパネルディスプレイ材料研究所は，液晶用フィルム事業を手掛けていた産業材料部を「フラットパネルディスプレイ材料事業部」に格上げすると同時に新設された。
14) 日経産業新聞2008年10月28日付けによる。
15) アサヒビールは，2002年に古い生産設備で規模が小さかった東京都大田区の工場を閉鎖し，神奈川工場を新設した。なお，同工場の従業員数は69人である（2011年時点）。
16) 神奈川新聞2003年4月18日付けによる。
17) 「南足柄市長選候補者アンケート」（神奈川新聞2003年4月23日付け）による。
18) 2009年時点で，市議会議員1人と市長が富士フイルム出身者であった。
19) 神奈川新聞2003年4月28日付けによる。
20) 沢氏は，当時を振り返り，「初登庁の翌日の新聞で市の基幹企業である富士フイルムの大幅な減益を知った。市の歳入にも8億円もの大穴があくことが分かった。減収はある程度予想してはいたが，いきなり目の前が真っ暗になった」と述べている（神奈川新聞2007年4月18日付けによる。）。
21) 「インベスト神奈川」とは，神奈川県が2004年に策定した産業振興策であり，「神奈川の優れたポテンシャルである研究機関の集積を一層促進するとともに，こうした研究機関の集積を生かし，研究開発型企業や先端技術を活用した新たなものづくり産業の創出・集積を進める」（神奈川県2004）ことを目的にしている。
22) N社は南足柄市，開成町および山北町に475人，P社は南足柄市，開成町に200人の従業者（いずれも2007年時点）を抱える企業である。南足柄市において富士フイルムと取

引関係のある下請企業は，この2社を除いて従業者100人を下回る企業である。N社は，安全協力会（運輸・環境部門）に所属しているが，P社はそれに所属していない。
23）神奈川新聞2011年4月25日付け，東京新聞同日付けによる。
24）小田原・南足柄市の合併が検討されている主な要因として，中核市への移行があるものとみられる（大須2017）。

結　論

1. 総括議論

　本書では，進化経済学を経済地理学に導入し方法論的刷新を図るとともに，長期的な時間軸の中で1990年代以降の企業城下町の再編を位置づけ，企業城下町がどのような経路を経て進化を遂げてきたのか考察することを目的とし，グローバル時代における「大企業」と「地域」との関係を読み解くための議論を進めてきた。

　第1章では，企業城下町研究を整理し新たな研究視角を探求した。本書では企業城下町を「システム」として捉えることにし，産業集積論から「技術」「関係」「認知」という論点を導出した。その上で，企業城下町というシステムを静態的に把握するのではなく，長期間にわたる変化を追う動態的に把握するために「進化過程」に注目することを主張した。

　第2章では，進化経済地理学の主要業績を読み解くことを通じて，進化経済地理学が経路依存的に歩んできた発展経路を探索し，今後の可能性を検討するとともに，その議論を踏まえて本書における分析枠組を提示した。まず，進化経済地理学の背景になった諸理論との関係性を整理し，進化経済地理学の議論の特徴を論じた。進化経済地理学には，経路依存性アプローチ，一般ダーウィニズムアプローチ，複雑系アプローチがあるが，本書では経路依存性アプローチを採用し，これまでの議論を踏まえて，「中核企業の技術軌道」と「企業文化」から構成される「中核企業の進化過程」，「下請企業の技術軌道」と「主体間関係」から構成される「地域の進化過程」という本書における分析枠組を提示した。

　第3章では，日本の企業城下町の変化に関する統計分析を行った。企業城下町の定量的な抽出を考案し，3時点（1960年，1981年，2001年）において企

業城下町を抽出した．次に，事例研究で検討する延岡市，宇部市，南足柄市の3地域の特徴を明確にするために，新旧・業種別に代表的な企業城下町を比較した．

第4章では，旭化成の企業城下町である宮崎県延岡市を事例として，立地戦略，企業文化，地方政治に注目し，長期間にわたる中核企業と地域との関係の変化を検証してきた．

第5章では，宇部興産の企業城下町である山口県宇部市を事例として，主体間関係を変容させている産学官連携の進展について考察した．

第6章では，富士フイルムの企業城下町である神奈川県南足柄市を事例として，製品転換にともなう中核企業の事業再構築とその地域的影響を考察した．

以上，分析・考察してきたように，1990年代以降，事例研究で検討してきた企業城下町は，それぞれ質的に大きく変化を遂げてきた．

延岡市における1990年代以降の変化で最も注目される事象は，旭化成の再投資である．再投資を促している要因には，中核企業の技術軌道や既得権益(敷地，水利権)などに加え，創業地を重視する旭化成の企業文化の存在が指摘できる．一方で，技術的にロックインされていた下請企業は新たな技術に対応できる能力に乏しく，下請企業数は減少を続けている．近年開学した九州保健福祉大学を核に，医療・福祉関連産業を創出しようとする様々な取り組みは，産学連携という新たな主体間関係を構築することで下請企業の技術的なロックインのアンロックにつなげると同時に，旭化成が医療機器事業に投資を続ける中で大学・自治体・企業が新たな関係的ロックインを構築しているとみることができる．

宇部市における1990年代以降の変化で最も注目される事象は，産学官連携の進展である．下請企業の減少という危機感を背景に，これまで築かれてきた大学と企業・自治体との関係が見直され，大学，企業，自治体が一丸になって産学官連携の進展による産業発展を目指している．宇部市では，従来の下請関係から成る関係的・技術的ロックインをアンロックし，産学官連携という新たな関係的・技術的ロックインを機能させる取り組みが活発であるといえる．

南足柄市における1990年代以降の変化で最も注目される事象は，研究開発

機能の強化，高付加価値な製品生産工場の設立である。写真感光材料から液晶部材へと主力製品が大きく転換する中で，足柄研究所以来の写真感光材料生産で培われた中核企業の技術軌道を活用できるように組織改革が進んでいる。下請企業は，労働集約的な業務を中心に下請仕事が減少し，これまでの技術的・関係的ロックインをアンロックする必要に迫られている。自治体は，富士フイルム撤退を防ぎ投資をひきつけるための産業政策をとっており，関係的ロックインを強化する動きとなっている。

これまでの事例研究を踏まえて，企業城下町という地域の進化過程をまとめると，以下のようにいえる。中核企業と下請企業とが近接して立地することにより，長期継続的な取引関係が構築され，中核企業・下請企業の双方にとって取引費用が削減されてきた。このため，下請関係という関係的ロックインが生じ，下請仕事も中核企業に対応した形での開発体制になるため，技術的ロックインが発生し，下請企業は中核企業に対する依存意識が生まれ，認知的ロックインも機能する。しかし，このようなロックインは時間の経過とともにネガティブに機能し始めると，システムの存続が困難になり地域発展の阻害要因になる。自動車工業や電気機器工業と比較すると，本書で検討してきた化学工業は，自社内で生産が完結するという産業の特性上，労務提供型の下請仕事が中心となり，中核企業から下請企業への技術指導や技術協力は行われにくい。そのため，下請企業は，自助努力で新たな技術を獲得するしかない。特に日本の化学工業の場合，自社内での経営資源で研究開発を行うクローズド・イノベーションスタイルの企業が多いため，高度な研究開発能力を向上させていくことができる中核企業と，旧来の技術力で生き延びるしかない下請企業との技術力の格差は拡大する。このため，中核企業の主力事業が転換すると，下請企業にとって中核企業の事業転換への対応は問題となりやすい。

延岡市や宇部市では，産学官連携の取り組みが進んでおり，主体間関係を新たに構築しようとしている点で注目される。自治体や大学，公設試など多様な主体が介在する産学官連携の進展によって，中小企業は城内・城外に取引相手・共同研究相手を拡大し，技術獲得能力を高めることができる。また，ベンチャー企業の創業など，これまで抑えられてきた企業家精神を伸ばすことにもつなが

る。下請関係に代表される垂直的な構造から，水平的な構造へ転換することによって，中核企業一社依存によるリスクを低下させることになる。ただし，水平的な構造への転換を図ることは，新たに取引相手・共同研究相手を探索しなければならず，取引費用を抑えることは難しくなるため，それを円滑にする自治体や大学のシステム構築が必要になる。その意味で，これらの主体が地域の方向付けに果たす役割は大きいといえる。

　企業城下町の形成期から振り返ると，企業城下町は当初から中核企業と自治体の独特な関係が築かれていることが分かる。宇部市では地元資本により中核企業の設立に至った一方で，域外から工場が進出してきた延岡市や南足柄市では，工場設立の資金を自治体側が一部負担している点で共通していた。延岡市や宇部市では，（鉱）工業地域や社会基盤の一体的な整備のために，周辺の自治体を編入し，市域を拡大してきた点で共通している。自治体にとって，中核企業は，自治体の財政上も，地域の雇用においても，様々な社会的・政治的影響力という意味においても，工場設立当初から重要なパートナーであり運命共同体であったといえる。ところが，近年，工場での機械化・自動化に伴う雇用減少や，労働組合組織率の低下，製造業の派遣労働解禁など労働環境は大きく変貌を遂げた。中核企業が企業城下町の政治や社会に及ぼす影響力は薄らいできている。企業の社会的責任が問われる昨今において，かつてのように中核企業が政治的影響力を行使することは難しくなった。

　一方で，企業城下町における中核企業と自治体の関係性は，新たな形で再構築されていっているとみることもできる。南足柄市のように，中核企業出身の市長が中核企業経営者とのパイプを活かしてスピィーディーな政策対応を行うことは，今後もありうるだろう。今後の人口減少が予測されている中で，自治体の行財政を安定化させるために，将来的に市町村合併が行われる可能性は残っている。地域によっては，中核企業の生産体系に適合させるような市町村合併が，かつてのように再び繰り返される可能性もありうる。

　他方，中核企業の進化過程にも着目してみたい。延岡におけるベンベルグ繊維から人工腎臓の開発，南足柄市におけるTACフィルムの開発のように，中核企業の技術軌道が鍵になって戦略的製品を生産する拠点になっていたケース

がみられた。製品開発を長期間にわたって当地で行うのは，装置型産業である化学工業の特性や，研究開発人材の転居に配慮したことなどが要因である。

また，3地域すべてにおいて，企業戦略の中に，それぞれの企業城下町が重みを持って位置付けられ，企業にとっての中核地域となっていた点で共通していた。企業がグローバルな生産供給体制を構築する中で，このような動向は一見不可思議に感じられるが，フットルースな状況だからこそ，逆に企業にとっての中核地域がより重要性を増しているのだろう。中核地域としての企業城下町は，その企業にとって，技術や人材をインキュベーションするマザー工場として機能するだけではなく，企業文化を再生産し組織にポジティブな慣性を働かせる機能も有しており，競争力の源泉ともなっているといえる。

延岡市や宇部市のように，本社のある東京から遠距離に位置している地域では，中核企業が航空アクセスを考慮して時間距離の短縮に努めてきた。これも，中核企業にとって，当地を中核地域と位置付けているために，そのような行動をしてきたと考えられる。

もちろん，企業城下町の中には，中核企業にとっての中核地域という位置づけがなされずに，投資の対象から外された地域もあると考えられる。そのような地域における中核企業の進化過程や地域の進化過程を，本書の3地域と比較していくことが，今後の研究課題として残されている。

2. 政策的含意

これまでに得られた知見をもとに，自治体の産業政策に焦点を当てた政策的含意を述べたい。本書では，中核企業とともに企業城下町の重要な主体として，市という自治体に注目してきた。地方分権が進展する中で，自治体は，これまで以上の役割を期待されている。しかし，市の予算規模は，国や都道府県と比べると小さいために，厚みのある政策を実行することは難しい。また，中立性・公平性を求められるために，特定企業のみを支援することもできず，産業政策と社会福祉政策や労働政策などとの調整をつけなければならないなどの問題もある。特に企業城下町の自治体の場合，中核企業の業績不振は自治体財政の危

機に直結しやすいが，そうした状況にこそ産業政策が求められるというジレンマを抱えている。このように，自治体の産業政策には一定の限界があるが，自治体が産業政策によって地域の方向性を提示することは，地域の進化経路の選択にとって重要な意味がある。

事例研究で扱った3地域における自治体の産業政策は，「中核企業一社依存から脱却する方向」と，「中核企業の投資を促し，撤退を防ぐ方向」とに分けることができる。延岡市における1960年代の旭化成を優遇する政策は「中核企業の投資を促し，撤退を防ぐ方向」の典型である。1970年代の中小企業の育成を図る政策や1980年代の企業を誘致する政策は，「中核企業一社依存から脱却する方向」であるが，1990年代後半以降，旭化成のもつポテンシャルを再評価し，旭化成の投資をひきつける政策に変わっており，「中核企業の投資を促し，撤退を防ぐ方向」に回帰したといえる。宇部市では，1990年代後半以降，新産業創出を目指して産学官連携を支援する体制を構築しており，これは「中核企業一社依存から脱却する方向」を指向していると考えられる。南足柄市では，2000年代に，富士フイルムの投資をひきつける政策整備を図っており，「中核企業の投資を促し，撤退を防ぐ方向」を目指している。

長期的に見ると，「中核企業一社依存から脱却する方向」を指向し，体質改善を図るのが望ましいと考えられる。ただし，現実的には雇用維持や自治体税収の確保も考えなければならないので，「中核企業の投資を促し，撤退を防ぐ方向」も同時に進めることになるだろう。

中核企業一社依存から脱却し，企業城下町の体質改善を進めるために，企業城下町の強みを活かす方策も考えられる。中核企業が持つ信頼性や情報獲得能力・発信能力を活用できるシステムを構築するという，ロックインをあえて活用する方策も考えられる。中核企業の競争力を企業城下町の競争力に拡大させる仕掛け作りが求められよう。

中核企業一社依存からの脱却を考えると，必ずしも製造業にこだわる必要はない。地域の持続的成長を図るためには，脱工業化を進めるという選択肢もある。地域がもっている様々なポテンシャルや地域の進化過程を勘案し，主体間で合意を得て，十分に練られたシナリオライティングをしていくことが必要に

なる。

　議論を広げると，大企業依存や特定産業依存にどのように対処するのかということは，企業城下町に限った問題ではない。アメリカ合衆国において，ラストベルトの産業振興策のあり方が，2016年大統領選挙の結果に一定の影響を与えたとされているように（Vance 2016），この問題は先進工業国が共通して抱える問題でもある。グローバル化の進展により，先進工業国では「産業の空洞化」が現在もなお進んでおり，大企業の工場を新興国に移転させないように引き留め，「投資を促し，撤退を防ぐ」政策が求められている。新たな企業を誘致すること以上に，現状の雇用を守る必要に迫られているのである。企業城下町は，そのような事態を，これまでにも経験してきているため，企業城下町の経験を踏まえれば示唆を与えることになるだろう。

3. 研究上の意義と課題

　本書では，ロックインというシステムの硬直性あるいは頑健性を支え，システムの発展に伴って生じた継続的な効果に注目してきた。硬直性・頑健性から産業集積を説明しようとする手法は，柔軟性（フレキシビリティ）を軸に議論を進めてきた1990年代以降の産業集積論（友澤1995）とは，ある意味で対極にある。ただし，これは柔軟性が主張される以前の議論に回帰することを目指すものではない。柔軟性が主張される以前の議論では，構造的要因を重視する議論が主流であった。本書で示唆される硬直性・頑健性とは，そのシステム自体が時間の経過に伴って変化することを含意しており，そのような立場ではない。本書では，これまで産業集積論で力点の置かれなかった硬直性・頑健性を強調しているが，柔軟性と硬直性・頑健性のどちらが産業集積の発生や機能の説明に優位ということではなく，双方からの議論が必要であると考える。

　本書では，進化経済地理学の着想や概念を取り入れ，企業城下町を動態的に捉えてきた。経路依存性アプローチに着目して論じたため，一般ダーウィニズムアプローチや複雑系アプローチの導入には至らなかった。多くの企業城下町では，中核企業の業績不振や構造不況などを数度にわたって経験し，そこから

回復したり，再編が進展したりしている．その意味で，地域レジリエンスを考察するテーマとして位置づけていくこともできるだろう．

　最後に，企業城下町研究における課題を述べておきたい．本書は，日本国内の企業城下町のみを取り扱った．これまで日本国内で行われてきた企業城下町研究において，「日本的経営」を代表する場所として（松石 2005），あるいは「日本の企業社会の縮図」（都丸ほか 1987）として企業城下町を位置付けている研究がみられる．富樫（1998: 482）が，地域経済のリストラクチャリングを論じる中において，「歴史的な背景をもち影響力の大きな企業都市のケースでは，企業と地域社会との長い結びつきによって，経営的にドライな再編はしにくいであろう」と指摘しているように，ここまで論じてきた企業城下町の変容に，ドライな再編を嫌う日本企業の特性が影響してきたことは否定できない．日本企業の特性を相対化するために，国外の企業城下町と日本の企業城下町との比較が必要になるだろう．今後，国を超えた大企業の M&A が進展していけば企業の特性自体も変質を避けられず，企業城下町にも大きな影響を及ぼすことが考えられる．これらの点は，今後の研究課題としたい．

あとがき

　あとがきとして，本書の執筆に至った自身の「経路」を紐解き，記しておきたい。

　筆者は，1981年に宮崎県都城市で生まれた。幼少の頃より，地図や地球儀に夢中になるという，いわゆる「地図少年」であった。家族で旅行するときには，常に地図帳が傍らにあり，地図を参照しながら新たに旅する土地を楽しんでいたように思う。その後，中学・高校と進学するにつれて，法律や経済など社会科学全般やコンピュータなどにも興味を広げていったが，やはり基軸にあったのは地図や地理に対しての関心であった。県立都城泉ヶ丘高等学校では，地理の恩師・村田　勝先生から教科書以上のことを教わることもあり，授業で工業立地論を学んだ時には，地理的現象を法則性や規則性により説明できることに感銘を受けたこともあった。この高校時代には，大学で地理学を学びたいという思いが出始め，書店で岩波文庫のヴィダル・ド・ラ・ブラーシュ著『人文地理学原理』を買い求め，精読した日々もあった。

　2000年に九州大学文学部へ入学した。九州大学文学部では地理学研究室に所属し，野澤秀樹先生，高木彰彦先生，遠城明雄先生から，学問の基礎を教えていただいた。フランス語の外書講読に苦労した経験や，定期的に開催されていた巡検で延々と街歩きをした経験も忘れ難い。地理学史や政治・社会・文化地理学などの授業では，表面的な地理的現象を追跡するだけでは不十分で，現象の深淵にある背後関係や通底する思想を掴み取ることに，地理学の意義があると伝えられていたように思う。

　また，九州大学では，集中講義や非常勤の先生方からも地理学の学びを深めることができた。2001年の夏には，2週間の経済地理学の集中講義で，東京大学から松原　宏先生がいらっしゃり，経済地理学の基礎的な諸理論や，地域経

済の実態・政策などを幅広く学ぶことができた。講義の中では，企業城下町の盛衰についても触れられ，興味深く聞き入ったことを記憶している。また，非常勤講師として来学されていた吉津直樹先生（下関市立大学）および平岡昭利先生（同大学）から，地誌学の講義を拝聴することもできた。

卒業論文の題材構想にあたっては，これらの学びを通じて，地理学の学説や潮流を踏まえつつ，政治や経済，社会など多面的な検討ができるテーマに取り組んでみたいという思いに駆られていた。そこで浮かんだのが企業城下町であった。研究対象地域に選んだ延岡市では，関係者へのインタビューを重ねるとともに，市議会会議録や労働組合の資料を読み返す作業が続いた。卒業論文の執筆時には，Massey（1984）で論じられている場所のユニークネスやロカリティに関する着想にも刺激を受けた。

その後，2004年に東京大学大学院総合文化研究科に進学した。人文地理学教室に所属し，指導教員を引き受けていただいた松原先生をはじめ，谷内　達先生，荒井良雄先生，永田淳嗣先生，梶田　真先生，新井祥穂先生に御指導いただき，研究者の基盤を固めることができた。学識豊かな松原先生には，「松原研」で厳しくも温かく鍛えていただいた。松原先生には，現在でも助言を頂戴することがあり，本書の刊行を促してもいただいた。教室には多くの大学院生が在籍していたため，高い水準の白熱した議論の一方で，たわいない会話が続く院生生活も心地よかった。学外でも，経済地理学会関東支部例会には何度もお世話になり，研究発表やその後の懇親会では諸先生方から熱いアドバイスを頂いた。

修士論文では，卒業論文に引き続いて企業城下町をテーマとしたが，産学連携という当時脚光を浴び始めていた事柄と組み合わせて検討することにし，宇部市に足繁く通った。実態分析の一方で，地理学の学説や潮流との接合を図りたいと考え欧米文献を読んでいたところ，OIAのロックインに関する論文と巡り合うことができ，それを踏まえつつ，修士論文を執筆することになった。

博士課程に進学した頃，折しも英語圏で進化経済地理学の論文が相次いで発表され始めた。この好機を活かして，欧米文献の精読を進める一方で，第3の事例研究として南足柄市の調査を行った。デジタルカメラの普及によってフィ

ルム需要が減少していくという，産業のダイナミズムを実感させられる劇的な変化が進行している最中での調査であった．調査中には，南足柄市長と政策について懇談する機会もあったため，単に研究としてまとめるだけではなく，政策的インプリケーションの重要性についても考える機会になった．

2008年度に，東京大学大学院総合文化研究科へ博士学位論文「企業城下町の進化過程に関する経済地理学的研究」を提出した．学位審査には，富樫幸一先生（岐阜大学）にも加わっていただいた．先生方の御尽力により博士学位を授与させていただいた．

その後，文部科学省科学技術政策研究所に研究官として職を得ることができた．国全体の行政の中で俯瞰しながら，地域科学技術振興のあり方を調査研究するという挑戦しがいのある仕事に従事した．ここでは，共同研究を行った鹿児島大学の中武貞文先生に献身的なサポートを頂きながら，地方の大学のあり方や産業振興について，地域の現場から調査することができた．また，研究官勤務1年目は「事業仕分け」から間もない頃であったし，2年目に差し掛かろうとした時期に東日本大震災が発生するなど，激動の時期に霞ヶ関の現場を目の当たりにでき，大変勉強になった．

2012年に，現職である下関市立大学経済学部に准教授として赴任した．御経験豊かな吉津先生や平岡先生をはじめ，同僚の先生方とともに研究・教育・学内業務などに励んできた．地方の公立大学であるため，地域経済の実態に接する機会は多く，勉強の日々が続いている．学部3・4年の2年間にわたる専門演習（ゼミ）では，有能な学生にも恵まれ，これまで100名近いゼミ生に接し，刺激を受ける環境にもなっている．

また，大学院以来，常に的確なアドバイスを頂戴し，科学技術政策研究所でも先達として御支援いただいてきた近藤章夫先生のお力添えにより，法政大学比較経済研究所のプロジェクトに参画させていただく機会を与えていただいた．

本書は，前述した博士学位論文をもとにしたものであり，調査時点から時間が経過している箇所が部分的に残されている点は，申し訳なく感じている．一方で，博士論文から大幅に加筆修正し，記載を充実させた．また，延岡市や宇部市については，最近改めて調査する機会があったため，それらを反映し，な

るべく最新の状況へアップデートすることにも努めた。

　このように「経路」を紐解いていくと，経路依存的な歩みの中で，本書を執筆することになったように思う。進むべき道に着実な明かりを点し，道標を示していただいたのは，筆者の周囲の方々の温かい御支援・御助言であった。これまでお世話になってきた多くの先生方，先輩方，同僚・友人の方々に感謝申し上げる。また，インタビュー調査においては，企業，自治体，商工会議所，公設試，労働組合，大学・高専などの方々，資料の入手においては大学・公立図書館の方々などにも御協力を頂いた。厚く御礼申し上げたい。

　本書の上梓にあたりお世話になった株式会社古今書院の原　光一氏にも御礼申し上げる。いろいろとお手数をおかけすることが多く，御尽力いただいた。

　最後に，地図と地球儀と，そして多くの書物を提供し，地理学の門をたたくことを温かく見守ってくれた故郷の父・和美と，母・和子へ深く感謝したい。

　　　　　　　　　　　　　　　関門海峡を往き交う船の汽笛を聴きながら
　　　　　　　　　　　　　　　　　　　　　　　　　　　　　2017 年 12 月
　　　　　　　　　　　　　　　　　　　　　　　　　　　　　外枦保大介

　本書の研究は，日本学術振興会科学研究費（若手研究（B）「成熟産業地域におけるイノベーション創出による地域再生：進化経済地理学の視点から」（2011 年度〜2013 年度，代表：外枦保大介，JSPS 23720414），若手研究（B）「産業地域における産学官連携の進化過程分析 ──『関連的多様性』に着目して」（2014 年度〜 2016 年度，代表：外枦保大介，JSPS 26770287），基盤研究（B）「サイエンス型産業における技術・人的連関と集積効果に関する経済地理学的研究」（2014 年度〜 2017 年度，代表：近藤章夫，分担研究，JSPS 26284133），基盤研究（C）「進化経済地理学による産業地域のレジリエンス分析：企業城下町の国際比較を通じて」（2017 年度〜 2020 年度，代表：外枦保大介，JSPS 17K03254））の助成を受けたものである。

　本書は，公益社団法人日本地理学会出版助成を受けて刊行されたものである。

初出一覧

序　論　書き下ろし
第1章　企業城下町の分布変化と立地調整. 近藤章夫編『都市空間と産業集積の経済地理分析』21-40. 日本評論社. 2015年.
第2章　進化経済地理学の発展経路と可能性. 地理学評論 85: 40-57. 2012年,
　　　　進化経済地理学の動向と地域政策論. 地域経済学研究 27: 17-28. 2014年.
第3章　企業城下町の分布変化と立地調整. 近藤章夫編『都市空間と産業集積の経済地理分析』21-40. 日本評論社. 2015年.
第4章　延岡市における企業城下町的体質の変容 ——地方自治体の産業政策の転機を事例として. 経済地理学年報 53: 265-281. 2007年,
　　　　旭化成の企業文化からみた延岡市への再投資要因. 九州経済調査月報 2009年9月号: 15-23. 2009年.
第5章　企業城下町における産学官連携と主体間関係の変容 ——山口県宇部市を事例として. 地理学評論 82: 26-45. 2009年.
第6章　企業城下町中核企業の事業再構築と地方自治体・下請企業の対応 ——神奈川県南足柄市を事例として. 経済地理学年報 58: 1-16. 2012年.
結　論　書き下ろし

　なお，本書の執筆にあたり，初出のものから，大幅に加筆修正している．

参考文献

相沢一正 1995. 企業城下町論ノート. 日立の現代史の会編『日立製作所と地域社会Ⅲ』102-131.

青木英一 2000. 電気機械メーカーの事業所配置と地域的生産連関 ――ソニーグループを事例として. 人文地理 52: 447-466.

青野壽彦 1979. 北茨城地区における日立製作所二次下請企業の動向. 中央大学経済研究所年報 10: 69-99.

秋元律郎 1964. 産業都市における権力構造. 社会科学討究（早稲田大学）9: 55-94.

秋元律郎 1965. 地域社会における権力媒体とリーダーの構成. 社会科学討究（早稲田大学）11 (1): 303-335.

浅倉雅美 1995. 多角化を模索する地方企業 ――各都市の主要事業所調査. 『地域経済総覧』108-122. 東洋経済新報社.

旭化成延岡工場 1954. 『旭化成労務年鑑』

旭化成労働組合連合会 1999. 『旭化成労連50年史』

芦谷新一編 1960. 『延岡大観』日向日日新聞社延岡支社.

安孫子誠男 2000. イノベーション・システム論の現在. 千葉大学経済研究 14: 713-751.

荒川　進 1990. 『なるほど! ザ・旭化成』講談社.

荒深友良 1999. 組織の慣性に関する一考察. 朝日大学経営論集 14 (2): 1-11.

池田　潔 2003. 企業城下町型産業集積における機能強化の方向. 北九州市立大学北九州産業社会研究所編『21世紀型都市における産業と社会 ――北九州市のポスト・モダンに向けて』27-49. 海鳥社.

石倉洋子・藤田昌久・前田　昇・金井一頼・山崎　朗 2003. 『日本の産業クラスター戦略 ――地域における競争優位の確立』有斐閣.

石丸哲史 1992. 工業およびサービス業に特化した都市についての一考察 ――産業別従業者を指標として. 人文地理 44: 284-298.

板倉勝高 1958. 日本工業地域の形成 (2)　大企業工場の分布. 地理学評論 31: 95-105.

板倉勝高 1959. 日本の化学工場の分布. 地理学評論 32: 351-364.

板倉勝高 1988. 日本工業の地域システム.『日本工業の地域システム』232-248. 大明堂.
伊丹敬之・松島　茂・橘川武郎編 1998.『産業集積の本質』有斐閣.
市原あかね 2004. バイオリージョン経済（4）──エコロジー経済と生態地域主義. 金沢大学経済学部論集 24 (2): 181-205.
市原　出 1997.『リビングポーチ ──アメリカ郊外住宅の夢』住まいの図書館出版局.
伊藤達雄 1979. 企業都市豊田の形成過程における都市化と都市基盤整備. 三重大学教育学部研究紀要 30 (3): 1-16.
伊藤正昭 2003. 地域における企業間関係 ──企業城下町型集積の内部構造.『新版地域産業論 ──産業の地域化を求めて』143-189. 学文社.
稲葉和也 2006. 地域発展における企業の役割 ──宇部興産と宇部市の事例を中心に. 徳山大学総合研究所紀要 27・28: 1-17.
伊部正行 1983. 新日鉄釜石にみる「合理化」と労働組合. 東北経済 73: 1-42.
今田裕雄 1986. 企業城下町と地域振興の課題. 都市問題 77 (2): 53-67.
色川大吉 1996.「企業城下町」水俣の民俗. 佐高　信編『会社の民俗』95-114. 小学館.
岩間英夫 1991. 宇部鉱工業地域社会の形成と再生の要因. 人文地理 43: 181-192.
岩間英夫 1992. 宇部と日立の比較からみた鉱工業地域社会の内部構造とその発達過程. 地理学評論 65A: 635-652.
岩間英夫 1993.『産業地域社会の形成・再生論 ──日立鉱工業地域社会を中心として』古今書院.
岩間英夫 2009.『日本の産業地域社会形成』古今書院.
上柿崇英 2007.「社会－生態システム」論と公共圏 ──「リジリアンス」形成における公共圏の諸機能. 環境思想・教育研究 1: 34-41.
植田浩史・立見淳哉編 2009.『地域産業政策と自治体 ──大学院発「現場」からの提言』創風社.
植田浩史・北村慎也・本多哲夫編 2012.『地域産業政策 ──自治体と実態調査』創風社.
上田芳江 1972.『歴史の宇部 ──戦前戦後五十年』宇部市制 50 年記念誌編纂委員会.
上野　登 1965. 地域経済政策について一視点 ──日向延岡新産都市を中心に. 地理科学 4: 64-65.
宇田川元一 2007. 組織の慣性と戦略転換に関する理論的考察 ──二分法的思考の克服と「逆戻り」を巡って. 国際経営・システム科学研究 38: 79-88.
宇都宮千穂 2004. 新居浜における住友資本の事業展開と都市形成過程. 歴史と経済 184: 1-18.

宇仁宏幸 2008. ミュルダールとカルドアの累積的因果連関論の展開. 進化経済学論集 12: 20p.

宇部興産株式会社 1998.『宇部興産創業百年史』

宇部市史編纂委員会編 1966.『宇部市史 通史編』

宇部市史編集委員会編 1993.『宇部市史 通史編下巻』

宇部商工会議所 1996.『21世紀へ翔くテクノ・フロンティア宇部 宇部市工業振興ビジョン』

梅沢昌太郎 1985.『旭化成ひらめきと執念の多角化戦略』評言社.

遠藤宏一 1987.「日本型企業社会」と「企業都市」研究. 都丸泰助・窪田暁子・遠藤宏一編『トヨタと地域社会 ——現代企業都市生活論』2-26. 大月書店.

遠藤宏一 1996. グローバル化のもとでの企業と地域 ——トヨタ企業体のグローバル展開を事例に. 経営研究（大阪市立大学）47 (1): 21-45.

遠藤宏一 1997a. グローバル化のもとでの企業と地域（2）——トヨタ企業体のグローバル展開を事例に. 経営研究（大阪市立大学）47 (4): 27-57.

遠藤宏一 1997b. グローバル化のもとでの企業と地域（3・完）——トヨタ企業体のグローバル展開を事例に. 経営研究（大阪市立大学）48 (1): 59-79.

遠藤 聡 2012. 地域経済研究における制度論的アプローチの諸潮流と展開 ——現代日本の地域経済政策への示唆を求めて. 龍谷政策学論集 2 (1): 47-64.

大坂 健 1987. 企業都市における「地域支配」と財政メカニズム. 都市問題 78 (6): 64-103.

大須眞治 2017. 小田原市・南足柄市合併の問題についてなぜいま，合併か. 住民と自治 647: 31-33.

太田 勇 1977. 企業城下町・延岡. 地理 22 (4): 78-81.

太田 勇・高橋伸夫・山本 茂 1970a. 日本の工業化段階と都市形成（上）. 経済地理学年報 16 (1): 1-29.

太田 勇・高橋伸夫・山本 茂 1970b. 日本の工業化段階と都市形成（下）. 経済地理学年報 16 (2): 1-23.

太田 勝 1998. 宇部の歴史的発展と変容. 宇部工業高等専門学校研究報告 44: 77-96.

太田 勝 1999. 宇部における基盤産業の発展と産業構造の変化 ——炭都から鉱工業都市へ. 宇部地方史研究 27: 1-24.

大月博司 2007. 組織ルーティン変化の影響要因. 早稲田商学 413・414 合併号: 125-146.

岡田知弘 1993. 重化学工業化と都市の膨張. 成田龍一編『近代日本の軌跡 9 都市と民衆』196-214. 吉川弘文館.

岡本信司 2007. 地域クラスターの形成と発展に関する課題と考察 ──浜松地域と神戸地域における比較分析. 研究技術計画 22: 129-145.

奥田義雄 1971. 企業都市「延岡」. 奥田義雄・西川大二郎・野口雄一郎編『日本列島 地方都市その現実』53-68. 頸草書房.

小沢康英 2008. 製造業集積における外部性維持に関する通時的視点：重工業地域の再生に照らして. 経済地理学年報 54: 209-222.

小田宏信 1999. グローバル化時代における日本の産業集積 ──近年の研究展望を通じて. 経済地理学年報 45（4）: 27-42.

小田宏信 2002. 1980 年代後半期以降における日本の機械系工業集積の変動 ──工業統計表工業地区編データの分析を通じて. 人文地理学研究 26: 81-102.

小田宏信 2005. 日本の産業立地政策における集積と分散.『現代日本の機械工業集積 ──ME 技術革新期・グローバル化期における空間動態』241-265. 古今書院.

小田宏信 2012. 古典的集積論の再考と現代的意義：20 世紀中葉の経済地理学的成果を中心に. 地域経済学研究 23: 36-50.

小山陽一編 1985.『巨大企業体制と労働者 ──トヨタの事例』. 御茶の水書房.

科学技術庁資源調査会 1957.『工業の近代化と立地』資源協会.

加藤秀雄 2003.『地域中小企業と産業集積』新評論.

加藤恵正 1990. OIA の衰退と再編 ──大阪ベイエリアにおける企業行動と都市計画. 西岡久雄・松橋公治編『産業空間のダイナミズム』85-96. 大明堂.

加藤恵正 2002.『都市・地域経済の転換に係る経済地理学研究 ──集積経済の再編と再生の方向』神戸商科大学研究叢書 LXⅦ.

加藤恵正編 2016.『都市を動かす ──地域・産業を縛る「負のロックイン」からの脱却』同友館.

風巻義孝 1954. 電気化学工業の立地. 経済地理学年報 1: 72-85.

梶田　真 2011. 新産業都市における「柵内地区」の動態 ──大分市明野地区を事例として. 人文地理 63: 60-77.

鹿嶋　洋 2004. 四日市地域における石油化学コンビナートの再編と地域産業政策. 経済地理学年報 50: 310-324.

鹿嶋　洋 2016.『産業地域の形成・再編と大企業 ──日本電気機械工業の立地変動と産業集積』原書房.

片木　篤・藤谷陽悦・角野幸博編 2000.『近代日本の郊外住宅地』鹿島出版会.
神奈川県 2004. 神奈川県産業集積促進方策 ――かながわらしい産業集積促進方策.
　　http://www.pref.kanagawa.jp/osirase/sangyo/invest_k/housaku.pdf.
神奈川県高等学校教科研究会社会科地理部会編 1996.『新・神奈川県の地理』
金倉忠之 1974. 企業立地と地域独占. 都市問題 65（2）: 20-39.
兼田　繁 1983. 衰退型企業城下町釜石における地域組織（1）. 東北経済 74: 123-156.
兼田　繁 1985. 衰退型企業城下町釜石における地域組織（2）. 東北経済 78: 77-101.
鎌田とし子・鎌田哲宏 1983.『社会諸階層と現代家族』御茶の水書房.
鎌倉　健 2002.『産業集積の地域経済論 ――中小企業ネットワークと都市再生』勁草書房.
鎌倉夏来 2014a. 化学産業における技術軌道と研究開発機能の立地力学 ――機能性化学企業 3 社の事例. 経済地理学年報 60: 90-111.
鎌倉夏来 2014b. 研究開発機能の空間的分業と企業文化 ――繊維系化学企業の事例. 人文地理 66: 38-59.
鎌倉夏来 2014c. 研究開発機能の組織再編と立地履歴 ――旧財閥系総合化学企業における空間的分業の事例. 地理学評論 87A: 291-313.
鎌倉夏来・松原　宏 2012. 大規模工場の機能変化と進化経済地理学 ――首都圏近郊の東海道沿線を中心に. 東京大学人文地理学研究 20: 57-79.
加茂利男・徳久恭子編 2016.『縮小都市の政治学』岩波書店.
川崎　茂 1963. Company Town としての近代鉱山町の構成的特質. 下関商経論集 7（1）: 27-45.
川崎　茂 1973.『日本の鉱山集落』大明堂.
河島靖典 2004. 男女の勤続年数格差の解消 ――富士フイルムの育児休業制度と働く女性の意識実態より. 高木郁朗・連合総合男女平等局編『女性と労働組合 ――男女平等参画の実践』112-122. 明石書店.
河藤佳彦 2008a. 企業城下町の活性化政策.『地域産業政策の新展開 ――地域経済の自立と再生に向けて』92-109. 文眞堂.
河藤佳彦 2008b.『地域産業政策の新展開 ――地域経済の自立と再生に向けて』. 文眞堂.
河藤佳彦 2012. 企業城下町の産業再生と発展に関する考察 ――北海道室蘭市における取組み. 地域政策研究 13（4）: 71-92.
河藤佳彦 2015.『地域産業政策の現代的意義と実践』同友館.

北川博史 2005a. 従来の研究と研究の現段階．『日本工業地域論 ──グローバル化と空洞化の時代』13-30. 海青社．

北川博史 2005b. 工業都市の変容からみた日本工業の立地展開．『日本工業地域論 ──グローバル化と空洞化の時代』39-71. 海青社．

北川博史 2005c. 主要コンピュータメーカーを事例とした工場展開と機能変化．『日本工業地域論 ──グローバル化と空洞化の時代』127-150. 海青社．

北田晃司 1991. 宇部市における工業の質的転換と地域の発展との関係．エリア山口 20: 45-51.

木原　仁 1994. 制度論的視点から見た企業行動とその進化 ──ルーティンを分析対象として．三田商学研究 36 (6)：49-65.

木村至聖 2014.『産業遺産の記憶と表象 ──「軍艦島」をめぐるポリティクス』京都大学学術出版会．

木村琢郎 1990. わが国の工業における生産機能の地域分化 ──R&D 機能の立地に注目して．西岡久雄・松橋公治編『産業空間のダイナミズム』72-84. 古今書院．

木村　弘 2004. 中小企業における産学連携の意義 ──宇部高専における中小企業との産学連携．九州経済学会年報 42: 87-93.

九州経済調査協会編 1978. 構造不況化の都市性格の変容 ──延岡市．『九州経済白書地方都市の新展開』374-396.

九州経済調査協会編 1980. 基幹工業の展開と雇用．『宮崎県の雇用の実態と課題 ──地域雇用政策をもとめて』九州経済調査協会研究報告 187: 105-118.

九州経済調査協会編 1981. 延岡地域．『地方の時代と地域雇用政策』九州経済調査協会研究報告 192: 237-262.

九州経済調査協会編 1982. 新旧対照的な日向・延岡新産業都市地区．『九州経済白書産業構造の変革と九州経済の展望』170-175.

九州経済調査協会編 1999. 変貌する既存工業都市．『九州経済白書都市再編と地域の変容』171-196.

清成忠男・橋本寿朗 1997.『日本型産業集積の未来像』. 日本経済新聞社．

蔵　琢也 2006. 断絶平衡説. 進化経済学会編『進化経済学ハンドブック』506. 共立出版．

桑嶋健一 2005. 機能性科学の製品開発・顧客システム（4）──富士写真フイルム「ワイドビュー・フィルム」．東京大学 COE ものづくり経営研究センター MMRC Discussion Paper 42: 1-21.

合化労連富士フイルム労働組合 1962. 地域における労働者の生活諸関係.『富士フイルム労働組合員の意識と実態』133-227.
合田昭二 1985. 国際化に伴う繊維工業の地域変動 ——「縮小産業」の視点から. 経済地理学年報 31: 328-341.
合田昭二 2009.『大企業の空間構造』原書房.
国立国会図書館調査立法考査局 1990.『産業構造の調整と地域問題 ——「企業城下町」相生市の場合』.
駒木定正 1983. 北炭夕張の集落形成とその歴史的変遷について ——北海道における炭鉱住宅の研究 (2). 日本建築学会北海道支部研究報告集 56: 217-220.
近藤章夫 2004a. ポスト・フォーディズム時代における大企業の地理学 ——製造業大企業の生産体制と立地変動に関する近年の研究を中心に. 経済地理学年報 50: 227-248.
近藤章夫 2004b. テレビメーカーにみる工場間分業の再編と地域的外注連関の変容. 地理学評論 77: 649-674.
近藤章夫 2007.『立地戦略と空間的分業論 ——エレクトロニクス企業の地理学』古今書院.
今野　享・椿谷敏雄 1994. 北海道の産炭地域における市街地整備. 日本建築学会学術講演梗概集 F 157-158.
今野　享・椿谷敏雄 1995. 北海道の産炭地域における市街地整備その 3：地域特性と整備のモデル的検討. 日本建築学会学術講演梗概集 F-1 521-522.
今野　享・椿谷敏雄 1996. 北海道の産炭地域における市街地整備その 5：公的借家の居住者意識に見る計画課台の検討. 日本建築学会学術講演梗概集 F-1 359-360.
斎藤実則 1980.『秋田県の鉱山と集落の栄枯盛衰』大明堂.
佐伯岩男 1976. 工場立地と都市行政区域の再編成 ——日南・延岡・岩国・和木村・大竹・勝田・日立.『現代の地方都市』51-68. 大明堂.
佐藤圭二・磯貝明彦 1980. 単一巨大企業が都市化過程に与える影響 ——その1 豊田市の市街化過程の特徴. 第 15 回都市計画論文集：139-144.
佐藤正志 2014. 地域産業政策の形成過程と政府間関係 ——企業立地促進法に着目して. E-journal GEO 9 (2)：65-88.
佐藤道男 1988. 中核企業の責任を問う・延岡. 地方政治 343: 49-53.
佐無田光 2007 三重県・四日市の産業構造と産業政策 ——企業頂点型地域イノベーションシステムの検証. 金沢大学経済論集 42: 119-155.

シーエムシー出版 2003.『ファインケミカル年鑑 2003 年版』
シーエムシー出版 2007.『2007 年液晶ディスプレイ構成材料の市場』
塩沢由典 2006. 概説. 進化経済学会編『進化経済学ハンドブック』4-134. 共立出版.
塩沢由典・清水耕一 2006. 経路依存性. 進化経済学会編 2006.『進化経済学ハンドブック』460-461. 共立出版.
塩次喜代明 1995. 地域中核企業の創造. 組織科学 29 (2): 36-45.
塩見治人・梅原浩次郎編 2011.『トヨタショックと愛知経済 ──トヨタ伝説と現実』晃洋書房.
篠部　裕 1994. 企業都市における中核企業の盛衰に伴う都市基盤整備に関する研究. 豊橋技術科学大学提出博士学位論文.
柴田弘捷 1993.「再生」にかける企業と地域 ──新居浜市・住友企業. 北川隆吉編『都市と産業のリストラクチュア ──地域再編の諸相』265-302. 中央法規出版.
島崎　稔・安原　茂編 1987.『重化学工業都市の構造分析』東京大学出版会.
清水耕一 2002a. 企業システムの進化におけるバイファケーションとイナーシア ──自動車産業における事例 (Ⅰ). 岡山大学経済学雑誌 34 (1):1-15.
清水耕一 2002b. 企業システムの進化におけるバイファケーションとイナーシア ──自動車産業における事例 (Ⅱ). 岡山大学経済学雑誌 34 (2):19-36.
清水修二 1982. 特定不況地域対策と地方自治体 ──釜石市におけるその展開に触れて. 東北経済 72: 171-202.
社宅研究会編 2009.『社宅街 ──企業が育んだ住宅地』学芸出版社.
週刊朝日編集部編 1958.『日本の企業』朝日新聞社.
週刊朝日編集部編 1959.『続・日本の企業』朝日新聞社.
職業・生活研究会編 1994.『企業社会と人間 ──トヨタの労働，生活，地域』法律文化社.
新藤宗幸 1974. 企業都市の政治過程 ──新居浜市を事例として. 都市問題 65 (2): 86-105.
新明正道・田野崎昭夫・鈴木　広・小山陽一・吉田裕 1959. 産業都市の構造分析. 社会学研究（東北社会学研究会）17: 2-101.
末吉健治 1999.『企業内地域間分業と農村工業化』大明堂.
末吉健治・松橋公治 2005. 産業支援システムの形成と企業間ネットワークの展開 ──山形県米沢市における産業支援システムを中心に. 福島大学地域創造 16 (2): 37-65.
鈴木　茂 1995. 企業城下町（新居浜市）. 経済地理学会西南支部例会編『西南日本の

経済地域』116-133. ミネルヴァ書房．

鈴木玉緒 1996.「企業城下町」の変貌過程 ――釜石市の現在. 広島法学 20（2）: 329-355.

鈴木　広 1959. 都市研究における中範囲理論の試み ――都市共同体論覚書. 社会学評論 9（3）: 26-43.

周藤利一 2005. 韓国の都市政策の近況 ――企業都市開発特別法の制定. 土地総合研究 13（1）: 30-37.

瀬川負太郎・新城博史・立山　修・植山光郎 1978.『企業城下町』文理閣．

関　満博 1990. 構造調整下の企業城下町 ――大牟田中小企業の現状と課題. 経営情報科学 3（2）: 101-129.

関　満博 1997.『空洞化を超えて ――技術と地域の再構築』日本経済新聞社．

関　満博 2001. 企業城下町の新展開 ――秋田県本荘由利地域の産学官の新たな取り組み. 地域開発 2001 年 3 月号: 35-43.

関　満博 2007.　東出雲町の産業集積の行方 ――三菱農機の企業城下町の現在と未来. 関　満博編『地方圏の産業振興と中山間地域 ――希望の島根モデル・総合研究』62-96. 新評論．

関　満博・岡本博公編 2001.『挑戦する企業城下町 ――造船の岡山県玉野』新評論．

全旭化成労働組合連合会 1963.『全旭連 10 年史』

全旭化成労働組合連合会 1980.『全旭連 30 年史』

外枦保大介 2011a. 中長期的視点からみた産業集積地域の地域イノベーション政策に関する調査研究. 文部科学省科学技術政策研究所 Discussion Paper 74

外枦保大介 2011b. わが国における工学系国公立大学・高専の整備の進展．『中長期的視点からみた産業集積地域の地域イノベーション政策に関する調査研究』文部科学省科学技術政策研究所 Discussion Paper 74: 73-79.

外枦保大介 2017.「東九州メディカルバレー構想」と地域産業の進化. 地理 62（6）: 29-36

高木俊之 2004. 岩手県釜石市における企業城下町の成立 ――普通選挙制度の普及と労務管理の再編成. 地域社会学会年報 16: 92-117.

鷹取　稠 1972. 新産業都市に於ける港湾施設の整備計画と地域開発（4）――細島港・延岡港を中心として. 商学集志 41（4）: 1-25.

高橋英博 2004. 地場産業の町から富士通城下町へ ――会津若松市の工業.『グローバル経済と東北の工業社会 ――場所の個性・場所への意図・場所の思想』79-104. 東

北大学出版会.
高橋美紀 2007. 企業の「慣性」とイノベーション. 三田商学研究 50 (4) :83-95.
田口正巳 1999.『工業化と企業都市の構造変化 ――千葉県と市原市の実証的研究』本の泉社.
竹内淳彦 1971. 自動車工業都市の形成と構造上の性格 ――豊田市の場合. 東北地理 23: 193-203.
竹内淳彦 1978. 太田市の機械工業.『工業地域構造論』203-216. 大明堂.
武田尚子 2000. 村落から工業都市への変容 ――宇部における企業経営者層の形成. 年報社会学論集 13: 215-226.
脱工業化都市研究会編 2017.『トリノの奇跡 ――「縮小都市」の産業構造転換と再生』藤原書店.
田中啓爾 1949.『地理学の本質と原理』古今書院.
田中康一 2002. 企業本社機能立地と都市機能との関係に関する一考察 ――わが国製造業大企業 100 社に関する実証的分析より (3). 高知論叢 73: 17-45.
田中史人 2004.『地域企業論 ――地域産業ネットワークと地域発ベンチャーの創造』同文舘出版.
田中　勝・三宅　醇 1993. 単一企業都市にみる住宅需給の変遷とコミュニティ構造 ――愛知県豊田市の場合. 都市計画論文集 28: 487-492.
田野崎昭夫編 1985.『企業合理化と地方都市』東京大学出版会.
舘　逸雄編 1981.『巨大企業の進出と住民生活』東京大学出版会.
帯刀　治 1993a.『企業城下町日立の「リストラ」』東信堂.
帯刀　治 1993b. 衰退する企業城下町 ――釜石市. 北川隆吉編『都市と産業のリストラクチュア ――地域再編の諸相』303-338. 中央法規出版.
車　相龍 2011.『日韓の先端技術産業地域政策と地域イノベーション・システム』花書院.
中央大学経済研究所編 1976.『中小企業の階層構造 ――日立製作所下請企業の実態分析』中央大学出版社.
中央大学社会科学研究所 2007.『地域社会の変動と社会計画 ――釜石社会と釜石製鐵所』中央大学社会科学研究所研究報告第 25 号.
中国産業活性化センター 2001.『山口県宇部周辺地域振興計画調査報告書 ――宇部地域の医工連携システムの構築方策調査』.
中国地域産学官コラボレーションセンター 2004.『中国地域新産業・産学官連携コー

ディネーター等一覧』
中小企業庁 2000.『中小企業白書 ——IT 革命・資金戦略・創業環境』大蔵省印刷局.
蔦川正義 1971. 大企業都市＝北九州市の諸問題 ——大企業，大企業労組との関係から. 産業労働研究所報 56: 37-54.
筒井正夫 2016.『巨大企業と地域社会 ——富士紡績会社と静岡県小山町』日本経済評論社.
椿谷敏雄・今野 享 1995. 北海道の産炭地域における市街地整備その 2：公的住宅団地の更新事業の可能性と課題. 日本建築学会学術講演梗概集 F-1 519-520.
椿谷敏雄・今野 享 1996. 北海道の産炭地域における市街地整備その 4：生活圏の創出とネットワークの形成に向けて. 日本建築学会学術講演梗概集 F-1 357-358.
寺岡 寛 2010.『アレンタウン物語 ——地域と産業の興亡史』税務経理協会.
寺床幸雄・梶田 真 2016. 地方都市の現在とこれから ——水俣市から考える. 地学雑誌 125: 607–626.
土井仙吉 1961. 地方都市の工業化 ——大牟田市を例として. 地理 6 (10)：17-24.
堂野智史 1992. わが国造船業の立地再編に関する一考察 ——1970 年代中盤から 80 年代後半を中心として. 経済地理学年報 38: 125-142.
堂野智史 2004. 産学連携基盤としての産学官民コミュニティの形成 ——INS, KNS の事例を通じて. 産業学会研究年報 20: 31-42.
遠田和典 2000. 企業城下町・延岡市の工業地域形成 ——企業・行政・関連下請企業の動向から. 大分地理 13: 1-16.
遠山恭司 2002.「企業城下町・日立地域」における中小企業の自立化と地域工業集積. 中央大学経済研究所年報 33: 121-144.
遠山恭司 2009. 日本とイタリアにおける産業集積比較研究 ——持続的発展のための経路破壊・経路創造. 三田学会雑誌 101: 715-739.
富樫幸一 1986. 石油化学工業における構造不況後の再編とコンビナートの立地変動. 経済地理学年報 32: 163-181.
富樫幸一 1990. 地域構造論と企業の地理学. 矢田俊文編『地域構造の理論』52-62. ミネルヴァ書房.
富樫幸一 1998. 産業再編に伴う立地変動と地域政策の課題. 人文地理 50: 470-489.
富樫幸一・松橋公治・木村琢郎・初沢敏生 1996. 工場データベースによる立地分析 ——全国から都市圏レベルまでの工場分布の変化. 岐阜大学教養部研究報告 34: 91-114.

土岐　寛 1974. 企業都市における公害 ──その現状と問題. 都市問題 65 (2): 40-65.
徳永昌弘 2003 都市と企業の市場移行 ──ロシアにおける企業都市の変容に関する一考察. ロシア・東欧研究 32: 105-118.
徳丸宜穂 2005.「進化経済学」と事例研究：理論的研究と「実証研究」方法論との＜ずれ＞をどう考えるか？　NUCB Journal of Economics and Information Science 50: 187-193.
徳丸宜穂 2006. ネルソン＝ウィンターとそれ以降. 進化経済学会編『進化経済学ハンドブック』202-207. 共立出版.
戸塚秀夫・兵藤　釗編 1995.『地域社会と労働組合 ──「産業空洞化」と地域戦略の模索』日本経済評論社.
都丸泰助・窪田暁子・遠藤宏一編 1987.『トヨタと地域社会 ──現代企業都市生活論』大月書店.
友澤和夫 1995. 工業地理学における「フレキシビリティ」研究の展開. 地理科学 50: 289-307.
友澤和夫 1999.『工業空間の形成と構造』大明堂.
友澤和夫 2000. 生産システムから学習システムへ ──1990年代の欧米における工業地理学の研究動向. 経済地理学年報 46: 323-336.
豊島　忠 1974. 市民生活の現状と課題 ──自営業層の動向を中心に. 都市問題 65 (2): 66-85.
内藤隆夫 2017. 植民地企業城下町の構築と変容─日本窒素肥料の事例. 白木沢旭児編『北東アジアにおける帝国と地域社会』355-385. 北海道大学出版会.
中川公一郎 1978. 単一企業都市における企業と社会 ──新居浜市を事例として. 公益事業研究 29 (3): 47-72.
中川　正 1996. 日本における民間研究機関の立地パターン. 人文地理学研究（筑波大学）20: 145-159.
中澤高志 2001. 研究開発技術者の新規学卒労働市場 ──東京大都市圏への集中過程を中心に. 経済地理学年報 47: 19-34.
中島　清 1989. 研究所立地論の体系化に関する考察 ──文献サーベイを中心として. 経済地理学年報 35: 181-200.
中島　清 2013. 工業立地論の方法論的転換 ──新古典派経済学から進化経済学へ. 国際文化研究紀要 20: 1-42.
中筋直哉 1997. 構造分析から社会過程分析へ ──現代都市社会研究の方法と課題. 蓮

見音彦ほか編『現代都市と地域形成』217-238. 東京大学出版会.
中瀬　弘 1974. 企業都市の実態と問題. 都市問題 65 (2): 3-19.
中野茂夫 2009.『企業城下町の都市計画 ──野田・倉敷・日立の企業戦略』筑波大学出版会.
中村秀一郎 1992.『21世紀型中小企業』岩波新書.
中安閑一伝編纂委員会 1984.『中安閑一傳』
長妻廣至 1994. 伝統産業の近代. 高村直助編『近代日本の軌跡 8 産業革命』175-193. 吉川弘文館.
西岡久雄 1963.『立地と地域経済：経済立地政策論』三弥井書店.
西原　純 1993. 都市システムにおける企業城下町の動向. 地理科学 48 (3): 169-174.
西原　純 1998. わが国の縁辺地域における炭鉱の閉山と単一企業地域の崩壊 ──長崎県三菱高島炭鉱の事例. 人文地理 50: 105-127.
西部　忠 2000. 進化経済学の概念的・方法的基礎. 経済学研究（北海道大学）50 (1): 69-82.
西村雄一郎 1998. 自動車製造従事者の生活の時空間変化 ──生産プロジェクト・家族プロジェクト概念による分析. 人文地理 50: 232-255.
似田貝香門・蓮見音彦編 1993.『都市政策と市民生活』東京大学出版会.
日刊工業新聞特別取材班 2007.『ひと目でわかる！図解旭化成』日刊工業新聞社.
日刊工業新聞特別取材班 2012.『旭化成の研究 ──昨日まで世界になかったものを。』日刊工業新聞社.
日本遺伝学会 2017.『遺伝単 ──遺伝学用語集対訳付き』（『生物の科学遺伝』別冊 22）エヌ・ティー・エス.
日本経営史研究所 2002.『旭化成八十年史』本編・資料編.
日本建築学会都市計画委員会編 1981.『九州の企業都市』昭和56年建築学会大会（九州）都市計画部門研究業議会資料.
日本人文科学会編 1955.『近代鉱工業と地域社会の展開』東京大学出版会.
日本政策投資銀行中国支店 2002. ニーズ重視の実践的産学連携 ──山口大学医学部・工学部と企業の連携システム. かたりすと 12: 10-11.
日本生産性本部 1979.『特定の不況地域における雇用等実態調査研究』（通商産業省委託調査結果報告書）
丹辺宣彦・岡村徹也・山口博史編 2014.『豊田とトヨタ ──産業グローバル化先進地域の現在』東信堂.

野澤一博 2012.『イノベーションの地域経済論』ナカニシヤ出版.
野尻　亘 2013. 進化経済地理学とは何か. 人文地理 65: 397-417.
延岡市 1970.『これからの延岡市 ――延岡市長期総合計画』
延岡市 2003.『第4次延岡市長期総合計画後期基本計画』
延岡市 2007.『延岡市工業振興ビジョン』
延岡市史編さん委員会 1963.『延岡市史』
延岡市史編さん委員会 1983.『延岡市史（上・下）』
延岡市史編さん委員会 1993.『延岡市史市制六十周年記念十年史』
延岡市史編さん委員会 2003.『延岡市史市制七十周年記念十年史』
延岡商工会議所 1975.『延岡商工会議所四十年史』
延岡鉄工団地協同組合 1986.『延岡鉄工団地15年のあゆみ』
蓮見音彦編 1983.『地方自治体と市民生活』東京大学出版会.
長谷川達也 1999. 企業住宅政策と施策住宅の展開 ――住友金属工業和歌山製鉄所を例に. 経済地理学年報 45: 100-117.
長谷川光圀 2009.『組織進化論 ――自己組織化と事例研究』創成社.
服部圭郎 2016.『ドイツ・縮小時代の都市デザイン』学芸出版社.
馬頭忠治 1989a.「企業城下町」と労働組合運動 ――北九州市社会経済との関わりで（上）. 地域総合研究（鹿児島国際大学）17(1): 1-20.
馬頭忠治 1989b.「企業城下町」と労働組合運動 ――北九州市社会経済との関わりで（下）. 地域総合研究（鹿児島国際大学）17(2): 1-23.
林　雅高 1971. 宇部・小野田両市の発達の諸相について. 日本都市学会編『中小都市の諸問題』17-40. 地人書房.
林　正巳 1968. 宇部市における都市機能の変容 ――自治機能を中心として. 政治地理 3: 313-330.
原田勝弘 1972. 崩壊する運命共同体の神話. 月刊労働問題 173: 20-30.
一言憲之・安田尚道 1993.『地域産業の再構築戦略』新評論.
平岡昭利 2012.『アホウドリと「帝国」日本の拡大 ――南洋の島々への進出から侵略へ』明石書店.
平田　実 2010. 地域イノベーション・システムに関する概念的考察. 経済論究（九州大学）136: 193-218.
福武　直編 1965a.『地域開発の構想と現実Ⅰ 百万都市建設の幻想と実態』東京大学出版会.

福武　直編 1965b.『地域開発の構想と現実 II　新産業都市への期待と現実』東京大学出版会.
福武　直編 1965c.『地域開発の構想と現実 III　工業都市化のバランス・シート』東京大学出版会.
福武　直・蓮見音彦編 1979.『企業進出と地域社会 ——第一生命本社移転後の大井町の展開』東京大学出版会.
藤川昇悟 2001. 地域的集積におけるリンケージと分工場 ——九州・山口の自動車産業集積を事例として. 経済地理学年報 47: 83-100.
富士写真フイルム株式会社 1960.『創業 25 年の歩み』
富士写真フイルム株式会社 1984.『富士フイルム 50 年のあゆみ』
藤田和史 2007. 「知識・学習」からみた試作開発型中小企業の発展とその地域的基盤 ——長野県諏訪地域を事例として. 地理学評論 80: 1-19.
富士フイルム株式会社 2007. 富士フイルム先進研究所スタート. 富士フイルム研究報告 52: 1-2.
藤本隆弘 1997.『生産システムの進化論 ——トヨタ自動車にみる組織能力と創発プロセス』有斐閣.
藤森　勉 1960. 造船独占資本の立地と地域構造 ——岡山県玉野市三井造船の場合. 人文地理 12: 302-325.
藤原貞雄　2007. 愛知型自動車産業集積と豊田市.『日本自動車産業の地域集積』99-124. 東洋経済新報社.
布施鉄治編 1992.『倉敷・水島 ——日本の資本主義の展開と都市社会』東信堂.
船橋泰彦 1968. 新産業都市日向・延岡地区の現状. 地理 13 (10): 29-35.
米花　稔 1957. シングル・イダストリィ・タウン試論 ——経営の地域社会関係. 企業経営研究 7: 19-46.
米花　稔 1958. シングル・インダストリィ・タウンにおける関連産業の事例研究 ——玉野市における造船下請金属機械工業. 企業経営研究 8: 17-48.
辺　紅国 2006. 豊田市を中心とするトヨタ自動車工業域の形成と地域展開. 地理学報告（愛知教育大学）102: 33-48.
星島一夫 1974. 企業と地域社会 ——新居浜におけるその歴史的考察. 都市問題 65 (2): 116-129.
星野光男 1974. 企業都市の若干の問題比較　新居浜市と東海市　都市問題 65 (2): 106-115.

細谷祐二 2009. 産業立地政策，地域産業政策の歴史的展開 ——浜松にみるテクノポリスとクラスターの近接性について（その2）. 産業立地 48 (2): 37-45.

本多弘司 2008. 猿田正機編『トヨタ企業集団と格差社会 ——賃金・労働条件にみる格差創造の構図』365-395. 中京大学企業研究所.

本間康平 1980. 地域社会と企業. 青井和夫・庄司興吉編『家族と地域の社会学』169-188. 東京大学出版会.

松石泰彦 2003. 高度経済成長期の企業城下町・釜石における産業構造. 岩手県立大学宮古短期大学部研究紀要 14 (2): 38-56.

松石泰彦 2004. 企業城下町の産業構造 ——群馬県太田市を事例に. 岩手県立大学宮古短期大学部研究紀要 15 (2): 23-39.

松石泰彦 2005. 企業城下町への視座. 岩手県立大学宮古短期大学部研究紀要 16 (1): 19-30.

松石泰彦 2010.『企業城下町の形成と日本的経営』同成社.

松石泰彦 2011. 企業城下町史分析のための「企業文化論」的視角. 岩手県立大学宮古短期大学部研究紀要 22 (1): 25-34.

松島克守・坂田一郎・濱本正明 2005.『クラスター形成による「地域新生のデザイン」』東大総研.

松野浩二 2005. 産業都市宇部に生まれた工学と医学.『奮発震動の象あり』271-282. 財団法人鳳陽会.

松橋公治 2004. 中小企業集積地域における企業外環境ネットワークの地域間比較 ——花巻・北上両市における産業支援システムを中心に. 明治大学人文科学研究所紀要 54: 229-269.

松原　宏 1988. 企業城下町における土地所有と土地利用の変化.『不動産資本と都市開発』66-74. ミネルヴァ書房.

松原　宏 1999. 集積論の系譜と「新産業集積」. 東京大学人文地理学研究 13: 83-110.

松原　宏 2006.『経済地理学 ——立地・地域・都市の理論』東京大学出版会.

松原　宏 2007. 知識の空間的流動と地域的イノベーションシステム. 東京大学人文地理学研究 18: 22-43.

松原　宏 2008. 立地調整の経済地理学序説. 東京大学人文地理学研究 19: 45-59.

松原　宏編 2013.『日本のクラスター政策と地域イノベーション』東京大学出版会.

丸山正巳 2005. 企業城下町の形成と公共空間 ——水俣の事例から. 丸山正巳・田口宏昭・田中雄次編『水俣からの想像力 ——問いつづける水俣病』13-43. 熊本出版文化

会館.
三浦典子 2004. 企業文化の形成と企業の社会貢献活動 ――企業城下町宇部市の変容.『企業の社会貢献とコミュニティ』198-218. ミネルヴァ書房.
三浦典子 2017. 企業の社会貢献と地域再生 ――アートがつなぐ官民の力. 三浦典子・横田尚俊・速水聖子編『地域再生の社会学』2-23. 学文社.
三上昭荘 1994. 工業都市の輪廻の研究 ――大竹市を事例として. 広島経済大学経済研究論集 17 (1): 209-237.
三木俊克 2003.「山口大学における医工連携及び産学連携」の歩みと今後. 知的クラスターセンター NEWS 医工連携特集号: 13-20.
水野 勲 1997. 近世城下町から企業城下町へ ――延岡市. 平岡昭利編『九州 地図で読む百年』131-136. 古今書院.
水野真彦 1999. 制度・慣習・進化と産業地理学: 90年代の英語圏の地理学と隣接分野の動向から. 経済地理学年報 45: 120-139.
水野真彦 2005. イノベーションの地理学 ――知識, ネットワーク, 近接性. 経済地理学年報 51: 205-224.
水野真彦 2007. 経済地理学における社会ネットワーク論の意義と展開方向 ――知識に関する議論を中心に. 地理学評論 80: 481-498.
水野真彦・立見淳哉 2007. 認知的近接性, イノベーション, 産業集積の多様性. 季刊経済研究 30 (3): 1-14.
光吉健次・萩島 哲・小田広昭・八島英孝・虎谷 彰・春木光臣 1982. 産業主軸にした地方都市の形成史に関する研究その1・その2. 日本建築学会学術講演梗概集計画系 1839-1842.
光吉健次・萩島 哲・真鍋浩二・春木光臣・梅崎保浩 1983. 企業都市形成の歴史的変遷に関する研究その1. 日本建築学会学術講演梗概集 計画系: 2289-2290.
宮入興一 1985a.「企業城下町」における地域自治の発展と自治体行財政（上）――長崎県香焼町と巨大造船所立地を中心として. 経営と経済 64 (4): 1-52.
宮入興一 1985b.「企業城下町」における地域自治の発展と自治体行財政（下）――長崎県香焼町と巨大造船所立地を中心として. 経営と経済 65 (1): 11-53.
宮入興一 1986. 企業都市における都市経済の発展と地方行財政 ――造船業の展開と「企業城下町・長崎」. 経営と経済 66 (1): 67-122.
宮入興一 1991. 企業都市の概念と構造的特徴. 経営と経済 71 (2): 27-66.
宮川泰夫 1977. 単一企業都市豊田の工業配置―独占資本の地域的運動形態. 経済地理

学年報 23（3）: 17-43.
宮崎県高等学校教育研究会社会科地理部会編 1984. 工都延岡.『みやざき新風土記（増補改訂版）』67-98. 鉱脈社.
宮崎県中小企業総合指導センター 1980.『延岡地域振興診断報告書第 1 部延岡地域産業経済の現状と課題 ──地域の総合的振興への道標』
宮崎日日新聞社延岡支社取材班 2010.『旭化成構造転換の波動』宮崎日日新聞社.
宮町良広 1995. 新産業都市（大分市・日向延岡）. 経済地理学会西南支部編『西南日本の経済地域』134-150. ミネルヴァ書房.
宮町良広 2003. 英米の産業集積と地域における学習・イノベーション. 大分大学経済学部編『グローバル化と日本の経済・社会』227-245. ミネルヴァ書房.
宮本憲一 1967. 社会的生産手段の資本化と「地域独占」.『社会資本論』72-101. 有斐閣.
宮木憲一 1983.「公害先進国」日本.『昭和の歴史 10 経済大国』136-164. 小学館.
村上雅康 1973.『造船工業地域の研究 ──相生・因島両地区の場合』大明堂.
村上雅康 1985. 特定船舶製造業設備処理に関する一考察. 経済地理学年報 31: 210-225.
村田喜代治・金田昌司 1960. 単一工業の立地とその地域効果 ──黒部市における 1 事例. 地理学評論 33: 193-205.
森　真澄 1977. 日本の企業経営と地域社会 ──一地方工業都市（宇部）の事例研究. 中川敬一郎編『日本経営史講座 5 日本的経営』252-282. 日本経済新聞社.
森嶋俊行 2011. 旧鉱工業都市における近代化産業遺産の保存活用過程 ──大牟田・荒尾地域を事例として. 地理学評論 84A: 305-323.
森嶋俊行 2014. 企業創業地における近代化産業遺産の保存と活用 ──倉敷地域と日立地域の比較分析から. 経済地理学年報 60: 67-89.
森田慎二郎 2014.『日本産業社会の形成 ──福利厚生と社会法の先駆者たち』労務研究所.
森戸　勇 1988. 商業近代化事業に取り組む延岡市. 九州経済調査月報 42（9）: 15-23.
師井於菟彦 1967. 一地方工業都市における公害問題 ──宇部市の大気汚染対策の事例. 地理科学 8: 10-19.
諸泉俊介 1995. 新たな企業都市の台頭と九州機械工業. 九州経済調査月報 5: 13-19.
文部科学省 2005. 平成 16 年度大学等における産学連携等実施状況報告書.
　http://www.mext.go.jp/b_menu/houdou/17/06/05062201/001.htm
文部科学省科学技術政策研究所 2003.『産学連携 1983 － 2001』文部科学省科学技術

政策研究所調査資料 96.
矢作　弘・阿部大輔編 2014.『持続可能な都市再生のかたち ──トリノ，バルセロナの事例から』日本評論社．
山川充夫 1982. 企業城下町釜石市の地域経済構造と釜鉄 78 年の合理化の波及（1）．東北経済 72: 127-170.
山川充夫 1983. 企業城下町釜石市の地域経済構造と釜鉄 78 年の合理化の波及（2）．東北経済 74: 1-35.
山川充夫 1985. 企業城下町釜石市の地域経済構造と釜鉄 78 年の合理化の波及（3）．東北経済 77: 99-124.
山川充夫 1986. 企業城下町釜石市の地域経済構造と釜鉄 78 年の合理化の波及（4）．東北経済 76: 77-95.
山川充夫 1992. 鉄鋼業合理化と鉄鋼都市再構築について（1）──新日本製鐵の場合．福島大学地域研究 4 (2)：3-21.
山川充夫 1995a. 鉄鋼業合理化と鉄鋼都市再構築について（2）──新日本製鐵の場合．福島大学地域研究 7 (2)：3-45.
山川充夫 1995b. 地方における連携型産業集積．下平尾　勲編『共生と連携の地域創造 ──企業は地域で何ができるか』29-67. 八朔社．
山縣宏之 2010.『ハイテク産業都市シアトルの軌跡 ──航空宇宙産業からソフトウェア産業へ』ミネルヴァ書房．
山口貞雄 1988.『高炉工場の立地と再編』大明堂．
山口大学・宇部興産株式会社 2006. 国立大学法人山口大学・宇部興産株式会社による「包括的連携協力」の推進状況について（中間報告）．
http://www.yamaguchi-u.ac.jp/inform/ press/2006/060405/
山口大学工学部 1990.『山口大学工学部 50 年』東洋図書出版．
山口光男 2006. 富士フイルムの熊本進出 ──企業の立地戦略①．産業立地 45 (5)：16-20.
山崎　充 1987.『地域産業の見なおし ──21 世紀への処方箋』中央経済社．
山下克彦 1980. 特定企業による土地所有の土地利用変化への影響 ──苫小牧市における事例研究．東北地理 32 (2)：64-71.
山田良夫 1965. 企業都市の性格と特徴．エコノミスト 43 (23)：68-72.
山本健兒 2005.『産業集積の経済地理学』法政大学出版局．
山本理佳 2013.『「近代化遺産」にみる国家と地域の関係性』古今書院．

吉田　理・越野　武・角　幸博 1985. 夕張市の都市形成についての一考察. 日本建築学会北海道支部研究報告集 249-251.

吉田孟史 1999. 組織の慣性と組織間関係. 経済科学 38（4）: 35-52.

立命館大学人文科学研究所編 1985.『巨大企業と地域・自治体 ──松下電器と門真』.

脇田武光 1990. 立地論における歴史地理的習慣性の用語について. 大東文化大学経済論集 51（4）: 85-109.

和田八束 1966. 企業都市の性格と地域経済. 都市問題研究 18（6）: 28-40.

渡辺幸男 1979. 大都市における機械工業零細経営の機能と存立基盤 ──東京都城南地域の場合. 三田学会雑誌 72: 179-211.

渡辺幸男 1990. 日本機械工業の社会的分業構造（下）──下請制研究の新たな視点を求めて. 三田学会雑誌 82: 819-841.

Aldrich, H. E. 1999. *Organization evolving.* London: Sage. オルドリッチ, H. E. 著，若林直樹・高瀬武典・岸田民樹・坂野友昭・稲垣京輔訳 2007.『組織進化論 ──企業のライフサイクルを探る』東洋経済新報社.

Allen, J. B. 1966. *The company town in the American west.* University of Oklahoma Press.

Amin, A. and Thrift, N. 2000. What kind of economic theory for what kind of economic geography? *Antipode* 32(1): 4-9.

Arthur, W. B. 1988. Self-reinforcing mechanisms in economics. In *The economy as an evolving, complex system*, ed. P. Anderson., K. Arrow., and D. Pine, 9-31. Boston: Addison-Wesley.

Arthur, W. B. 1989. Competing technologies, increasing returns, and 'lock-in' by historical events. *Economic journal* 99: 116-131.

Arthur, W. B. 1994. *Increasing returns and path dependence in the economy*. University of Michigan Press. アーサー, W. B. 著，有賀祐二訳 2003.『収穫逓増と経路依存 ──複雑系の経済学』多賀出版.

Bale, J. 1981. *The location of manufacturing industry: An introductory approach. 2nd edition*. Edinburgh: Oliver & Boyd. 北村嘉行・上野和彦・小俣利男監訳 1984.『工業地理学入門』大明堂.

Barnes, T. J. 2001. Retheorizing economic geography: From the quantitative revolution to the 'cultural turn'. *Annals of the association of American geographers* 91(3): 546-565.

Bathelt, H. 2003. Toward a reconceptualization of regional development paths: Is Leipzig's media cluster a continuation of a rupture with the past? *Economic geography* 79: 265-293.

Belussi, F. and Sedita, S. R. 2009. Life cycle vs. multiple path dependency in industrial districts. *European planning studies* 17: 505-528.

Benneworth, P., and Hospers, G. J. 2007. The new economic geography of old industrial regions: Universities as global-local pipelines. *Environment and planning C* 25: 779-802.

Boggs, J. S., and Rantisi, N. M. 2003. The 'relational turn' in economic geaography. *Journal of economic geography* 3: 109-116.

Boschma, R. A. 2004. Competitiveness of regions from an evolutionary perspective. *Regional studies* 38: 1001-1014.

Boschma, R., Coenen, L., Frenken, K., and Truffer, B. 2017. Towards a theory of regional diversification: Combining insights from evolutionary economic geography and transition studies. *Regional studies* 51: 31-45.

Boschma, R. A., and Frenken, K. 2006. Why is economic geography not an evolutionary science? Towards an evolutionary economic geography. *Journal of economic geography* 6: 273-302.

Boschma, R. A., and Frenken, K. 2009. Some notes in institutions in evolutionary economic geography. *Economic geography* 85: 151-158.

Boschma, R. A., and Frenken, K. 2010. The spatial evolution of innovation networks: A proximityperspective. In *Handbook on evolutionary economic geography*, ed. R. A. Boschma, R. Martin, 120-135. Cheltenham: Edward Elgar.

Boschma, R. A., and Frenken, K. 2011. The emerging empirics of evolutionary economic geography. *Journal of economic geography* 11: 295-307.

Boschma, R. A., and Iammarino, S. 2009. Related variety, trade linkages, and regional growth in Italy. *Economic geography* 85: 289-311.

Boschma, R. A., and Martin, R. 2007. Constructing an evolutionary economic geography. *Journal of economic geography* 7: 537-548.

Boshma, R. A., and Martin, R. 2010. The aims and scope of evolutionary economic geography. In *Handbook on evolutionary economic geography*, ed. R. A. Boschma, R. Martin, 3-39. Cheltenham: Edward Elgar.

Boschma, R. A., Minondo, A. and Navarro, M. 2012. The emergence of new industries at the regional level in Spain: A proximity approach based on product relatedness. *Economic geography* 89: 29-51.

Brenner, T. and Schlump, C. 2011 Policy measures and their effects in the different phases of the cluster life cycle. *Regional studies* 45: 1363-1386.

Carlson, L. 2003. *Company towns of the Pacific Northwest*. University of Washington Press.

Chapman, K. 2005. From 'growth center' to 'cluster': Restructuring, regional development, and the Teesside chemical industry. *Environment and planning A* 37: 597-615.

Checkland, S. G. 1976. *The upas tree: Glasgow 1875-1975*. University of Glasgow Press.

Clark, G. L. 1994. Strategy and structure: Corporate restructuring and the scope and characteristics of sunk costs. *Environment and planning A* 26: 9-32.

Clark, G. L., and Wrigley, N. 1995. Sunk costs: A framework for economic geography. *Transactions of the institute of British geographers NS* 20:204-223.

Clark, G. L., and Wrigley, N. 1997a. The spatial configuration of the firm and the management of sunk costs. *Economic geography* 73:285-304.

Clark, G. L., and Wrigley, N. 1997b. Exit, the firm and sunk costs: Reconceptualizing the corporate geography of disinvestment and plant closure. *Progress in human geography* 21: 338-358.

Connolly, J. J. ed. 2010. *After the factory: Reinventing America's industrial small cities*. Lanham: Lexington Books.

Cooke, P. eds. 1995. *The rise of the rustbelt*. London: UCL Press.

Cooke, P., Uranga, M. G., and Extebarria, G. 1998. Regional innovation systems: An evolutionary perspective. *Environment and planning* A 30: 1563-1584.

Cooke, P. 2007. To construct regional advantage from innovation systems first build policy platforms. *European planning studies* 15: 179-194.

Cox, K. R. 1972. *Man, location, and behavior: An introduction to human geography*. New York: John Wiley & Sons.

Crawford, M. 1996. *Building the workingman's paradise: The design of American company towns*. New York: Verso.

Dahl, M. S., Østergaard, C. R., and Dalum, B. 2010. Emergence of regional clusters: The role of spinoffs in the early growth process. In *Handbook on evolutionary economic geography*, eds. R. A. Boschma, R. Martin, 205-220. Cheltenham: Edward Elgar.

David, P. A. 1985. Clio and the economics of QWERTY. *American economic review* 75: 332-337.

David, P. A. 1986. Understanding the economics of QWERTY: The necessity of history. In *Economic history and the modern economics*, ed. W.N. Parket, 30-49. Oxford: Blackwell.

Dawley, S. 2013. Creating new paths? Offshore wind, policy activism, and peripheral region development. *Economic geography* 90: 91-112.

Dinius, O. J. and Vergara, A. eds. 2011. *Company towns in the Americas: Landscape, power, and working-class communities*. University of Georgia Press.

Dosi, G. 1982. Technological paradigmsand technological trajectories. *Research policy* 11:147-162.

Drahokoupil, J. 2012. Beyond lock-in versus evolution, towards punctuated co-evolution: On Ron Martin's 'rethinking regional path dependence'. *International journal of urban and regional research* 36: 166-171.

Ekinsmyth, C., Hallsworth, A., Leonard, S. and Taylor, M. 1995. Stability and instability: The uncertainty of economic geography. *Area* 27: 289-299.

Essletzbichler, J. 2009. Evolutionary economic geography, institutions, and political economy. *Economic geography* 85: 159-165.

Essletzbichler, J., and Rigby, D. J. 2007. Exploring evolutionary economic geography. *Journal of economic geography* 7: 549-572.

Essletzbichler, J., and Rigby, D. J. 2010. Generalized Darwinism and evolutionary economic geography. In *Handbook on evolutionary economic geography*, ed. R. A. Boschma, R. Martin, 43-61. Cheltenham: Edward Elgar.

Essletzbichler, J. and L. Winther 1999. Regional technological change and path-dependency in the Danish food processing industry. *Geografiska annaler* 81 B: 179-196.

Freeman, C. 1987. *Technology policy and economic performance: Lessons from Japan*. London: Pinter Publishers. フリーマン，C. 著，大野喜久之輔監訳，新田光重訳 1989. 『技術政策と経済パフォーマンス：日本の教訓』晃洋書房.

Frenken, K., and Boschma, R. A. 2007. A theoretical framework for evolutionary economic geography: Industrial dynamics and urban growth as a branching process. *Journal of economic geography* 7: 635-649.

Frenken, K., Van Oort, F. G., and Verburg, T. 2007. Related variety, unrelated variety and regional economic growth. *Regional studies* 41: 685-697.

Fuchs, G., and Shapira, P. eds. 2005. *Rethinking regional innovation and change: Path dependency or regional breakthrough*. New York: Springer.

Fujita,M., Krugman, P., and Venables, A. J. 1999. *Spatial economy: Cities, regions, and international trade*. London: MIT Press. 藤田昌久・クルーグマン，P・ベナブルズ，A.J

著,小出博之訳 2000.『空間経済学 ――都市・地域・国際貿易の新しい分析』東洋経済新報社.

Garner, J. S. 1984. *The model company town: Urban design through private enterprise in nineteenth-century New England*. University of Massachusetts Press.

Garner, J. S. 1992. *The compaty town: Architecture and society in the early industrial age*. New York: Oxford University Press.

Gibson, K. 1991. Company towns and class processes: A study of the coal towns of Central Queensland. *Environment and planning D* 9: 285-308.

Glaeser, E. L., Kallal, H. D., Schinkmann, J. A., and Shleifer, A. 1992. Growth in cities. *Journal of political economy* 100: 1126-1152.

Glückler, J. 2007. Economic geography and the evolution of networks. *Journal of economic geography* 7: 619-634.

Grabher, G. 1993. The weakness of strong ties: The lock-in of regional development in Ruhr area. In *The Embedded firm: On the socioeconomics of industrial networks*, ed. G. Grabher, 255-277. London: Routledge.

Grabher G. 2009. Yet another turn? The evolutionary project in economic geography. *Economic geography* 85: 119-127.

Granovetter, M. 1973. The strength of weak ties. *American journal of sociology* 78: 1360-1380.

Green. H. 2010. *The Company town: The industrial Edens and satanic mills that shaped the American economy*. New York: Basic Books.

Gregersen, B., and Johnson, B. 1997. Learning economies, innovation systems and european integration. *Regional studies* 31: 479-490.

Håkansson, H., and Lundgren, A. 1997. Path dependence in time and space: Path dependence on industrial networks. In *Evolutionary economics and path dependence*. eds. L. Magnusson and J. Ottoson, 119-137. Cheltenham: Edward Elgar.

Hamilton, F. E. I. 1967. Models of industrial location, In *Models in geography*, eds. J. Chorey and P. Haggett, 361-424. London: Methuen.

Hannan, M.T. and Freeman, J. 1984. Structural inertia and organizational change. *American sociological review* 49: 149-164.

Harmaakorpi, V. 2006. Regional development platform method (RDPM) as a tool for regional innovation policy. *European planning studies* 14: 1085-1104.

Hartog, M., Boschma, R. A. and Sotarauta, M. 2012. The impact of related variety on regional employment growth in Finland 1993-2006: High-tech versus medium/ low-tech. *Industry and innovation* 19: 459-476.

Hassink, R. Klaerding, C. and Marques, P. 2014. Advancing evolutionary economic geography by engaged pluralism. *Regional studies* 48: 1295-1307.

Hassink, R., and Shin, D. H. 2005. The restructuring of old industrial areas in Europe and Asia. *Environment and planning A* 37: 571-580.

Hay, C. 2002. *Political analysis: A critical introduction*. Basingstoke: Palgrave.

Heidenreich, M. and Plaza, B. 2015. Renewal through culture? The role of museums in the renewal of industrial regions in Europe. *European planning studies* 23: 1441-1455.

Hirschman, A. O. 1970. *Exit, voice, and loyalty: Responses to decline in firms, organizations, and states*. Cambridge: Harvard University Press. ハーシュマン, A. O. 著, 矢野修一訳 2005.『離脱・発言・忠誠 ――企業・組織国家における衰退への反応』ミネルヴァ書房.

Hodgson, G.M. 2009. Agency, institutions, and Darwinism in evolutionary economic geography. *Economic geography* 85: 167-173.

Holling, C. S. 1973. Resilience and stability of ecological systems. *Annual review of ecological systems* 4: 1-23.

Holling, C. S. and Gunderson, L. H. 2002. Resilience and adaptive cycles. In *Panarchy: Understanding transformations in human and natural systems*. L. Gunderson and C.S. Holling, 25-62. Washington DC: Island Press.

Hudson, R. 2005. Rethinking change in old industrial regions: reflecting in the experiences of north east England. *Environment and planning A* 37: 597-615.

Hudson, R. 2010. Resilient regions in an uncertain world: Wishful thinking or a practical reality? *Cambridge journal of regions, economy and society* 3: 11-25.

Iammarino, S. and McCann, P. 2010. The relationship between multinational firms and innovative clusters. In *Handbook on evolutionary economic geography*, eds. R. A. Boschma, R. Martin, 182-204. Cheltenham: Edward Elgar.

Isard, W. 1956. *Location and space-economy*. The M.T.T Press. 木内信蔵監訳 1961.『立地と空間経済』朝倉書店.

Jacobs, J. 1969. *The economy of cities*. New York: Vintage. ジェイコブズ, J. 著, 中江利忠・加賀谷洋一訳 2011.『都市の原理』鹿島出版会.

Jeans, D. N. 1967. Competition, momentum and inertia in the location of commercial institutions: Case studies in some London commodity markets. *Tijdschrift voor economische en sociale geografie* 58: 11-19

Jovanović, M. N. 2009. *Evolutionary economic geography: Location of production and the European Union*. London: Routledge.

Kaldor, N. 1978. *Further essays on economic theory*. London: Duckworth. カルドア, N. 著, 原　昭五・高木邦彦訳 1989.『経済成長と分配理論 ——理論経済学続論』日本経済評論社.

Klepper, S. 2007. Disagreements, spinoffs, and the evolution of Detroit as the capital of the U.S. automobile industry. *Management Science* 53: 616-631.

Krumme, G. 1969. Toward a geography of enterprise. *Economic geography* 45(1): 30-40.

Lagerholm, M., and Malmberg, A. 2009. Path dependence in economic geography. In *The evolution of path dependence*, eds. L. Magnusson, and J. Ottosson, 87-107. Cheltenham: Edward Elgar.

Lazzeretti, L., Capone, F., and Cinti, T. 2010. The regional development platform and "related variety": Some evidence from art and food in Tuscany. *European planning studies* 18: 27-45.

Leonard-Barton, D. 1992. Core capabilities and core rigidities: A paradox in managing new product development. *Strategic management journal* 13: 111-125.

MacKinnon, D., Cumbers, A., Pike, A., Birch, K., and McMaster, R. 2009. Evolution in economic geography: institutions, political economy, and adaptation. *Economic geograpghy* 85: 129-150.

Markusen, A. 1996a. Sticky places in slippery spaces: A typology of industrial districts. *Economic geography* 72(3): 293-313.

Markusen, A. 1996b. Big firms, long arms: A portrait of a 'hub and spoke industrial district in the Seattle region'. *Regional studies* 30: 651-666.

Markusen, A. Hall, P. Campbell, S. and Deitrick, S. 1991. Seattle: Aerospace Company City. In *The rise of the gunbelt: Military remapping of industrial America*, 148-173. Oxford University Press.

Markusen, A. Lee, Y.S. and Digiovanna, S. 1999. *Second Tier Cities: Rapid Growth beyond the Metropolis*, University of Minnesota Press.

Martin, R. 2000. Institutional approaches in economic geography. In *A companion to economic geography*, eds. E. Sheppard and T. J. Barnes, 77-94. Oxford: Blackwell.

Martin, R. 2010. Roepke lecture in economic geography - Rethinking regional path dependence: Beyond lock-in to evolution. *Economic geography* 86: 1-27.

Martin, R. 2012a. (Re)placing path dependence: A response to the debate. *International journal of urban and regional research* 36: 179-192.

Martin, R. 2012b. Regional economic resilience, hysteresis and recessionary shocks. *Journal of economic geography* 12: 1-32.

Martin, R., and Simmie, J. 2008. Path dependence and localinnovation systems in city-regions. *Innovation: management, policy & practice* 10: 183-196.

Martin, R., and Sunley, P. 2006. Path dependence and regional economic evolution. *Journal of economic geography* 6: 395-437.

Martin, R., and Sunley, P. 2007. Complexity thinking and evolutionary economic geography. *Journal of economic geography* 7: 573-602.

Martin, R., and Sunley, P. 2010. The place of path dependence in an evolutionary perspective on the economic landscape. In *Handbook on evolutionary economic geography*, eds. R. A. Boschma, R. Martin, 62-92. Cheltenham: Edward Elgar.

Martin, R.and Sunley, P. 2011. Conceptualizing cluster evolution: beyond the life cycle model? *Regional studies* 45: 1299-1318.

Martin, R. and Sunley, P. 2012. Forms of emergence and the evolution of economic landscapes. *Journal of economic behavior & organization* 82: 338-351.

Martin, R. and Sunley, P. 2015a. Toward a developmental turn in evolutionary economic geography? *Regional studies* 49: 712-732.

Martin, R. and Sunley, P. 2015b. On the notion of regional economic resilience: Conceptualization and explanation. *Journal of economic geography* 15: 1-42.

Maskell, P., and Malmberg, A. 1999. Localised learning and industrial competitiveness. *Cambridge journal of economics* 23:167-185.

Massey, D. 1984. *Spatial divisions of labour*. London: Macmillan. マッシイ,D. 著，富樫幸一・松橋公治監訳 2000.『空間的分業 ——イギリス経済社会のリストラクチャリング』古今書院（翻訳は原著 1995 年発行の第 2 版）．

Mata, J. 1991. Sunk costs and entry by small and large plants. In *Entry and market contestability: An international comparison*. eds. P.A. Geroski, and J. Schwalbach, 49-62. Blackwell: Oxford.

Moulaert, F., and Sekia, F. 2003. Territorial innovation models: A critical survey. *Regional* studies 37: 289-302.

Myrdal, G. 1957. *Economic theory and under-developed regions*. London: Gerald Duckworth. ミュルダール , G. 著，小原敬士訳 1959.『経済理論と低開発地域』東洋経済新報社 .

Nelson, R. R. eds. 1993. *National innovation systems : A comparative analysis*. New York: Oxford University Press.

Nelson, R. R., and Winter, S. G. 1982. *An evolutionary theory of economic change*. Belknap: Harvard University Press. ネルソン ,R. R.・ウィンター S. G. 著，後藤　晃・角南　篤・田中辰雄訳 2007.『経済変動の進化理論』慶應義塾大学出版会 .

Nooteboom, B. 1999. Innovation, learning and industrial organization. *Cambridge journal of economics* 23: 127-150.

North, D. C. 1990. *Institutions, institutional change and economic performance*. Cambridge: Cambridge University Press. ノース ,D.C. 著，竹下公視訳 1994.『制度・制度変化・経済成果』晃洋書房 .

Olson, M. 1982. *The rise and decline of nations: Economic growth, stagflation, and social rigidities*. New Haven: Yale University Press. オルソン , M. 著，加藤　寛監訳 , 川野辺裕幸訳 1991.『国家興亡論：「集合行為論」からみた盛衰の科学』PHP 研究所 .

Oosterlynck, S. 2012. Path dependence: A political economy perspective. *International journal of urban and regional research* 36: 158-165.

Page, S.E. 2006. Path dependence. *Quarterly journal of political science* 1: 87-115.

Park,O.S. 1996. Networks and embeddedness in the dynamic types of new industrial districts. *Progress in human geography* 20(4):476-493.

Pendall, P., Foster, K. A. and Cowella, M. 2010. Resilience and regions: Building understanding of the metaphor. *Cambridge journal of regions, economy and society* 3: 71-84.

Peterson, K. 1987. *Company town: Potlatch, Idaho, and the Potlatch lumber company*. Washington State University.

Plaza, B.and Haarich, S. N. 2015. The Guggenheim Museum Bilbao: Between regional embeddedness and global networking. *European planning studies* 23: 1456-1475.

Porteous, J. D. 1970. The nature of the company town. *Transactions of the institute of British geographers* 51: 127-142.

Porter, M. 1990. *The Competitive advantage of nations*. New York: Free Press. ポーター，M. 著，土岐　坤・中辻萬治・小野寺武夫・戸成富美子訳 1992.『国の競争優位上・下』

ダイヤモンド社.

Porter, M. 1998. *On Competition*. Boston: Harvard Business School Press. ポーター, M. 著, 竹内弘高訳 1999.『競争戦略論Ⅰ・Ⅱ』ダイヤモンド社.

Potter, A. and Watts, H. D. 2011. Evolutionary agglomeration theory: Increasing returns, diminishing returns, and the industry life cycle. *Journal of economic geography* 11: 417-455.

Power, A. Plöger, J. and Winkler, A. 2010. *Phoenix cities: The fall and rise of great industrial cities*. Policy Press at the University of Bristol.

Rigby, D. L. and Essletzbichler, J. 1997. Evolution, process variety, and regional trajectories of technological change in U.S. manufacturing. *Economic geography* 73: 269-284.

Rodgers, A. 1952. Industrial inertia: A major factor in the location of the steel industry in The United States. *Geographical review* 42: 56-66.

Rushen, S. F. 1995. Fluctuations and downturns in a "company town". *Growth and change* 26: 611-626.

Schamp, E.W. 2005. Decline of the district, renewal of firms: An evolutionary approach to footwear production in the Pirmasens area, Germany. *Environment and planning A* 37: 617-634.

Schein, E. H. 1985. *Organizational culture and leadership*. San Francisco: Jossey-Bass. シャイン, E. H. 著, 清水紀彦・浜田幸雄訳 1989.『組織文化とリーダーシップ ——リーダーは文化をどう変革するか』ダイヤモンド社.

Schein, E.H. 1999. *The Corporate culture survival guide*. San Francisco: Jossey-Bass. シャイン, E. H. 著, 金井壽宏監訳, 尾川丈一・片山佳代子訳 2004.『企業文化 ——生き残りの指針』白桃書房.

Scheonberger, E. 1997. *The Cultural crisis of the firm*. Cambridge: Blackwell.

Setterfield, M. 1993. A model of institutional hysterisis. *Journal of economic issues* 27: 755-774.

Shin, D. H. and Hassink, R. 2011. Cluster life cycles: The case of the shipbuilding industry cluster in South Korea. *Regional studies* 45: 1387-1402.

Simandan, D. 2012. Options for moving beyond the canonical model of regional path dependence. *International journal of urban and regional research* 36: 172-178.

Simmie, J. and Martin, R. 2010. The economic resilience of regions: towards an evolutionary approach. *Cambridge journal of regions, economy and society* 3: 27-43.

Steed, G. P. F. 1976. Standardization, scale, incubation, and inertia: Montreal and Toronto clothing industries. *Canadian geographer* 20: 298-309.

Steiner, M. 1985. Old industrial areas: A theoretical approach. *Urban studies* 22: 387-398.

Straus, M. and Zamfira, R. 2016. *The re-birth of the company town: How corporations are reshaping life, work and play in the city.* Create Space Independent Publishing Platform.

Taylor, G. 1949. *Urban geography: A study of site, evolution, pattern and classification in villages, towns and cities.* London: Methuen.

Teece, D., Pisano, G., and Shuen, A. 1997. Dynamic capabilities and strategic management. *Strategic management journal* 18: 509-533.

Todd, D. 1983. Industrial inertia versus relocation: A shipbuilding illustration. *The professional geographer* 35(3): 286-298.

Tödtling, F., and Trippl, M. 2005. One size fits all? Towards a differentiated regional innovation policy approach. *Research policy* 34: 1203-1219.

Vallance, P. 2016. Universities, public research, and evolutionary economic geography. *Economic geography* 92: 355-377.

Vance, J. D. 2016. *Hillbilly Elegy: A memoir of a family and culture in crisis.* New York: Harper. ヴァンス, J. D. 著, 関根光宏・山田　文訳 2017.『ヒルビリー・エレジー――アメリカの繁栄から取り残された白人たち』光文社.

Vergara, A. 2003. Company towns and peripheral cities in the Chilean copper industry: Potrerillos and Pueblo Hundido, 1917-1940s. *Urban history* 30: 381-400.

Vernon, R. 1966. International investment and international trade in the product cycle. *The quarterly journal of economics* 80: 190-207.

Vromen, J. 2004. Conjectural revisionary economic ontology: Outline of an ambitious research agenda for evolutionary economics. *Journal of economic methodology* 11: 213-247.

Walker, R. 2000. The geography of production. In *A companion to economic geography*, eds. E. Sheppard and T.J. Barnes, 113-132. Oxford: Blackwell.

Yamamoto, D. 2011. Regional resilience: Prospects for regional development research. *Geography compass* 5: 723-736.

Yeung, H. W. C. 2005. Rethinking relational economic geography. *Transactions of the institute of British geographers* 30: 37-51.

索　引

Jacobs 型　60
MAR 型　60
OIA　46,48,49,51-53,64,65,70,71

ア行

アンカー企業　32
アンロック　137,170,172,201,206,207
域外資本　17,169
医工連携　132,160,161,169,172
依存意識　68,135,169,172,199,207
遺伝　37,46,58
遺伝子　39
イノベーション　1,12,29,35,39,41,45,
　48-50,54,55,63,69,71,143,177,178,190
イノベーションバリア　52
イノベーティブミリュー　12,41,45
一般ダーウィニズム　38,46,47,58,64,205,
　211
インキュベーション　155,209
運命共同体　7,35,208

カ行

外部性　46,50,60,64,69
学習　29,31,41,47,49,52,59,69,137,143
学習棄却　52
学習地域　41,45

革新自治体　8
革新首長　121
加工組立型産業　15,25,26,158
合併　22,83,99,104,105,137,138,141,172,
　193,202,204,208
釜石調査　13,34
関係論的転回　37
頑健性　62,67,211
カンパニータウン　33
関連多様性　59-62,64
共進化　46,56
競争優位　40,197,199
共同研究　132,154-156,160,162,164,167,
　168,170,172,173,175,207,208
企業家精神　48,207
企業都市　7-9,32,33,89,212
企業内地域間分業　16,40,66,177-179,189,
　198
企業の社会的責任　115,208
企業の地理学　17,66,101,177,178
企業文化　5,18,30,31,68,101,102,114,
　119-121,134-136,170,171,200,205,206,209
技術軌道　49,68,70,135,136,170,171,199,
　200,205-208
基礎素材型産業　15,25,26,158
巨大産業による日陰効果　49

拠点開発方式　15,89
機能的ロックイン　48
均衡　38,44,47,53-56,61,71
空間経済学　43
空間的分業　16,17,45,49,101,177
偶有性（状況依存性）　43
偶有的　44,47,48,51,68,70
組み換え　55,57
クラスター　41,43-45,52,56,58,59,64,66,
　143,160
クローズド・イノベーション　207
経営家族主義　16
経営理念　31,119,147,164,169,170
経済景観　43,66
経路依存性　2,38,40-43,45-48,51,53,55-59,
　63,64,67,69,71,172,211
経路依存的　70,144,205
研究開発拠点　1,2,5,49,85,101,115,177,
　178-180,183,186-188,190,198,202
建造環境　19,23
公害　1,18,21,35,115,153,154,158,169-171
工業整備特別地域　15,89
工業輪廻論　70
鉱工業地域社会　20
鉱山町　10,11,20,33
公設試験研究機関（公設試）　143,158,161,
　162,167,168,170,172,207
構造不況　14,32,34,102,112,113,126,127,
　134,211
構造分析　12
硬直性　70,67,211
硬直的な専門化の罠　48

構内外注　26,195,196
購買会　18,34,140
合理化　14,15,34,101,118,128,130,139
固定資産税　21,113,124,127,191,193
コーディネーター　164,168,169,176
コンドラチェフの長期波動　90
コンピタンス　42,47,55,60,68
コンビナート　15,89,90,104,108,130,149

サ行

最大化（最適化）　38
最適化　44
再投資　5,24,102,113,114,120,121,135,136,
　193,194,197,199,206
柵外　20
柵内　20,35
サテライト型　26
サービス経済化　73,86,93
サプライチェーン　138
散逸　46
産学官連携　5,129,131,136,141,143-145,
　152-155,157-159,161,163-165,167-172,
　206,207,210
産学連携　29,134,137,143,144,146,153,
　155,156,159,165-167,170,171,173,175,
　206
産業遺産　53,71
産業クラスター　40,63
産業集積　2,9,10,12,15,18,21,24-29,33-35,
　38,40,41,44,48,49,51,60,63,66,74,87,98,
　129,131,141,143-145,150,153,165,167,
　170,172,179,193,196,198,205,211

産業政策　2,5,28,53,62,101,102,124,129,
　　133-135,137,179,201,207,209,210
産業地区　40,45
産業の空洞化　76,86,211
産業風土　48
サンクコスト　49,70
収穫逓増　46,47,49,50,55,57
重厚長大型産業　8,89
柔軟性　50,70,211
集票マシン　128
社会過程分析　14
社会的分業　26,90
社会ネットワーク分析　40
時間距離　120,121,150,209
時間地理学　19
事業再構築　5,174,177,179,180,185,186,
　　189-191,193,196,198,199,201,206
縮小都市　53
執行役員制度　115,139
自己組織化　46
自己組織性　61
諸層の結合　42
社是　31
主体間関係　5,30,31,49,68,101,134,136,
　　137,143-145,151,167,169,170-172,200,
　　205-207
下請企業　2,5,9,10,14,15,18,21,23,24,26,
　　27-29,33,34,68,76,102,122-126,128,
　　133-137,144,150,151,166-172,177,179,
　　180,192,193,196,198,199,201,204-207
下請中小企業　35,74,197,199
下請分業型　26,28,90,150

社宅　10,19,21,22,119,180
自治体　2,5,9,12,14,15,16,19,20-23,48,49,
　　68,101,102,112,121,132,136,137,143-145,
　　158-160,163,166,170,177,179,180,
　　188-190,194,197-201,206-209
主導産業　15,74,84,90
シナリオライティング　210
地元資本　17,147,148,170,208
需要搬入企業　26,32
自立化　28,29
進化過程　1,2,4,31,43,62,68,69,135,136,
　　170,171,199,200,205,207-210
進化経済学　2,3,37-42,44,45,53,56,58,63,
　　64,65,69-71,205
進化経済地理学　1-3,30,37-46,50,51,53,55,
　　57,58,63-67,69,70,211
進化論的転回　37
新奇性　39,46,56,59
新奇的　71
シングル・インダストリィ・タウン　13,34
新産業都市　13,15,35,89,137,141
心理的距離　121
スクラップアンドビルド　186
頭脳立地地域　153
スピンオフ　53,59
生産拠点　1,2,5,11,15,85,101,107,108,113,
　　115,119,121,134,135,149,169,170,
　　177-180,183,185,186,188,190,197,198,202
生産工程統合型　24,26,28,35,90,150,179,
　　196,197,199,201
政治経済学　44
政治的ロックイン　49

制度的硬化　49
制度的履歴　47
制度派経済地理学　43,44
制度論的転回　37
製品転換　5,27,179,180,185,186,190,198,200,206
選挙　102,121-123,126,127,129,141,157,191,192,202,211
全国総合開発計画　15,89
漸進的イノベーション　30
選択と集中　29,110,112,177
層化　55,57
創業地　18,119,120,134,206
創業の地　4,102,135,136
装置型　26,209
創発　40,46,55,59
組織の慣性　39,69

タ行

大学　2,5,30,53,68,119,131,132,137,143-145,152-158,159,161,163-166,168-170,172,206-208
多元主義　44
多国籍大企業　40
多種少量生産　27
脱工業化　71,90,210
脱下請　28,136,167-169,171,172
多様性　38,46,59,60,63,64
単一企業島　10
炭鉱町　10,12,33,34
探索　39,63
断続共進化　57

断続平衡　42,70
地域イノベーションシステム　41,44,45,52,61,63
地域間競争　197,199
地域貢献　19,119,135,136,154
地域支配　9,15,20
地域中核企業　32,33
地域的不均等発展　42
地域特化の経済　10
地域独占　9,15,20,32
地域独占利潤　9,32
地域発展プラットフォーム　61
地域レジリエンス　61,62,212
中核企業　4,5,9-12,16,18-26,29,32,33,35,68,69,74-77,83,84,86,87,90,91,93,98,101,102,130,134,136,137,144-146,148,167,169-171,178,179,191,194,197-201,205-211
中核地域　17,135,149,150,169,170,190,198,199,209
長期継続的な取引関係　10,16,26,48,207
中堅企業　32
中興の祖　118
知識創造　1,29,30,50,143
知的クラスター　143,145,158-163,165,173,175
知的財産　50,155,164,172
地方政治　5,21,23,101,102,121,126,129,134,136,137,140,206
強い紐帯の弱さ　48,49
適応　46,54,55
適応循環　61,62,64

テクノポリス　127,153,154,169-171,174
鉄道町　10
転換　55,57
淘汰　46,58
特化係数　10,73,93-95
篤志家　11
特定不況地域　8,14,32,126
都市システム　73
トヨタ生産方式　15,39
取引費用　40,45,207,208

ナ行
内製化　28
内生的発展　45,46
ナショナルイノベーションシステム
　　41,45
入社式　115,118-120
日本的経営　16,30,212
認知的距離　30,59,71
認知的近接性　30,59,64,71
認知的ロックイン　48,59,71
ネオダーウィニズム　58

ハ行
バイファケーション（分岐）　40,59
場所　42,43,121,134,135
発祥の地　17,148
パターナリズム　11
パナーキー　61,64
ハブ・アンド・スポーク型　12,26
引き留め　193,197,211
非均衡　46,53,54

ビルバオ効果（グッゲンハイム効果）　71
不可逆性　43,47,64
不可逆的　2,37,39
不確実性　39,61
複雑系　44-47,61,65,205,211
複製　63
福利厚生施設　19,20,34,140,180,182
フットルース　209
古くからの工業地域　46,52
プロダクトサイクル　42
文化論的転回　30,37
分工場経済　16,26,35,90
変異　39,54-56,58,69
忘却のコスト　52
法人市民税　21,113,158,175,191,198,201
保持　46,63,65

マ行
マザー工場　108,178,189,190,198,209
名望家　147
持株会社制　87,110,185

ヤ行
遊休地　113,137
誘致　16,86,104,119,123-130,133,134,
　　136,138,140,150,152-154,181,189-194,
　　198,200,210,211
ユニオン・ショップ制　128
弱い紐帯の強さ　48

ラ行
ライフサイクル　42,48,56,69,201

ラストベルト　1,211
ラディカル・イノベーション　30
領域的制度　44
リストラクチャリング　15,53,62,70,113,
　126,135,170,198,212
離脱・発言・忠誠　49
立地戦略　1,2,5,9,17,101,102,106,108,134,
　206
立地調整　1,66,73,74,87
立地履歴　49
臨界　46
累積的因果連関　42

ルーティン　30,31,39,40,42,44,46,47,50,
　58,59,63,64,69
レジリエンス　59,61,62,64,71
労使協調　118,122,140
労働組合　2,14,21,34,49,101,102,118,121,
　122,124,128,134,135,139,140,141,192,
　194,208
労務提供型　26,35,207
ロカリティ　42
ロックイン　41,42,47-58,64,67,68,70,71,
　135-137,170-172,199-201,206,207,210,
　211

著者略歴

外枦保 大介（そとへぼ だいすけ）

1981年宮崎県生まれ。

2009年東京大学大学院総合文化研究科博士課程修了。博士（学術）。

文部科学省科学技術政策研究所研究官を経て，2012年より下関市立大学経済学部准教授。専門は，経済地理学。

主著：『立地調整の経済地理学』（2009年，原書房，分担執筆），『現代の立地論』（2013年，古今書院，分担執筆），『日本のクラスター政策と地域イノベーション』（2013年，東京大学出版会，分担執筆），『地域経済論入門』（2014年，古今書院，分担執筆），『大学教育とキャリア教育 ——社会人基礎力をキャリア形成に繋げるために』（2015年，五絃舎，分担執筆），『都市空間と産業集積の経済地理分析』（2015年，日本評論社，分担執筆），『地域分析ハンドブック ——Excelによる図表づくりの道具箱』（2015年，ナカニシヤ出版，分担執筆），『地域の持続可能性 ——下関からの発信』（2017年，学文社，分担執筆）。

書　名	**進化する企業城下町** ——進化経済地理学からのアプローチ
コード	ISBN978-4-7722-4206-6　C3033
発行日	2018年3月20日　初版第1刷発行
著　者	**外枦保 大介** Copyright　©2018 SOTOHEBO Daisuke
発行者	株式会社 古今書院　橋本寿資
印刷所	株式会社 理想社
製本所	渡邉製本 株式会社
発行所	株式会社 古今書院 〒101-0062　東京都千代田区神田駿河台2-10
電　話	03-3291-2757
FAX	03 3233-0303
URL	http://www.kokon.co.jp/

検印省略・Printed in Japan

いろんな本をご覧ください
古今書院のホームページ

http://www.kokon.co.jp/

★ 800点以上の**新刊・既刊書**の内容・目次を写真入りでくわしく紹介
★ 地球科学やGIS，教育など**ジャンル別**のおすすめ本をリストアップ
★ 月刊『地理』最新号・バックナンバーの特集概要と目次を掲載
★ 書名・著者・目次・内容紹介などあらゆる語句に対応した**検索機能**

古 今 書 院
〒101-0062　東京都千代田区神田駿河台 2-10
TEL 03-3291-2757　　FAX 03-3233-0303
☆メールでのご注文は　order@kokon.co.jp　へ